MANU UND KONNY REIMANN

EINFACH MACHEN!

Wie unsere Träume Realität wurden und unser Leben zum Abenteuer

MANU UND KONNY REIMANN

EINFACH MACHEN!

Wie unsere Träume Realität wurden und unser Leben zum Abenteuer

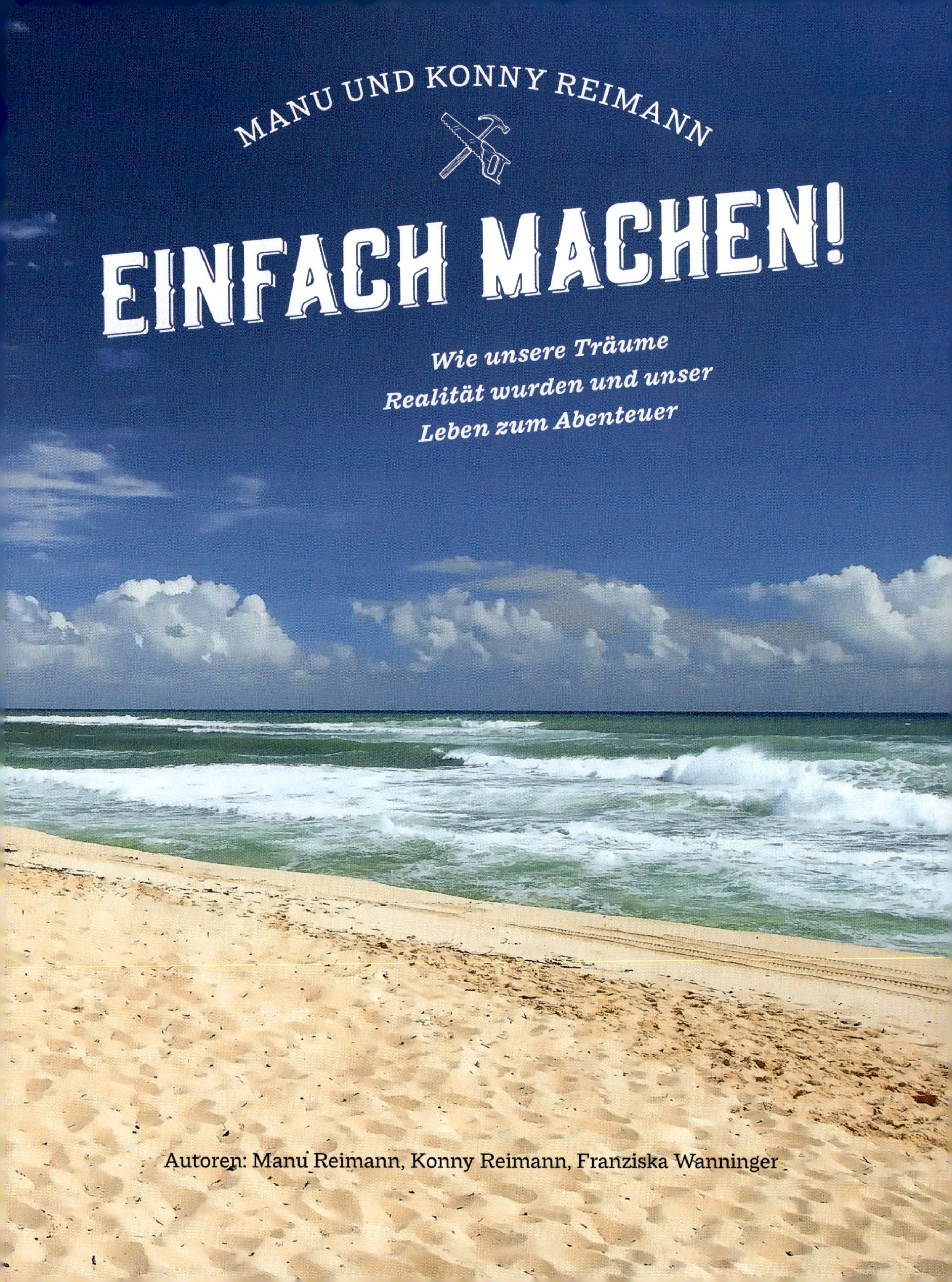

Autoren: Manu Reimann, Konny Reimann, Franziska Wanninger

INHALT

VORWORT

Moin, moin! Ein Buch über die Reimanns? Na klar! Seit 2004 werden wir jetzt schon von Kamerateams begleitet. Wir können es selbst kaum glauben, aber in dieser Zeit ist so unendlich viel passiert. Unsere Kinder sind erwachsen geworden und haben uns zu Oma und Opa gemacht, wir haben Häuser gebaut und wieder verkauft, Bäume gepflanzt, gehegt und wieder zurückgelassen, zweimal eine neue Heimat gefunden und vor allem sehr viel über uns selbst gelernt. Selbst wenn uns das Fernsehen noch mal 20 Jahre begleiten würde, die Zeit wäre nicht ausreichend, das alles nur in unserer Sendung zu erzählen.

Unsere Geschichte ist aber nicht unser einziges Anliegen für dieses Buch. Wir bekommen seit vielen Jahren regelmäßig Zuschriften von Menschen, die verstehen wollen, wie wir das alles geschafft haben. Jetzt sind wir wirklich keine Gurus oder Life-Coaches, aber wenn wir aus heutiger Sicht unseren Werdegang ansehen, gibt es natürlich ein paar Grundsätze, die uns ausmachen. Grundsätze, nach denen wir leben und die uns unser Dasein schon oft bedeutend erleichtert haben. Denn man kann zwar nicht ändern, was einem passiert, aber man kann sehr wohl ändern, wie man damit umgeht.

Wir beide haben Zeiten hinter uns, die andere Menschen vielleicht gebrochen hätten. Auch wenn ihr uns heute vielleicht im Fernsehen seht, wie wir in Hawaii an unserem Pool liegen und lecker Konny Island Drinks schlürfen, unser Leben war nicht immer ein Honigschlecken. Aber wir schafften es zum Glück, unabhängig von anderen zu sein und immer wieder weiterzumachen.

Jetzt sind wir aber keinesfalls besser als andere, nicht falsch verstehen. Wir haben das alles auch nur geschafft, weil wir vielleicht eine ganz bestimmte Sicht auf die Dinge haben, und diese Sicht wollen wir euch anhand unserer Lebensgeschichte erzählen. Geht mit uns gemeinsam zurück an den Anfang, als alles begann, weiter nach Texas und Hawaii, zu den vielen Stationen, den Herausforderungen, Höhen und auch Tiefen, die aus uns die Menschen gemacht haben, die wir heute sind.

Viel Freude beim Lesen!

Manu und Konny

Wie ich mich heute definieren würde? Als German Hula-Girl mit viel Aloha!

STECKBRIEF

Wie heißt du?
Manuela Monika Reimann.

Ich bin geboren am: 23. September 1968 in Bruchsal.

Hobbys: Reisen, Laufen, Yoga.

Wofür gibst du viel Geld aus?
Ich reise gern bequem und möchte eine schöne Unterkunft haben.

Wo sparst du?
Bis vor ein paar Jahren hatte ich noch nie ein Auto, das mehr als 5000 Dollar gekostet hat.

Bei welcher Tätigkeit bist du ganz bei dir?
Beim Nähen und beim Laufen.

Wenn du es dir aussuchen kannst: Camping oder Hotel?
Ich mag beides gern.

Was ist das Schöne daran, berühmt zu sein?
Ich finde es schön, wenn Menschen uns erkennen und sich darüber freuen, uns zu treffen. Einfach nur, weil wir so sind, wie wir sind.

Was ist anstrengend, wenn man so bekannt ist?
Es ist manchmal anstrengend, wenn Menschen immer und überall Fotos von einem machen, ohne zu fragen.

Was waren deine größten Sorgen seit der Auswanderung?
Wir sind ja als Familie in die USA gegangen. Meine größte Sorge damals war eigentlich, was wäre, wenn sich die Kinder dort nicht wohlfühlen.

Wovor hast du Angst?
Vor Wellen und tiefem Wasser und vor Turbulenzen im Flugzeug.

Welches Gericht kannst du am besten kochen?
Ich kann viel besser backen als kochen und liebe alles, was süß ist.

Mein Motto ist: Life is short, eat dessert first!

Wie würdest du dich definieren? Bist du jetzt eine hawaiianische Hessin?
Schwierig! Früher habe ich immer gesagt: German by blood, Texan by heart. Wenn ich aber ehrlich bin, fühle ich mich in Hawaii viel wohler als in Texas. Hier sind die Menschen viel weltoffener und freundlich, das entspricht viel mehr meiner Natur. Ich bin eine Mischung aus Deutschland und Hawaii, glaube ich: German Hula-Girl mit viel Aloha.

Was ist das teuerste Kleidungsstück, das du besitzt?
Ich besitze eine Markenjeans, die 360 Dollar gekostet hat. Über den Preis bin ich ganz schön erschrocken. Aber da hatte ich vorher in drei Monaten 17 Kilo abgenommen und das war meine Belohnung.

Wenn jetzt die 17-jährige Manu neben dir sitzen würde, welchen Tipp würdest du ihr mit auf den Weg geben?
Eigentlich würde ich alles, was ich gemacht habe, wieder machen. Das einzige Ziel, das ich nicht erreicht habe, ist, Modedesignerin zu werden. Dann hätte ich aber meine Kinder nicht so früh bekommen dürfen und auf die hätte ich nie verzichten wollen.

Aus einem Wohltätigkeitslauf entwickelte ich eine Passion für die Langstrecke.

Die Grundlagen für mein handwerkliches Geschick bekam ich während meiner Lehrjahre auf einer Schiffswerft.

STECKBRIEF

Wie heißt du?
Eduard Konrad Reimann.

Ich bin geboren am: 10. September 1955 in Hamburg.

Hobbys: Heimwerken, Lösungen finden, Gartenarbeit.

Wofür gibst du viel Geld aus?
Werkzeug, Baumaterial.

Wo sparst du?
Teure Kleidung, ich kaufe auch keine schicken Autos, das ist mir nicht wichtig.

Bei welcher Tätigkeit bist du ganz bei dir?
Beim Handwerken und bei der Gartenarbeit.

Wenn du es dir aussuchen kannst: Camping oder Hotel?
100 % Camping!

Was ist das Schöne daran, berühmt zu sein?
Überall, wo wir in Deutschland hinkommen, werden wir herzlich empfangen. Und wir haben heute durch die Bekanntheit finanzielle Mittel, die wir vorher nicht hatten. Generell aber hat sich nicht viel geändert. Ich habe früher Häuser umgebaut und an Sachen rumgeschraubt, und das mache ich auch heute noch.

Was ist anstrengend, wenn man so bekannt ist?
Nichts ist anstrengend, weil wir nur das machen, was uns Spaß macht.

Was waren deine größten Sorgen seit der Auswanderung?
Ich glaube, es gibt weder große noch kleine Sorgen. Wir hatten keine Sorgen. Wir hatten vielleicht mal Bedenken, als wir zum Beispiel irgendwann unsere Jobs gekündigt hatten, weil das mit dem Filmen immer mehr geworden ist. Weil man das eben so drin hat, dass man jeden Tag morgens in die Arbeit geht, um Geld zu verdienen. Aber Sorgen in dem Sinn hatte ich keine.

Wovor hast du Angst?
Dass mir die Arbeit ausgeht. Aber die wird mir nicht ausgehen, vermute ich.

Welches Gericht kannst du am besten kochen?
Steak und Kartoffeln. Aber ich gehöre zu den Leuten, die den Kühlschrank öffnen, gucken, was da ist, und dann was daraus zaubern.

Wie würdest du dich definieren? Bist du ein Hamburger, der in Hawaii lebt, oder ein norddeutscher Amerikaner?
Ich bin ein Hamburger mit einem texanischen Herzen, der in Hawaii lebt.

Was ist das teuerste Kleidungsstück, das du besitzt?
Eine Lederjacke mit Fransen für 500 Euro. Das ist aber was fürs Leben.

Wenn jetzt der 17-jährige Konny neben dir sitzen würde, welchen Tipp würdest du ihm mit auf den Weg geben?
Nichts. Der soll das so machen, wie ich das gemacht habe. Das ist schon gut so.

Kapitel

1

Du kannst nicht ändern, was dir passiert …

Du kannst aber ändern, wie du damit umgehst

Alles eine Frage der Haltung

WIE ALLES BEGANN

Eine schwierige Kindheit in einer Patchwork-Familie zwischen den Ruinen Hamburgs und eine schicksalsreiche im Kreise der Liebsten: So entstand bei uns beiden die Sehnsucht nach der großen Freiheit.

WELLBLECHBARACKEN

Ich wurde 1955 in Hamburg als Eduard Konrad Reimann geboren. Ich weiß, ihr kennt mich alle unter dem Namen „Konny" und eigentlich hatten meine Eltern auch genau diese Reihenfolge vereinbart: Konrad Eduard Reimann. Mein Vater war aber wohl ob des eben geborenen Sohnes so im Glückstaumel und wahrscheinlich auch so beschwipst, dass er es beim Standesamt einfach durcheinanderbrachte.

Von Hamburg, diesem Tor zur Welt, das schon so viele Abenteurer verabschiedet oder aufgenommen hatte, wusste ich da natürlich noch nichts. Denn mein Radius in den Wellblechbaracken von Hamburg-Harburg war ein sehr kleiner und weit entfernt von den prächtigen Bauten an der Elbchaussee. Obwohl diese Straße tatsächlich noch wichtig für mich werden würde, aber alles der Reihe nach.

Diese Baracken heißen auch „Nissenhütten", benannt nach dem Offizier Peter Norman Nissen, der sie ursprünglich als billige Unterkunft für britische Soldaten im Ersten Weltkrieg entworfen hatte. Hamburg lag nach dem Zweiten Weltkrieg in der britischen Besatzungszone. So wurden in den Nachkriegsjahren dann allein in Hamburg Tausende dieser halbrunden Wellblechbaracken errichtet, um der Flut an obdachlosen Menschen schnell kostengünstigen Wohnraum zu ermöglichen. Zwei Familien teilten sich, nur durch einen Vorhang getrennt, 40 Quadratmeter. Wie beengt das war, kann man sich heute gar nicht mehr vorstellen. In diesen Baracken habe ich die ersten fünf Lebensjahre verbracht. Und es gab mit uns viele Familien, die in der schlechten Zeit dort eine Wohnung gefunden hatten. Jetzt war es aber nicht so, dass ich als Kind den Eindruck hatte, es fehlte mir an irgendetwas, ich kannte es ja auch nicht anders.

Schon früh versuchte ich, mein eigenes Ding durchzuziehen, und war alleine oder mit meinen Geschwistern stundenlang draußen, um gefundenen Eisenschrott zu verscherbeln, die Gegend unsicher zu machen, und vielleicht auch, um möglichst wenig zu Hause zu sein.

Meine Mutter war gerade einmal 16 Jahre alt, als ich auf die Welt kam. Nach mir kamen noch zwei kleinere Geschwister. Mein jüngerer Bruder Dieter hatte denselben Vater wie ich. Unsere Eltern trennten sich, da war mein Bruder ein Jahr alt, ich war drei. Kurz nach der Trennung traf meine Mutter auf den Vater meiner 1958 geborenen kleinen Schwester Manuela. Beide Männer lernte ich als Kind nicht bewusst kennen, ich war einfach noch zu klein und sie waren zu schnell wieder von der Bildfläche verschwunden. Die erste männliche Figur, die ich bewusst wahrnahm, war mein Stiefvater Uwe. Der sollte noch lange eine Rolle in meinem Leben spielen, wenn auch keine besonders schöne.

Als er bei uns einzog, fuhr er beruflich zur See. Meiner Mutter zuliebe hörte er aber bald damit auf, sie hatte schließlich mit uns drei Kindern alle Hände voll zu tun. Damit ist aber auch schon das einzige Positive gesagt, das mir zu ihm einfällt, denn er war ansonsten kein guter Mensch. Nach seiner Zeit als Seemann hielt er sich mit den unterschiedlichsten Hilfsjobs über Wasser. Mal arbeitete er auf dem Bau, mal füllte er in einer Getränkefabrik Flaschen ab und mal verlud er irgendwo irgendwelche Kisten. Das Problem war nur, er ließ fast seinen ganzen Lohn in der Kneipe. Darum reichte das Geld für die Familie auch vorne und hinten nicht. Und meine Mutter musste sich doch wieder sorgen, wie sie alles bezahlen sollte – und wir Kinder kannten ihn vor allem betrunken.

Jetzt macht der Alkohol ja mit den Menschen die unterschiedlichsten Dinge. Die einen werden lustig, andere sentimental und wieder andere werden gewalttätig. Leider zählte mein Stiefvater zu letzterer Riege. Durch ihn kam ich schon als kleines Kind mit roher Gewalt in Berührung. Eine meiner frühesten Erinnerungen ist eine Szene, da bin ich vielleicht vier Jahre alt, stehe auf dem Bett in unserer Wellblechbaracke und muss zusehen, wie mein Stiefvater meinen kleinen Bruder, ein Kleinkind, brutal verprügelt. Er hielt meinen Bruder an den Füßen, also kopfüber, hoch in die Luft und schlug ihn mit voller Wucht mit einem Gürtel. Mit einem Gürtel! So ein kleines Kind, was kann das schon groß verbrochen haben? Ja, Leute, das waren grausige Zeiten.

In den Wellblechbaracken von Hamburg-Harburg wuchs ich mit meinen Geschwistern auf.

Die Menschen traumatisiert, die Städte zerstört - grausige Zeiten, aber auch große Freiheit.

Interessanterweise hatte ich diese Episode schon vergessen oder vielleicht auch einfach verdrängt. Erst jetzt, als ich mich für dieses Buch noch mal an meine Kindheit erinnern sollte, mit 68 Jahren, kam das alles plötzlich wieder hoch. Wahrscheinlich hat sich das so eingebrannt, weil es die erste schlimme Gewalterfahrung mit meinem Stiefvater war, der allerdings noch Hunderte weitere folgen sollten.

Das Verprügeln war bei uns an der Tagesordnung, oft schlug er uns auf den nackten Hintern. Wenn wir alle bestraft wurden, mussten wir uns der Reihe nach aufstellen, er zog den Gürtel raus und dann hat er uns versohlt. Volles Rohr! Diese Gewalt fand so oft statt, ich kann mich erinnern, dass die Schläge irgendwann gar nicht mehr richtig wehtaten. Ich ließ das einfach immer wieder über mich ergehen. Die Demütigung war das Schlimme daran, nicht der Schmerz.

Jetzt könnte man vielleicht meinen, ich hätte Angst gehabt, als Kind abends nach Hause zu kommen. Hatte ich aber tatsächlich nie. Mein Stiefvater konnte uns verprügeln, wie er wollte, letztendlich hat ihm seine Gewalt überhaupt nichts gebracht. Wir drei Kinder waren wilde und zügellose

Rabauken und haben trotz der Schläge weiter unsere Freiheit genossen und zusammen jede Menge Blödsinn angestellt. Die drohenden Konsequenzen waren uns einfach nie bewusst. Im Nachhinein muss ich fast schmunzeln, denn ich glaube, der Spaß war uns letztlich immer wichtiger als die Angst vor der Bestrafung.

Gott sei Dank war meine Mutter ein warmherziger und lieber Mensch und hatte uns wirklich gern. Aber sie hatte auch mit ihrem Leben zu tun, das war natürlich eine ganz andere Zeit. Sie wuchs eigentlich auf einem Gestüt in Königsberg, Ostpreußen, auf. Als kleines Kind musste sie dann mit ihrer Mutter fliehen. Die genauen Umstände der Flucht weiß ich nicht, ich habe nie nachgefragt. Ich vermute aber, dass sie früh erwachsen werden musste.

Ihre Situation in Hamburg war natürlich auch verheerend. Mit 19 Jahren, als „Flüchtling", hatte sie bereits drei Kinder von zwei Männern, war unverheiratet und ohne Ausbildung. Das war damals noch viel schlimmer als heute, eine Frau in dieser Situation war gleich abgestempelt. Selbst so ein Fehlgriff wie mein Stiefvater war wohl in ihren Augen besser, als mittellos mit drei Kindern alleine dazustehen. Vielleicht war es aber gar nicht das Ansehen oder die finanzielle Absicherung. Denn mein leiblicher Vater zahlte pünktlich seine Alimente und mein Stiefvater verzechte ohnehin das meiste Geld. Und es gab auch die Wohlfahrt und andere Einrichtungen. Vielmehr habe ich das Gefühl, dass meine Mutter selbst Angst vor ihm hatte. Das war wohl auch der Grund dafür, warum sie nie für uns in die Bresche sprang. Nur ein einziges Mal hat meine Mutter überhaupt etwas verlauten lassen, nachdem mein Stiefvater mich verprügelt hatte. Ein einziges Mal fragte sie ihn: „Musst du immer so zuhauen?" So lernte ich schon früh, dass ich für mich selbst einstehen musste.

Sehr viel Liebe und Fürsorge habe ich in meinen ersten Lebensjahren wohl von meiner Oma mütterlicherseits bekommen. Ich kann mich leider kaum noch an sie erinnern, aber meine Mutter hat mir erzählt, dass meine Oma mir immer alles recht machen wollte und mich, auf gut Deutsch, ziemlich verzog. Vielleicht, weil ich seit Generationen der allererste Junge war, der in die Familie hineingeboren wurde.

Obwohl ich eine sehr junge Oma hatte, hat sie in meinem späteren Leben leider keine Rolle mehr gespielt. Ich war erst sechs Jahre alt, als sie starb. Der Krieg hat den Menschen damals sehr viel abverlangt, heute würde man wohl sagen, meine Oma war schwer traumatisiert. Aber nicht nur die Flucht hatte sie nachhaltig verändert, sie wurde im Krieg auch noch bei einem der vielen Luftangriffe in einem Luftschutzkeller verschüttet und konnte sich davon nie mehr ganz erholen. Es dauerte einige Tage, bis man sie, eingeklemmt und verletzt, gefunden hatte. Und als ob das nicht schon genug gewesen wäre, musste sie auch noch mit ansehen, wie ein Mann wenige Meter entfernt unter dem Gewicht eines schweren Eisenträgers starb. Das Schlimmste aber war, dass sie anschließend neben der immer weiter verwesenden Leiche ausharren musste, bis man sie endlich aus ihrem Gefängnis barg. Die Tiefflieger konnten noch so oft kommen, meine Oma setzte danach nie wieder einen Fuß in einen Luftschutzkeller. Die eindrücklichste Erinnerung, die mir von ihr blieb, ist aber leider von einem Besuch in einem Krankenhaus. Letztlich kam die ganze Geschichte wieder hoch und sie verlor darüber den Verstand.

Als ich ungefähr fünf Jahre alt war, konnten wir die Nissenhütten und Harburg endlich verlassen und zogen nach Bramfeld. Schon vorher sind viele unserer Nachbarn weggegangen, weil ihnen neue Wohnungen zugewiesen wurden. Nach und nach wurde es immer stiller dort und ich wusste, dass auch wir bald umziehen würden. Am Ende zählten wir aber zu den letzten Familien, die ein neues Heim bekamen.

In Hamburg-Bramfeld sollte ich dann auch eingeschult werden, da stand ich erst kurz vor meinem sechsten Geburtstag. Die Lehrer stellten aber früh fest: „Der is noch nich so weit!", und schickten mich in den Schulkindergarten zurück, eine Art Vorschule. Dieses eine Jahr habe ich wohl wirklich noch gebraucht, denn als die Schule dann auch für mich anfing, war ich ein begeisterter Schüler. Ich hatte nur noch meinen Finger oben und war mit glühendem Eifer dabei. Jetzt waren meine Eltern aber noch nicht so wirklich angekommen und wir zogen während dieses ersten Schuljahres erneut um. Dieses Mal in eine Altbauwohnung in Hamburg-Hohenfelde.

„Der is noch nich so weit" ... mit meinem Bruder zur Einschulung in Hamburg-Bramfeld.

Hohenfelde war zu diesem Zeitpunkt stark vom Krieg gezeichnet. Es standen nur noch wenige Häuser, die meisten waren ausgebombt. So schlimm sich das jetzt anhört, aber für uns Kinder war das herrlich. Wir kletterten in den Ruinen herum und hoben dort so manche

Schätze. Heute noch habe ich einen Hammer, den ich als Kind aus einem zerstörten Haus in Hohenfelde mitnahm.

Wenn ich nicht gerade die ausgebombten Wohnungen erkundete, so zog es mich immer ans Wasser. Schließlich waren wir ja in Hamburg! Es gibt für einen kleinen Jungen keinen beeindruckenderen Wasserspielplatz. Wenn ich mich heute an meine Kindheit erinnere, denke ich da nicht nur an die Gewalt, da denke ich auch viel an die Freiheit, mit der ich aufgewachsen bin.

Geschwisterbande: Mit Bruder Dieter und Schwester Manuela machte ich die Gegend unsicher.

Unbehelligt erkundeten mein Bruder und ich mit dem Schlauchboot die verschiedenen Wasserstraßen. Durch den Kanal bis zur Alster und von da bis zur Schleuse Richtung Elbe, und das alles mit nur einem Paddel, das war natürlich sehr anstrengend für uns Kinder. Vier, fünf Kilometer paddelten wir da am Stück, auch Sturm oder Wind konnten uns nichts anhaben. Heute kämen da vermutlich die Wasserwacht und das Jugendamt, wenn ein paar Grundschulkinder allein auf einem Schlauchboot Richtung Elbe unterwegs wären. Damals war das ein ganz normaler Dienstagnachmittag.

Mit meiner Schwester liefen wir drei auch oft zu Fuß Richtung Alster. Solange wir am Wasser entlanggingen, wussten wir, dass wir auch wieder zurückfinden würden. Für unser junges Alter waren das fast Gewaltmärsche! Wir liefen von Hohenfelde aus über die Landungsbrücken bis nach Wedel, das waren sicher 20 Kilometer. Kein Wunder, dass solche Spaziergänge manchmal den ganzen Tag dauerten.

Meistens machte ich die Welt mit meinem Bruder Dieter unsicher, er war mir altersmäßig auch am nächsten. Aber irgendwann war dann auch meine drei Jahre jüngere Schwester Manuela mit von der Partie. Draußen in der Welt waren wir drei eine wunderbare Einheit. Dort stellten wir Erkundungen an, kletterten auf Bäume, bastelten uns Pfeil und Bogen und balancierten auf gefährlich hohen Geländern. Zu Hause aber konnten wir uns bis aufs Blut streiten, gegenseitige Zerstörung war da an der Tagesordnung und meine Mutter hatte es sicher nicht einfach mit uns.

13 Jahre und 13 Tage Abstand: Ich 1974 bei meiner Einschulung im hessischen Münster.

Im selben Jahr: Konny in Uniform nach seiner Einberufung zur Bundeswehr.

BRUCHSAL

Meine Geschichte beginnt genau 13 Jahre und 13 Tage nach Konnys Geburt, im Jahr 1968. Obwohl ich später in Hessen aufwuchs, begann meine frühe Reise in Baden-Württemberg – die ersten und sehr prägenden Jahre meiner Kindheit verbrachte ich mit meiner Mutter und meinen beiden Tanten bei meinen Großeltern in Bruchsal in der Nähe von Karlsruhe. Was war das für eine schöne Zeit!

Als ich zur Welt kam, war meine Mutter Anfang 30, meine beiden Tanten waren in ihren 20ern und wohnten noch zu Hause. Meine jüngste Tante Renate war für mich äußerst faszinierend. Eine schillernde, lustige Persönlichkeit, die gern feierte, nach Ibiza flog und bei der die Männer Schlange standen. Neben ihr gab es außerdem noch meine Patentante Monika. Und *da meine Großeltern ohnehin sehr lieb zu mir waren, wuchs ich auf als kleine Königin, fest geborgen zwischen fünf heiteren und liebevollen Erwachsenen.*

Mein Vater kam uns regelmäßig besuchen und wir fuhren auch zusammen in den Urlaub. Meine Eltern hatten sich damals in einer Pension in Mühlberg im Allgäu kennengelernt, wo sie später auch ihre Flitterwochen verbrachten. Und auch wir trafen uns mit der Familie meiner Mutter lange Zeit Jahr für Jahr in ebendieser Pension in den bayerischen Alpen. So wurde das Allgäu für mich schon bald zu einer zweiten Heimat. Auf dem Tegelberg lernte ich das Skilaufen und von meinem Pensionszimmer hatte ich einen Premiumblick auf das Schloss Neuschwanstein, wie es sich eben für eine kleine Königin gehört.

Ich war bereits fünf Jahre alt, als meine Eltern beschlossen, die wilde Ehe zu beenden und zu heiraten.

Erst nachdem meine Eltern 1973 geheiratet hatten, zogen wir bei meinem Vater in Hessen ein. Ich weiß gar nicht genau, warum es mit der Heirat so lange gedauert hat. Ich vermute aber, dass es daran lag, dass es sich damals einfach nicht gehörte, unehelich zusammenzuleben. Leider gibt es heute niemanden mehr, den ich fragen kann.

Ich war schon von klein auf sehr abenteuerlustig und neugierig, einfach ein richtiger Wirbelwind. Aber kein Wunder, mit der Familie meiner Mutter wurde es auch nie langweilig. Es gab fünf Erwachsene und ein quietschlebendiges Kind dazu und der Grundton im Haus war ohnehin eher heiter und ausgelassen. Die Erwachsenen wussten auch immer etwas Lustiges zu erzählen und wenn ich heute an diese Zeit zurückdenke, dann geht mir noch immer das Herz auf.

Wir lebten im zweiten Stock eines typisch badischen Mietshauses. Noch heute ist der Geruch von Bohnerwachs für mich Heimat. Das Haus lag in der Nähe einer Niederlassung der Firma Siemens und meine Oma verdiente sich etwas dazu, indem sie für die Kinder einiger Siemens-Angestellter als Tagesmutter arbeitete. So kam es, dass neben den Erwachsenen und mir immer noch ein paar weitere Kinder bei uns zu Hause waren. Langweilig wurde es uns so nie.

Bis zu unserem Umzug nach Hessen hatte ich wirklich eine Bilderbuchkindheit. Ganz in der Nähe gab es im Ort einen kleinen Tante-Emma-Laden, in dem mir meine Oma immer meinen Lieblingsjoghurt oder Kekse mit Schokolade kaufte. Im Dachgeschoss des Hauses gab es das Mädelszimmer, in dem meine beiden Tanten und meine Mama als Jugendliche zusammen gewohnt hatten. Es war natürlich total aufregend für mich, wenn ich da hochdurfte.

Zwar gab es in Bruchsal keine Schiffe, denen ich sehnsüchtig nachsehen konnte, aber es gab direkt gegenüber einen großen Güterbahnhof. Da habe ich mich oft heimlich hingestohlen und die Zettel mit den Wagenanschriften herausgefischt. Manchmal waren die Waggons auch offen, dann kletterte ich schnurstracks hinein und träumte von der weiten Welt: vom Reisen und dass ich mal Schauspielerin werden will und eines Tages viele Menschen meinen Namen kennen würden.

Für diesen Traum habe ich auch regelmäßig geprobt. Der zentrale Ort der Wohnung war eine große Wohnküche. Das war meine Bühne! Als Kind stand ich oft auf dem Esstisch, den Parfumzerstäuber meiner Oma als Mikrofon in der Hand, und gab die Entertainerin. Später, als wir nicht mehr dort lebten, aber am Wochenende zu Besuch kamen, gab es oft Linsensuppe. Nie mehr habe ich eine Linsensuppe gegessen, die so schmeckte wie die meiner Oma. Richtig verwöhnt hat sie uns dann am Nachmittag mit einer selbst gebackenen Linzer Torte, die war ihr heilig. Und mir ist meine Oma bis heute heilig. Jedes Jahr an ihrem Geburtstag backe ich ihr zu Ehren eine solche Linzer Torte.

Mein Opa war damals mein großes Vorbild. Und er hat mich tatsächlich wie eine berühmte Schauspielerin behandelt. Dazu muss man wissen: Vor seiner Rente hat er als Chauffeur für einen General gearbeitet – und so hat er auch mich am liebsten mit seinem riesigen Opel Admiral durch Bruchsal chauffiert. Ich thronte dann im Fond wie eine kleine Adelige und platzte fast vor Stolz. Bei diesen Autofahrten legte er immer dasselbe Lied auf. Den „Kriminal-Tango"! Denn dieser Tango geht nie vorbei, geht nie vorbei, geht nie vorbei, geht nie vorbei …

Fünf Erwachsene, ein quietschlebendiges Kind, der Grundton heiter und ausgelassen, was für eine schöne Zeit!

BRÜCHE

Du selbst kannst entscheiden, was du aus deinem Leben machst. Und selbst wenn du erst einmal am Boden liegst: Oft gewinnt man durch Veränderungen und Brüche einen ganz neuen Blickwinkel.

STARTSCHWIERIGKEITEN

So aufregend meine Freizeitgestaltung in Hamburg-Hohenfelde war, umso unglücklicher wurde ich jetzt in der Schule. Es gab ein Lesebuch, die Fibel, nach dem richtete sich der gesamte Unterrichtsstoff. In Bramfeld waren wir ungefähr bei der Mitte des Buches, als wir umzogen. In Hohenfelde war die Klasse aber bereits am Ende des Buches und fing schon mit der Schreibschrift an. Ich hatte natürlich keine Ahnung.

Später habe ich mir noch viele Gedanken über mein Leben gemacht und ich glaube, an diesem Punkt in Hohenfelde habe ich irgendwie den Anschluss verpasst. Diesen Bruch, diese fehlenden drei Wochen, habe ich in meiner ganzen Schulzeit nicht mehr eingeholt. Von da an interessierte mich die Schule in keinster Weise. Ich war eine Flitzpiepe im Rechnen, in Rechtschreibung sowieso. Das einzige Fach, in dem ich brillieren konnte, war Sport.

Die Schule war meiner Mutter zum Glück nicht so wichtig. Irgendwie hatte sie das unerschütterliche Vertrauen, dass jeder irgendwann seinen Weg finden würde, und ließ uns dementsprechend viel Freiraum. Ansonsten hatte meine Mutter aber durchaus Werte, die sie uns vorlebte oder vermittelte. Unsere Wohnung war in meiner Kindheit beispielsweise immer sehr sauber. Am Sonntag gab es ein gemeinsames Familienessen und wir wurden stets dazu angehalten, Erwachsenen ordentlich die Hand zu geben. Auch hat sie mir schon früh nahegelegt, eine gute Ausbildung zu machen, womit sie sicherlich recht hatte.

Meine Mutter war zwar eigentlich Hausfrau, aber weil das Geld nicht reichte, ging sie oft abends zusammen mit meinem Stiefvater noch in irgendwelche Gaststätten putzen. Da kam dann aber kein Babysitter, wie man das vielleicht heute kennt. Nein, wir Kinder waren einfach den ganzen Abend allein zu Hause. Ich war der Älteste, aber höchstens zwölf Jahre alt, und wie unbeaufsichtigte Kinder eben sind: Wir nahmen die Bude natürlich auseinander. Nur leider wohnten wir in einer Altbauwohnung im vierten Stock und die Nachbarn waren von dem Halligalli natürlich nicht sonderlich begeistert. Einmal riefen sie dann auch in der Arbeit bei den Eltern an, um sich zu beschweren. Als diese dann nachts nach Hause kamen, durften wir uns wieder in Reih und Glied aufstellen, zur Züchtigung. Mein Stiefvater hat dabei so stark ausgeholt, dass wir Kinder glatt zur Seite flogen.

Ich denke, dass die 1950er- und 1960er-Jahre eine Zeit waren, in der es viel üblicher war, Kinder zu schlagen. Für mich war die Härte und Häufigkeit aber so normal, ich wäre gar nicht darauf gekommen, dass es bei meinen Freunden abends zu Hause nicht ebenso zuging. Ich kann mich nicht erinnern, dass mein Stiefvater Uwe auch meine Mutter schlug, ich vermute aber stark, dass es so war. Denn oft täuschen einen die Erinnerungen und man hat es gesehen, aber man hat es letztlich verdrängt.

Auch weiß ich noch, dass wir irgendwann die Wohnungstür zugenagelt haben, damit mein Stiefvater nicht reinkommt. In dieser Situation war meine Mutter mit uns in der Wohnung. Er hat es natürlich trotzdem versucht und wild dagegengedroschen und als das nichts brachte, ging er zur Polizei. Als die Beamten kamen, sagten sie im Prinzip, dass sie nichts für uns machen könnten. Das waren wirklich noch andere Zeiten.

Ich weiß nicht, inwiefern das alles auf meinen Charakter Einfluss nahm, aber ich habe Gewalt stets verabscheut. Dabei war ich immer schon körperlich zäh und hatte viel Kraft. Aber im Gegensatz zu meinem Stiefvater begann ich schon früh darüber nachzudenken und stellte für mich fest: Ich kann doch nicht, nur weil ich stärker bin, jemand anderen verhauen. Warum sollte ich? Das ist nicht gerechtfertigt! Darum habe ich mich auch nie geprügelt, geschweige denn meine Kinder gehauen. Gewalt verstehe ich höchstens als Mittel zur Notwehr.

Vielleicht auch wegen der vielen Gewalt war ich als Kind und auch als Jugendlicher eher zurückhaltend und schüchtern. Wie sehr, wird mir erst heute richtig bewusst, wenn ich meine Enkelkinder beobachte. Sie gehen unvoreingenommen auf jeden zu, sprechen einfach Erwachsene an. Weder ich noch mein Bruder waren so. Beim Spielen tobten wir wie wild, aber den Erwachsenen gegenüber waren wir richtig eingeschüchtert.

In der Schule war ich zwar immer der Kleinste, ich merkte aber bald, dass ich mich auf meinen Körper ganz gut verlassen konnte. Das war von Vorteil, wenn es jemand auf mich abgesehen hatte. Einmal musste ich mich in der Schule gegen einen viel größeren Jungen verteidigen. Ich war zwar klein, aber ich hatte durch den vielen Sport auch ordentlich Kraft. Also sprang ich hoch und versetzte meinem Kontrahenten im Sprung einen Kinnhaken. Fortan ließ er mich in Ruhe. Es ist beruhigend, wenn man sich im Notfall verteidigen kann, aber ein Mensch, der auf Wehrlose einprügelt, ist für mich unfassbar klein.

Ich habe auch lange keinen Alkohol angefasst. Das hatte verschiedene Gründe. Ich war mein ganzes Leben lang sportlich sehr aktiv. Beim Sport sind ein paar Dinge unerlässlich: Leistung, Disziplin und Konzentration. Wenn du jetzt täglich einen Kater vom Bechern hast, geht das natürlich nicht lange gut. Ich war auch überhaupt kein Discogänger, allein schon, weil mir von dem vielen Rauch ständig die Tränen runterliefen. Das war einfach nichts für mich und wer sich nicht in Kneipen und Diskotheken aufhält, kommt natürlich auch weniger in die Verlegenheit zu trinken.

Ich war da aber durchaus eine Ausnahme. Während der Lehre saßen meine Mitschüler immer wieder mit einem dicken Kopf in der Berufsschule. Und ich hatte da, mit 17 Jahren, noch nicht einmal Alkohol getrunken. Ich wollte es dann natürlich auch mal wissen, wie dieses Gefühl ist, einen Kater zu haben. Reines Interesse!

Mein Stiefvater eröffnete eine Kneipe auf dem Kiez - für mich eine Zeit der Abnabelung von der Familie.

An Silvester habe ich mir also mit einem Kumpel eine Flasche Rum geteilt. Und jetzt kommt's! Ich spürte absolut nichts, ich war stocknüchtern und tatsächlich sauer, dass ich jetzt nicht wusste, wie es war, einen Kater zu haben. Es sollte danach noch 15 Jahre dauern, bis ich wieder einmal etwas trank. Mit 32 Jahren habe ich mir mein erstes Bier aufgemacht und war auch danach keiner, der es übertrieb. Meine Kinder waren bestimmt schon Jugendliche, als sie mich das erste Mal mit Alkohol gesehen haben. Ich kann nicht sagen, dass ich mich wegen der Erfahrung mit meinem Stiefvater gegen den Alkohol entschieden habe, aber unterbewusst saß mir diese Kindheit wohl doch noch ordentlich in den Knochen.

Dabei habe ich eine wichtige Geschichte noch gar nicht erzählt! Jahrelang waren wir Kinder diesem Theater mit meinem alkoholsüchtigen Stiefvater ausgesetzt, natürlich immer in dem Glauben, dass das unser Vater war. Ich hieß damals auch nicht Reimann, sondern Nothmann und war selbstverständlich der festen Überzeugung, dass das mein echter Name wäre.

Eines Tages, ich war vielleicht 15 Jahre alt, musste ich aus irgendeinem Grund zum Arzt. Zu dieser Zeit benötigte man dafür einen Krankenschein von den Eltern, den man dann der Sprechstundenhilfe vor der Behandlung auszuhändigen hatte. Diesen Krankenschein füllte meine Mutter für mich aus, gab ihn mir aber immer in einem Kuvert mit. Vielleicht spürte ich doch irgendetwas oder war plötzlich neugierig, auf jeden Fall öffnete ich an diesem Tag heimlich das Kuvert. Auf dem Krankenschein stand aber ein völlig anderer Name! Konrad Reimann.

Zu Hause wurde mir dann recht knapp erklärt, dass ich einen anderen Vater hätte, der Reimann hieß. Ich weiß noch, dass ich diese Information ganz gut aufnahm. Ich war zum Glück immer schon recht pragmatisch veranlagt und das hat mir nicht nur einmal im Leben sehr geholfen. Irgendwie war es für mich nicht relevant, ich akzeptierte meinen Stiefvater als Vater, weil er uns auch großzog. Spannend fand ich lediglich, dass da draußen noch ein weiterer Vater herumlief, und ich wurde von Tag zu Tag neugieriger, ihn kennenzulernen. Nach einiger Zeit wurde dann auch ein Treffen mit ihm arrangiert, nur war auch meine Mutter dabei und es dauerte nicht lange, da fetzten sich die beiden derart, dass an eine Fortführung oder Wiederholung erst mal nicht zu denken war.

Ich musste erst 17 Jahre alt werden, bis ich meinen leiblichen Vater, Paul Reimann, so richtig kennenlernen konnte. Dieser Mann war für mich eine echte Bereicherung, das ist auch der Grund, warum ich bis zum Schluss Kontakt zu ihm gehalten habe. Es gab einfach eine emotionale Ebene zwischen uns. Irgendwie tickten wir ähnlich. Auch er war enorm wissbegierig und konnte sich viel merken. Auch er wusste über viele unterschiedliche Dinge wirklich gut Bescheid. Aber bei Paul zeigte sich das in einer gewissen Besserwisserei. Nicht falsch verstehen, mein Vater war ein allseits beliebter und engagierter Mensch. Er konnte nur eben auch etwas sehr Schulmeisterhaftes an sich haben. Mir ist das bewusst, weil ich es bei meinem Vater immer beobachten konnte. Ich vermute, ich habe diesen Hang zur Besserwisserei auch, aber ich halte das bewusst zurück. Es ist manchmal klüger, den Mund zu halten, selbst wenn man es tatsächlich besser weiß.

Ich bin sehr froh, dass Paul dann doch noch recht lang eine Rolle in meinem Leben gespielt hat, er war ein wirklich guter Typ. Jetzt vielleicht nicht unbedingt einer, der beruflich enorm viel auf die Kette bekam, aber einer, dem man vertrauen konnte. Er hat sehr darunter gelitten, dass er uns nicht großziehen konnte. Sobald mein Stiefvater auf der Bildfläche erschienen war, hat sich Paul bewusst herausgehalten. Rückblickend war das auch schlau, sonst wäre es vielleicht eskaliert. Mein Vater wie auch mein Stiefvater waren beide aus Harburg, daher kannten sie sich. Als wir noch klein waren, gerieten sie wohl sogar einmal aneinander. Mein Stiefvater war wie üblich betrunken, als mein Vater ihn aufforderte, endlich gegenüber seinen Stiefkindern Verantwortung zu zeigen. Das Ganze endete in einer Prügelei und Paul zog sich zurück.

Paul blieb meiner Mutter nichts schuldig und meinte es sicher gut. Das bemerkte ich auch später, als der Kontakt zu ihm wieder aufflammte. Seine Tür stand offen, sobald ich alt genug war und einen Schritt auf ihn zuging. Man darf dabei nicht vergessen, dass meine Eltern verdammt jung waren, als wir auf die Welt kamen. Für meinen Vater war es übrigens eine unheimliche Genugtuung, dass wir später dann durch das Fernsehen so bekannt wurden. Oft spazierte er mit stolzgeschwellter Brust durch Harburg und erzählte jedem: „Ich bin der Vater von Konny Reimann." Es freut mich, dass er so auch ein bisschen was zurückbekommen hat.

Meine handwerkliche Begabung hatte ich übrigens weder von ihm noch von meiner Mutter, sondern von meinem Opa mütterlicherseits. Ich habe ihn leider nicht mehr gut kennengelernt, aber ich habe den Eindruck, ich bin ihm in vielem sehr ähnlich. Mein Opa war Uhrmachermeister und ein sehr begabter Handwerker. Er hatte sogar mal in Hamburg-Ottensen ein eigenes Uhrengeschäft, das im Krieg leider ausgebombt wurde. Später lebte er in einer Laubenkolonie in Fuhlsbüttel und hat an seiner Laube verschiedenste Umbaumaßnahmen verwirklicht. Das trieb er aber so weit auf die Spitze, bis die Behörden davon Wind bekamen. Meinen Opa beschäftigte das wohl nicht weiter, er buddelte einfach unter der Erde weiter und erweiterte die Laube auch noch unterirdisch um einige Zimmer. Aber mein Opa war keiner, der schludrig irgendwas zusammenzimmert, im Gegenteil. Bei ihm musste es immer äußerst genau zugehen und ohne Wasserwaage fing er gar nicht erst an. So was überspringt anscheinend oft eine Generation. Sieht man sich meine ganze Bauhistorie an, kann ich meinen Opa nämlich wirklich nicht verleugnen.

Das Handwerken ging bei mir auch schon früh los. Bereits als kleines Kind hatte ich eine Ecke mit Schraubenziehern und Sägen und werkelte so manchen Wintertag vor mich hin. Schon früh war ich neugierig und habe viel ausprobiert. Es heißt ja nicht umsonst: „Probieren geht über Studieren." Zum Beispiel habe ich schon in ganz jungen Jahren mein Fahrrad selbst repariert. Nicht dass mir das mal wer gezeigt hätte, und YouTube gab es damals noch nicht, ich wollte das einfach selbst herausfinden. Wo andere sich ein ganzes neues Hinterrad kauften, holte ich mir nur die Felge und bastelte selbst die Speichen dran. Später hatte ich verschiedene Aquarien, die waren alle selbst gebaut, erst mit Fensterkitt, später mit Silikon. Schon recht bald kam ich zu der Erkenntnis: Wenn man über ein bisschen Talent verfügt und sich mit einer Sache einfach auseinandersetzt, kann man unheimlich viel Geld sparen.

ESKALATION

In der achten oder neunten Klasse bekam ich einen Lehrer, der mein Leben durchaus geprägt hat. Er beschäftigte sich sehr mit Psychologie und ich hing förmlich an seinen Lippen. Obwohl ich noch recht jung war, verstand ich viel von dem, was er sagte. Ich merkte richtig, wie das bei mir landet.

Zum ersten Mal schien mir klar: Bei uns zu Hause läuft es nicht richtig, da ist etwas schief. Dieser Lehrer hat mich ernst genommen und ermutigt, Fragen zu stellen. Mir selbst und auch anderen. Nur, je stärker ich mein Leben infrage stellte, desto aggressiver wurde die Stimmung zu Hause. Ich begann, meinen Stiefvater zu konfrontieren. Ich fragte ihn, warum er uns schlug. Warum er sich dieses Recht herausnahm. Warum er mir keine

Meinen leiblichen Vater, Paul Reimann, lernte ich erst spät kennen. Wir waren gleich auf einer Wellenlänge.

Erklärung dafür nennen konnte. Denn seine Schläge entbehrten für mich jeder Grundlage. Ich glaube, an diesem Punkt hat Uwe gemerkt, dass er mir geistig nicht mehr Herr wurde, weil ich ihn längst überflügelt hatte. Mein dumpfer Stiefvater fühlte sich jetzt wohl auch noch zusätzlich in seinem Ego gekränkt und dies hatte zur Folge, dass es ungefähr ab meinem 16. Lebensjahr so richtig eskalierte.

Uwe war groß und kräftig, auch wenn ich natürlich mit den Jahren stärker wurde, war ich ihm trotzdem körperlich komplett unterlegen. Zu diesem Zeitpunkt übernahmen meine Eltern einen Imbiss in Hamburg-Wandsbek, zogen sogar mit meinen jüngeren Geschwistern in eine hinter dem Imbiss liegende Wohnung und kamen nur noch sporadisch für einen Tag nach Hause. Ich war zwar erst 16, aber ich habe trotzdem versucht, mein eigenes Ding durchzuziehen. Das Problem war nur, dass durch die Abwesenheit meiner Familie natürlich auch nur wenig Essen in der Wohnung war. Das war der Punkt, an dem unser Verhältnis auch für mich ziemlich beschädigt wurde. Denn es hat sie schlicht und ergreifend überhaupt nicht interessiert, ob ich Hunger hatte.

Je weniger wir uns sahen, desto wütender war mein Stiefvater, wenn wir uns doch einmal in der Wohnung begegneten. Einmal schlug er mir seine Faust so brutal ins Gesicht, dass sogar Blut an die Wand spritzte. Am nächsten Tag durfte ich nicht zur Schule gehen, mit dem lädierten Gesicht wären sonst vielleicht Fragen gestellt worden.

Zum Glück hatte ich da schon ein eigenes Zimmer. Obwohl das Wort „Zimmer" eine glatte Übertreibung ist, denn ich lebte tatsächlich in der Speisekammer. Sie hatte ungelogen nur 2,20 Meter Länge und 80 Zentimeter Breite. Also weniger als zwei Quadratmeter, aber es war mein Reich und das war das, was zählte. Wie ich da neben dem Bett auch noch ein 80-Liter-Aquarium untergebracht habe, ist mir heute noch ein Rätsel. Zum Glück war ich nicht besonders groß, sonst hätte ich vielleicht Platzangst gekriegt.

Vermutlich weil ich zu dieser Zeit immer alles infrage stellte, war ich in den Augen meiner Eltern, auch meiner Mutter, der Störenfried. Es ist nur bezeichnend, dass sich die Familie dann sogar räumlich von mir separierte, als sie diesen Imbiss eröffnete und woanders wohnte. Meine Mutter, die vorher immer sehr fürsorglich und gut zu mir war, positionierte sich zu diesem Zeitpunkt ganz klar auf der Seite meines Stiefvaters und ich fühlte mich irgendwie von allem abgeschnitten.

Mein großes Glück aber war die Lehre bei Blohm & Voss, damals die bedeutendste Schiffswerft Hamburgs. Die Lehre war Grundstock für alles, was später kam, und für alles, was ich heute weiß. Den Platz bei Blohm & Voss verdanke ich tatsächlich ein Stück weit meinen Eltern, denn sie waren es, die beim Arbeitsamt damals anriefen.

Es war eine schwierige Ausbildung, die da vor mir lag. Man musste nämlich sämtliche Gewerke durchlaufen. In drei Lehrjahren war ich in allen Abteilungen und wurde so zum Blechschlosser, Maschinen- und Rohrschlosser, Schweißer, Turbinenbauer, Schiffsmaschinenbauer, Schmied, Dreher und technischen Zeichner. Also egal ob Bohren, Fräsen oder Hobeln, ich war danach auf jedes Handwerk vorbereitet. Denn auf hoher See braucht man Universaltalente, die sich in verschiedenen Bereichen zu helfen wissen.

Im ersten Lehrjahr wohnte ich noch in unserer Altbauwohnung und war meistens alleine dort. Jetzt war es aber üblich, dass man als Lehrling zu Hause ein sogenanntes Kostgeld abgab, um die Eltern zu entlasten. Das Kostgeld war fast mein ganzer monatlicher Lohn. Ich zahlte das Geld monatlich an meine Eltern, aber es gab dadurch trotzdem fast nichts zu essen. Der Gipfel war dann, dass ich sie eines Tages plötzlich nicht mehr erreichen konnte. Ich war 17 Jahre alt, im Kühlschrank war gähnende Leere und meine Eltern waren ohne ein Wort der Kommunikation plötzlich verschwunden. Nach etwa einer Woche erfuhr ich dann von der Nachbarin, dass meine Eltern im Urlaub waren, und zwar auf Mallorca. Als sie dann irgendwann doch wieder zurück in die Wohnung kamen, war ich natürlich sauer. Ihrer Meinung nach aber war ich alt genug, um mich selbst zu versorgen.

Leichter gesagt als getan, wenn die Kohle fehlt! Ich musste ja auch noch meine U-Bahn-Fahrkarte bezahlen. Das habe ich dann auch ganz klar angesprochen, sie wollten das nicht hören und setzten mich einfach vor die Tür. Es hieß nur: „Pack deine Sachen, morgen bist du raus."

Das wäre jetzt bei meiner Geschichte vielleicht ein guter Punkt gewesen, die Lehre hinzuwerfen. Aber die Lehre war zu diesem Zeitpunkt das Wertvollste, was ich hatte, und ich wollte sie auf keinen Fall verlieren. Niemals hätte ein Aufgeben für mich zur Disposition gestanden.

Also rief ich meinen Ausbildungsleiter bei Blohm & Voss an und schilderte ihm meine Situation. Das war zum Glück ein wirklich guter Typ. Er meinte sofort: „Konny, gar kein Thema, wir haben hier ein Arbeiterwohnheim in Berne, da kommst du unter, fahr doch mal hin." Berne lag am anderen Ende von Hamburg, aber ich war so was von erleichtert und konnte dort tatsächlich eine Bleibe finden.

Am Anfang musste ich noch ordentlich knapsen, weil ich im ersten Lehrjahr nur 130 Mark verdiente. Die monatliche Miete für das Wohnheim lag bei 75 Mark. Nachdem ich dann noch die Fahrkarte bezahlt hatte, blieben mir noch 20 Mark zum Leben. Mittags gab es günstiges Essen in der Kantine bei Blohm & Voss und das restliche Geld teilte ich mir sorgfältig ein für Brot, Milch und Nudeln. Zwar konnte ich nicht kochen, aber ich erinnerte mich zum Glück daran, wie meine Mutter immer Nudeln mit Milch machte. Und, Leute, eines kann ich euch sagen: Das einfache Gericht kann man ziemlich lang essen, wenn man es mag.

Es hat dann etwa noch ein halbes Jahr gedauert, bis ich ins zweite Lehrjahr kam, da verdiente ich dann ein wenig mehr und musste nicht mehr ganz so sehr jeden Pfennig umdrehen. Aber die Entbehrungen während dieser Zeit hatten sich letztlich gelohnt. 80 Lehrlinge hatten diese Ausbildung zusammen mit mir begonnen und bei der Gesellenprüfung waren wir dann zu zweit. Ich hatte gut bestanden, war offensichtlich ein geschicktes Kerlchen und die Welt stand mir offen.

Von Hamburg aus ist es nicht weit in die Welt und schon bald nutzte ich meine neu erworbenen Kenntnisse und heuerte auf einem Schiff an. Hatte ich vorher Hamburg kaum verlassen, so sah ich jetzt die halbe Welt. Frank-

An Strand von Copacabana in Rio: Von Hamburg aus ist die Welt nah – also heuerte ich auf einem Schiff an.

reich, Belgien, Holland, England, Spanien, Dänemark, Brasilien. Einmal hätte ich in São Paulo nach einer Reparatur eigentlich mit ein paar Leuten zurück nach Deutschland fliegen sollen. Da kam plötzlich eine Angestellte, deren Aufgabe es war, dass alle Arbeiter an den richtigen Zielort geschickt wurden. Sie schrie lauthals: „Weiterflug Rio, Weiterflug Rio!" Ein Blick rüber zu meinem Kollegen und es war klar! Wir fliegen nicht nach Frankfurt, wir fliegen jetzt nach Rio! Dort machten wir erst mal Urlaub an der Copacabana und konnten am Ende sogar unseren Flug umbuchen. Der kleine Junge aus den Wellblechbaracken bekam plötzlich einen Eindruck davon, was da draußen all diese Jahre gewartet hatte.

Meine Eltern traf ich nach dem Rauswurf aus der Wohnung sicher zwei Jahre nicht mehr, aber mit meinem Bruder hielt ich weiterhin Kontakt und wurde über alles informiert. Irgendwann gaben sie den Imbiss wieder auf und eröffneten anschließend eine Kneipe am Ende vom Kiez, da kam ich dann drei- oder viermal im Jahr vorbei, um guten Willen zu zeigen. Es war nämlich überhaupt nicht meine Welt. Alles war verqualmt, der viele Alkohol, es hat mich alles angewidert. Das war auch schon in diesem Imbiss so. Meine Schwester musste dort schon als 14-jähriges Mädchen bedienen. Hinzu kam, dass sie schon früh kurvig und körperlich sehr weit entwickelt war. Ich will mir gar nicht vorstellen, was sie da alles erleben musste.

Die Kneipe ging dann, wie zu erwarten, irgendwann vor die Hunde. Was eben passiert, wenn ein Alkoholiker eine Kneipe eröffnet. Mein Stiefvater bekam einfach nichts mehr auf die Reihe und alles ging zügig den Bach runter. In der Folge trennten sich meine Eltern und mein Stiefvater zog zu einer Frau, die praktischerweise neben der Kneipe wohnte. Einmal habe ich ihn da noch besucht, dann war die Geschichte für mich auserzählt.

Nach der Trennung von meinem Stiefvater lebte meine Mutter mit meinen Geschwistern wieder alleine in der Altbauwohnung. Wir hatten zu dieser Zeit nur noch sporadisch Kontakt, weil ich mich eigentlich komplett losgesagt hatte. Nur ein einziges Mal habe ich sie noch mal um etwas gebeten. Als ich nach meiner Zeit bei der Bundeswehr gerade ohne Bleibe war, besuchte ich sie und meine Geschwister in dieser Wohnung. Dabei erklärte ich ihr meine Situation und fragte, ob ich vielleicht ein, zwei Nächte bleiben könnte. Sie antwortete tatsächlich mit „Nein!". Das war hart, denn es war offensichtlich ihre eigene Entscheidung. Mein Stiefvater lebte zu diesem Zeitpunkt ja längst nicht mehr dort mit ihr zusammen. Ich weiß nicht mehr genau, wo ich dann in dieser Nacht schlief, aber ich weiß, dass ich sie danach sehr lange nicht mehr sehen wollte.

Das ist sicher auch ein Grund, warum für meine Kinder die Tür heute immer offen steht. Sowohl in Texas als auch in unserem Haus in Hawaii haben wir bewusst ausreichend Platz dafür eingeplant. Es ist doch ein schönes Gefühl, wenn man weiß: „Egal was passiert, ich bin jederzeit willkommen." Denn natürlich hat diese Kindheit etwas mit mir gemacht. Die Empathie für andere, das Sich-Öffnen, dieses normale Sozialverhalten, das man bei familiären Bindungen mitbekommt, war bei mir sehr reduziert. Irgendwie hatte ich mir in den schwierigen Jahren meiner Entwicklung einen Panzer zugelegt und erst mit meinen Kindern bekam dieser erste sichtbare Risse. Erst jetzt, bei meinen Enkelkindern würde ich sagen, ist dieses Einfühlungsvermögen ganz zurückgekommen. Es hat aber weit mehr als 40 Jahre gedauert.

Jetzt könnte ich mit Blick auf meine Kindheit natürlich wütend sein. Viele Menschen haben solche Ungerechtigkeiten ja buchstäblich gesammelt und tragen sie wie eine Anklageschrift vor sich her. Das ist vielleicht irgendwie nachvollziehbar, aber es ist auf Dauer sicher nicht zielführend.

Ich bin von jeher ein sehr pragmatischer Mensch und habe bald verstanden: Wenn ich den ganzen Tag darüber nachdenke, wie ungerecht mein Start ins Leben war, dann gehe ich dabei unter. Als Kind wirst du in eine Familie hineingeboren und bist ihr ausgeliefert. Aber später kannst du selbst entscheiden, wie du handelst und was du aus deinem Leben machst.

Man hat immer eine Entscheidung! Ich kann in Selbstmitleid versinken und noch mit Mitte 50 meine Eltern dafür verantwortlich machen, dass ich kein Selbstbewusstsein habe oder keinen Erfolg im Beruf. Ich kann aber genauso gut sagen: Das ist geschehen, das kann ich nicht ändern. Jetzt aber bin ich selbst verantwortlich und meine Aufgabe ist es, mir mein Leben so schön und erfüllend zu gestalten, wie es mir möglich ist. Ich habe niemals einer anderen Person die Schuld für meine Misere gegeben. Im Gegenteil. Ich empfinde es als Glück, dieses Leben selbstbestimmt führen zu dürfen.

GROSSE VERÄNDERUNGEN

In Bruchsal war ich aufgehoben in einem Kokon aus Liebe und Geborgenheit. Aber als ich fünf Jahre alt war, beschlossen meine Eltern doch, die wilde Ehe zu beenden und zu heiraten. Jetzt waren die Zeiten damals aber noch andere. Meine Eltern hatten mit mir ein uneheliches Kind, was bedeutete, dass meine Mutter nicht mehr „rein" war. Sie musste dann tatsächlich in Dunkelblau statt in Weiß heiraten und ich stand als Blumenkind daneben. Die Heirat brachte für mich viele Veränderungen mit sich. Zum ersten Mal sollten wir jetzt mit meinem Vater zusammenleben, und zwar in seiner Heimat, in Hessen.

Der Umzug war für mich ein gewaltiger Schock. War ich bislang das über alles geliebte Einzelkind, das es gewohnt war, inmitten einer Schar anderer quirliger Menschen aufzuwachsen, umgab mich jetzt eine lähmende Einsamkeit. Der neue Wohnort hieß Münster und war eine Gemeinde in der Nähe von Darmstadt. Das Haus bestand aus zwei Wohnungen, unten wohnte meine Großmutter väterlicherseits, oben wohnten wir. Vielleicht wollten meine Eltern meinen Umzugsschock ein wenig abmildern, auf jeden Fall bekam ich dort mein erstes eigenes Zimmer. Dies änderte nur leider nichts daran, dass ich mich in der neuen Umgebung nicht besonders wohlfühlte. Der Einstieg war zudem denkbar schlecht.

Schon an meinem zweiten Kindergartentag prügelte ich mich mit einem Jungen, der mich brüsk in den Sandkasten schubste. Ich fiel dummerweise unglücklich auf einen Stein und anschließend musste ein Loch in meinem Kopf genäht werden.

Hinzu kam die merkwürdige Stimmung im Haus „der anderen Großmutter". Die Wärme

Der Umzug nach Hessen ins väterliche Elternhaus war für meine Mutter und mich nicht leicht.

und Herzlichkeit, die ich in Bruchsal erfahren hatte, war dem Elternhaus meines Vaters gänzlich unbekannt. Dabei hätten das Haus und das Grundstück eigentlich ein Paradies für Kinder sein können. Wir hatten einen riesigen Garten mit einem Spargelacker und die Schwester meines Vaters wohnte mit ihrer Familie direkt nebenan. Sie hatte eine Tochter, die nur ein paar Jahre älter war als ich.

Es hätte alles so schön sein können. Die neue Oma nahm mich durchaus auch mal zum Spargelstechen mit. Nur war meine Cousine nebenan aufgewachsen und der absolute Liebling meiner Oma. Immer hatte ich unterschwellig das Gefühl, dass sie von meiner Großmutter bevorzugt wurde. Irgendwie hatte ich mit der Geburt den Stempel „unehelich" bekommen und sollte das in der Familie meines Vaters ein Leben lang spüren. Wahrscheinlich war ich in dieser Familie, die so anders war als alles, was ich bislang kannte, auch einfach ein viel zu aufgeweckter Fremdkörper. Erst nach dem Tod meiner Mutter habe ich erfahren, dass auch sie sich dort nie willkommen gefühlt hatte und auch oft ausgenutzt wurde. Meine Mutter und ich waren uns immer schon sehr ähnlich. Sie wollte immer für alle da sein und ich kann dieses Gefühl gut nachvollziehen, denn auch ich hatte schon als kleines Kind ein großes Herz für andere.

In Münster wohnten um uns herum mehrere einsame ältere Menschen. Ich weiß nicht, ob es daran lag, dass ich mich selbst anfangs so einsam gefühlt habe, aber irgendwann bin ich einfach zu diesen Leuten an die Haustür, habe geklingelt und ihnen etwas Fröhliches vorgesungen. Mein größter Wunsch war immer, dass es allen gut ging.

Es gab eine ältere Frau im Dorf, die ich oft beim Spazierengehen sah. Ich weiß nicht, was es war. Vielleicht hatte sie eine psychische Erkrankung oder eine Behinderung, auf jeden Fall war sie irgendwie anders und auch ein bisschen verstört. Einmal bekam ich zufällig mit, wie die alte Dame von Kindern furchtbar gehänselt wurde. Sie fuhren mit den Rädern vor ihr her und riefen ihr richtig dumme Sachen zu. Dieses Verhalten machte mich dermaßen wütend, ich stellte mich den Kerlen kurz entschlossen in den Weg und drohte ihnen Prügel an, sollte sich das wiederholen. Ich hatte die Bande wohl überrascht, denn sie suchten sehr schnell das Weite.

Es gibt wenige Dinge, die mich mehr auf die Palme bringen als Ungerechtigkeit. Dieses Gefühl, andere beschützen zu wollen, war bei meiner eigenen Familie natürlich am stärksten ausgeprägt. Es ist nämlich so: Wie viele Kinder seiner Generation litt mein Vater als kleiner Junge unter Kinderlähmung. Zum Glück gehört diese Krankheit mittlerweile der Vergangenheit an. Denn das Perfide daran war, überlebte man die Krankheit, so hatte man meistens mit Spätschäden zu rechnen. Mein Vater hatte immenses Glück, er hatte im Prinzip keine Einschränkungen und ging sogar mit uns zum Wandern. Nur zog er beim Gehen ein wenig den Fuß nach und musste auch immer spezielle Schuhe tragen.

Einmal, ich war ungefähr zehn Jahre alt, machten wir gemeinsam Urlaub in Venedig. Dort bemerkte ich einen kleinen Jungen, der hinter meinem Vater herging und seinen Gehfehler ganz offensichtlich nachahmte. Was wurde ich da wütend! Ich wollte auf keinen Fall, dass mein Vater das irgendwie mitbekam und von dieser dämlichen Aktion verletzt wurde. Kurz darauf, als meine Eltern einen kleinen Augenblick abgelenkt waren, knöpfte ich ihn mir vor. Blitzschnell lief ich zu ihm hin und haute ihm eine runter. Anschließend schloss ich sofort wieder zu meinen Eltern auf und mein Wutausbruch blieb unbemerkt. Wahrscheinlich hatte ich durch diese ersten fünf stärkenden Jahre in Bruchsal doch einen guten Grundstock an Selbstbewusstsein bekommen, denn das alles muss man sich als Kind auch erst mal trauen.

Der Urlaub war meiner Familie wichtig, im Winter ging es ins Allgäu, im Sommer nach Bella Italia – hier nach Venedig.

Auch wenn ich mich in der Familie meines Vaters anfangs fremd fühlte, im Kindergarten fand ich nach den ersten Anfangsschwierigkeiten schnell Anschluss. Ich war ein unheimlich offenes Kind mit einem großen Freiheitsdrang und habe mir über Konventionen überhaupt keine Gedanken gemacht. Oft bin ich nach dem Kindergarten einfach mit der Kindergärtnerin mitgegangen oder zu Freunden mit nach Hause, ohne dass meine Eltern Bescheid wussten. Da wurde ich natürlich gefragt: „Wissen denn deine Eltern, dass du bei uns bist?" Ich schwindelte gekonnt, sagte: „Ja, Ja!", und schon war ich dabei. Alles war besser als die gähnende Leere zu Hause.

Man kann sich vorstellen, meine Mutter machte mit mir einiges mit. So oft wartete sie vergeblich auf mich oder suchte das halbe Dorf ab, weil ich mich wieder irgendwo herumtrieb. Dabei war sie wirklich ein Engel. Sie kochte zum Beispiel immer nur für mich, vor allem mein absolutes Lieblingsessen: Arme Ritter. (Das Rezept meiner Mutter und eine vegane Alternative findet ihr auf der nächsten Doppelseite.)

Klar, wenn ich mir Konnys Kindheit ansehe, bin ich schon sehr behütet aufgewachsen und ich wurde auch nie geschlagen. Dennoch gibt es so gewisse Verhaltensmuster, die ich aus der Kindheit mitgenommen habe und die mich bis heute begleiten. So hat es mir beispielsweise nie an Materiellem gefehlt, meine Eltern haben mir alles ermöglicht. Allerdings hat das natürlich auch seine Schattenseiten. Denn so bekam ich manchmal anstatt Aufmerksamkeit, Zeit oder Wertschätzung oft einfach ein Geschenk. Heute noch merke ich, dass ich dazu neige, Konfliktsituationen materiell zu lösen. Wenn ich mich mit einer Freundin streite, dann stehe ich oft am nächsten Tag mit einem kleinen Geschenk vor der Tür.

Mein Vater legte zudem auch großen Wert auf die erbrachte Leistung. Solange ich also fleißig war, war alles in Ordnung. Wenn ich dann aber doch einmal eine Note Drei oder Vier aus der Schule nach Hause brachte, war sofort dicke Luft. Das hat zur Folge, dass ich es bis heute nur schwer aushalten kann, wenn mir jemand die eiskalte Schulter zeigt. Diese Art der Missachtung ist für mich die Höchststrafe. Da fühle ich mich sofort wieder in meine Kindheit versetzt, es schnürt mir richtig die Luft ab. Erst spät wurde mir klar, dass ich in der Familie meines Vaters schon früh zwei Gleichungen fürs Leben mitbekam:

Geld = Liebe
Leistung = Liebe

Urlaub und Freizeit waren in meiner Familie immer sehr wichtig und ich reise auch heute noch gern. Im Winter sind wir immer zum Familienurlaub ins Allgäu, im Sommer immer nach Italien. Letzteres lag anfangs vor allem an meiner spastischen Bronchitis im Kindesalter, die sich durch die Meeresluft tatsächlich vertreiben ließ. Mein Vater war eigentlich ein großer Spanienfan, aber wegen der großen Flugangst meiner Mutter ging es fortan jeden Sommer für vier Wochen nach Bella Italia. Die Flugangst hat mir meine Mutter leider vererbt. Mittlerweile habe ich aber, gezwungenermaßen, schon so oft die Erde umflogen, dass ich die Angst ganz gut im Griff habe.

Aber zurück zu unseren Italienreisen. Mein Vater dachte sich: Wenn schon Italien, dann richtig. So suchte er immer gezielt nach Campingplätzen, an denen vorwiegend Italiener waren, und ich plapperte schon bald ganz gut Italienisch.

In einem Sommer, ich war sieben Jahre alt, schärften mir meine Eltern ein, ich solle jedem erzählen, dass ich erst sechs Jahre alt sei. Die Regularien des Campingplatzes besagten, dass man für Kinder ab dem siebten Geburtstag bezahlen musste. Das war natürlich schwer für mich, denn als Kind ist man ja stolz, wenn man klarstellen kann: „Ich bin schon sieben!"

Meine Aufgabe war es immer, mit einem kleinen Kanister Wasser zu holen. Als ich mal wieder Wasser abfüllte, stand ein Mann neben mir, mit dem ich sofort ins Quatschen kam. Irgendwann fragte er mich, wie alt ich sei, und ich antwortete: „Ich bin schon sieben, aber das darf ich nicht sagen." Der hat sich natürlich totgelacht. Zum Glück war das nur ein Gast und kein Angestellter des Campingplatzes.

Der Urlaub in Italien war jedes Mal paradiesisch, ich war immer mit einem Schwarm Kinder unterwegs und hatte das höchste Leben. Eines der Kinder war ein Mädchen mit dem Namen Carla, sie war dann sicher weit über 20 Jahre meine Brieffreundin. All die Jahre schrieben wir uns regelmäßig, und jetzt kommt's! Auf Italienisch. Ich war ja von Natur aus unerschrocken und konnte meine aktuelle Lebenssituation, dem guten alten Langenscheidt sei Dank, anscheinend recht gut mitteilen. Zumindest hat sie mir über viele Jahre sehr lieb geantwortet. Wir hatten beide längst Kinder, als die Verbindung irgendwann einschlief.

Meine große Abenteuerlust trat natürlich auch in diesen Urlauben bereits in Erscheinung. Ich war vielleicht sechs Jahre alt und konnte noch nicht richtig schwimmen, da habe ich mich mit einem Floß und zwei italienischen Mädchen auf große Fahrt begeben. Dazu muss man wissen, ich hatte einen Schwimmring mit einem lustigen Entenkopf dran und meine Mutter

Arme Ritter Original

DU BRAUCHST:

500 ml Milch
3 Eier
30 g Rohrzucker
eine Prise Salz
4 Scheiben Weißbrot (oder ältere Brötchen)
Zimt und Zucker nach Belieben zum Bestreuen

Kennt ihr Arme Ritter? Das ist ein simples, aber unglaublich leckeres Gericht! Hier habe ich zwei Varianten davon. Zum einen natürlich das Originalrezept aus meiner Kindheit und eine Alternative für alle, die wie ich gewisse Produkte nicht essen oder essen dürfen. Wer vegan lebt, kann Hafermilch und statt Ei einfach einen Ei-Ersatz nehmen.

1. Zuerst Milch, Eier, Zucker und Salz in einer Schüssel verrühren. Nun das Brot in eine flache Schale geben, Eiermilch darübergießen und durchziehen lassen.
2. Dann etwas Fett in einer Pfanne erhitzen und die Brotscheiben von beiden Seiten goldbraun braten.

ALTERNATIVE:

DU BRAUCHST:

500 ml Sojamilch (oder Mandelmilch), ungesüßt
3 Eier
30 ml Ahornsirup/Dattelsirup
eine Prise Salz
4 Scheiben Dinkeltoast
(oder glutenfreien Toast oder Zwieback)
Zimt nach Belieben zum Bestreuen

1. Zuerst Ersatzmilch, Eier, Sirup und Salz in einer Schüssel verrühren. Das Brot in eine flache Schale geben, das Milchgemisch darübergießen, durchziehen lassen.
2. Dann etwas Fett in einer Pfanne erhitzen und die Brotscheiben von beiden Seiten goldbraun braten.

ALTERNATIVE VANILLESOSSE:

DU BRAUCHST:

250 ml Sojamilch (oder Mandelmilch), ungesüßt
15 g Speisestärke
1 Vanilleschote
40 ml Ahornsirup (oder Dattelsirup)

1. Zuerst einen Esslöffel kalte Ersatzmilch mit der Speisestärke anrühren und zur Seite stellen. Nun die Vanilleschote auskratzen und eine Messerspitze davon mit der restlichen Ersatzmilch und dem Ahornsirup in einen Topf geben und aufkochen.
2. Anschließend unter ständigem Rühren die Speisestärke dazugeben. Im Kühlschrank dickt die Vanillesoße dann noch etwas nach.

Ich im Urlaub in Bella Italia.

hielt mich stets dazu an, ausschließlich mit Schwimmring ins Meer zu gehen. Wir drei Kinder hatten die gute Idee, mit dem Floß aufs Meer hinauszufahren, um Delfine zu gucken. Das ist aus der Sicht einer Sechsjährigen auch durchaus verständlich. Ich zog mir also brav meinen Schwimmring über, wir paddelten fleißig hinaus und schafften es sogar hinter die Wellenbrecher. Leider war da draußen kein Delfin in Sicht und wir drehten um, um wieder zurückzukommen. Da war aber längst schon ein riesiger Aufstand am Strand und als wir es dann zurückgeschafft hatten, standen die Eltern alle schon mit versteinerten Mienen da und wir wussten: „Das gibt Ärger!" Das Problem war nur, dass es nur für mich Ärger gab. Ich musste dann nämlich allein im Wohnwagen hocken, während die anderen Mädchen mit ihren Eltern schön draußen zu Abend aßen. Ich habe mich tierisch geärgert, weil ich ja sogar meinen Schwimmring anhatte.

Durch dieses Erlebnis erkannten meine Eltern, dass sie mich sowieso nicht halten konnten, und meldeten mich zurück in Deutschland kurzerhand für einen Schwimmkurs an. Das war leider ein sehr großer Fehler. Der Schwimmlehrer hatte wohl noch nie etwas von Pädagogik gehört, sondern war eher von der harten Sorte. Er dachte, es wäre eine Superidee, ein Kind, das nicht schwimmen kann, einfach ins tiefe Wasser zu werfen. Ich weiß noch, wie ich panisch mit meinen Händen um mich schlug und dachte: Jetzt ist alles vorbei. Da bekam ich einen richtigen Knacks. Ich lebte später jahrelang in Hamburg, danach an einem See in Texas, jetzt habe ich ein Haus am Strand, aber ich habe immer noch Angst vor tiefem Wasser.

Abenteuerliche Floßfahrt mit Schwimmring – für uns ein Riesenspaß, aber unsere Eltern waren weniger begeistert …

WORLD SPORT

DIE JAHRE, DIE ALLES VERÄNDERN

Es ist als junger Mensch gar nicht so einfach, Stärke und Selbstbewusstsein zu erlangen. Früh herauszufinden, wo die eigenen Talente liegen und dafür Anerkennung zu bekommen, bereitet einem aber eine gute Basis fürs Leben.

DER BEGINN EINES GROSSEN SELBSTBEWUSSTSEINS

Ein Grund, warum ich psychisch einigermaßen heil durch diese Zeit kam, ist wohl meine große Liebe zum Sport. Wenn du etwas hast, was dir Spaß macht, mit dem du Erfolg hast und wodurch du regelmäßig Struktur bekommst, dann kann dir gerade in diesen schwierigen Jugendjahren schon nicht mehr so viel passieren.

Ich war erst sieben Jahre alt, als ich mit dem Kunstturnen anfing, und ich war recht schnell ziemlich gut. In der Pubertät, als die Situation zu Hause anfing richtig schwierig zu werden, war ich schon so gut, dass ich einer Leistungsgruppe angehörte. Die Leistungsgruppe gab mir eine gewisse Stabilität. Wir trainierten dreimal wöchentlich und ich konnte mir dort das holen, was ich zu Hause nie bekam: Anerkennung.

Leider schwänzte ich zu dieser Zeit aber auch oft die Schule. Einfach weil ich mit den Inhalten und der Struktur nicht viel anfangen konnte und sowieso lieber an der Alster war. Das sickerte irgendwann zu meinem Trainer durch: „So einen wie dich können wir hier nicht gebrauchen", gab er mir noch mit auf den Weg, bevor er mich hochkant hinauswarf.

Das war ganz schön hart für mich und ich machte dann auch erst mal ein Jahr keinen Sport mehr, bis in Deutschland die Bruce-Lee-Filme in die Kinos kamen. Ich war von Anfang an ein riesiger Fan und habe die Filme regelrecht verschlungen. Bald kam der Gedanke, ich könnte das doch auch lernen und mich damit selbst verteidigen. Denn Kampfkunst ist ja in erster Linie Verteidigung. Prompt erkundigte ich mich nach Kursen und erfuhr, dass ich für einen solchen Kurs mit mittlerweile 17 Jahren noch nicht vertragsmündig war und definitiv einen Bürgen brauchte. Meine Eltern weigerten sich, für mich zu bürgen, also ging ich zur Mutter einer Bekannten, die, ohne mit der Wimper zu zucken, für mich unterschrieb.

Ich machte in Karate sehr schnell Fortschritte, was sicher mit an meinem jahrelangen Kunstturntraining lag. Einer der Trainer, einer vom Kiez, bemerkte schon bald mein Potenzial und trainierte mit mir fortan auch noch nach dem Training. Er hatte wie ich die ganzen Bruce-Lee-Filme gesehen und gemeinsam versuchten wir, diese hochkomplexen Sprünge und Drehungen nachzumachen. Zu dem Zeitpunkt war ich noch ein Weißgurt, aber ich war so gut, dass ich Gelb übersprang und gleich den orangenen Gurt machen durfte. So ging das weiter. Ich übersprang letzten Endes zwei Gurte, aber schon nach der kurzen Zeit von drei oder vier Monaten hatte ich ein bisschen Selbstvertrauen gewonnen.

Dies führte dann auch zu einer Schlüsselszene in meinem Elternhaus. Mein Stiefvater stand wieder einmal vor mir wie ein Bär und drohte mir Schläge an. Eine Situation, die ich so schon unendlich oft erlebt hatte. Aber etwas hatte sich diesmal verändert. Ich stand ganz ruhig da und sagte zu ihm: „Wenn du mich jetzt schlägst, dann schlag ich zurück."

Mein Glück war, dass er von meinem Karatetraining wusste, und Karate war damals für die meisten eine ganz mysteriöse Geschichte. Bruce-Lee-

Filme, Fernost, das war ihm alles nicht geheuer. Um ehrlich zu sein: Ich hätte niemals eine Chance gehabt! Das alles hat ihn aber anscheinend so beeindruckt, dass er tatsächlich nicht zuschlug. Da merkte ich zum ersten Mal, dass das funktioniert.

Mit Karate habe ich dann immer weitergemacht und dabei unzählige Meisterschaften gewonnen. Ich hatte so viele Medaillen, die hätte ich mir gar nicht alle um den Hals hängen können. Während sich andere Pokale in die Vitrine stellten, füllte ich sogar Farbe rein. Mich hat es natürlich gefreut, wenn ich gewann, aber Auszeichnungen per se bedeuteten mir nicht viel. Schließlich zahlten die Medaillen nicht meine Miete.

Trotzdem war ich mit Feuereifer dabei und es dauerte nicht lange, da hatte ich mir in der Karateszene einen Namen gemacht: Der kleine giftige Zwerg. Ich war berühmt-berüchtigt für meinen „Fußfeger". Dabei schlägt man dem Gegner den Fuß an die Beine und der verliert dadurch das Gleichgewicht. Weil ich so klein war, hatte ich einen festen, tiefen Stand. Wenn der Gegner umgekehrt mich mit einem Fußtritt treffen wollte, dann ging der meistens direkt über meinen Kopf hinweg.

Der kleine giftige Zwerg: In Karate machte ich mir bald einen Namen und war berüchtigt für meinen „Fußfeger".

Diese vielen Erfolge taten meiner Seele ungemein gut. Ich sage oft, dass ich auf der ganzen Welt der Mensch bin mit dem größten Selbstbewusstsein. Das ist natürlich ein Stück weit Koketterie, aber es ist etwas Wahres dran. Mein Selbstbewusstsein ist ziemlich unerschütterlich. Blickt man auf meine Kindheit, wird einem schnell klar, es liegt sicher nicht an zu viel Bestätigung im Elternhaus.

Ich führe das heute eher auf die Jahre im Kampfsport zurück. Über eine lange Zeit will dich jemand tagtäglich kleinmachen und erniedrigen und in dem Moment, in dem du deine eigene Stärke und deinen eigenen Wert erkennst, hat der andere plötzlich keine Chance mehr. Durch die vielen Erfolge im Karate wurde ich mir meiner Kraft und auch meiner selbst endlich bewusst. Ich habe plötzlich gesehen, was ich alles kann, ich habe Bestätigung bekommen und ich habe gemerkt, wo ich im Vergleich mit anderen stehe. Nimmt man diese Schlüsselszene mit meinem Stiefvater: Ich war ihm zwar immer noch körperlich unterlegen, aber ich war in mir drin nicht mehr der Gleiche.

EIN RICHTIGES ZUHAUSE

Vielleicht mag das nach meiner bisherigen Erzählung auf euch nicht so wirken, aber ich bin ein richtiger Glückspilz. Ich traf so oft an einer Weichenstellung die richtige Person oder bekam den richtigen Impuls. Die Geschichte mit meinem Haus in Schenefeld ist auch so eine Glücksgeschichte, dabei sah es anfangs sogar danach aus, dass das eine ordentliche Schnapsidee war. Aber alles der Reihe nach.

Es war wohl 1983, ich bewohnte zu diesem Zeitpunkt eine Souterrainwohnung in Hamburg, die ich nach all meinen Vorstellungen ausgebaut hatte. Wie immer war mir dabei wichtig, dass das Ergebnis effizient, aber auch komfortabel war. Ich fühlte mich in meinem Reich pudelwohl. Allerdings war ich auch damals schon ein großer Fan von amerikanischen Autos. Ich fuhr einen großen Pick-up und die Wohnung lag in einem eng bebauten Wohngebiet. Parkplätze waren also rar, da brauchte man nicht mal so ein riesiges Gefährt, wie ich es hatte. Jetzt war ich ja von jeher ein eifriger Schrauber, was oft zu verrückten Situationen führen konnte. Ich hatte ja weder eine Garage, geschweige denn eine Hebebühne. Stattdessen war das Auto in einer der engen Seitenstraßen geparkt und ich robbte jedes Mal drunter, um mal eben einen Ölwechsel zu machen. Besonders extrem ist mir ein Getriebewechsel nach starkem Schneefall in Erinnerung, bei dem ich mir erst mal den Weg unter den Wagen freischaufeln musste, um danach im Schneematsch meine Reparatur durchzuführen. Frustriert von diesem Erlebnis, erzählte ich einem Freund von meiner Lage. Der wusste zufällig gleich einen Kumpel, den es in die Innenstadt zog und dem ein Haus in Schenefeld gehörte. Ein Haus mit Garten und einer kleinen Halle, die genügend Platz für meine Schraubereien aufwies. Ich konnte mein Glück kaum fassen. Dieser Kumpel und ich trafen uns, besprachen die Details und einigten uns auf einen Wohnungstausch. Ich sollte künftig meine Miete an seine Mutter überweisen, der das Grundstück tatsächlich gehörte, und er würde meine Miete an meinen Vermieter überweisen. So weit, so gut.

Bereits zwei Tage nach meinem Einzug in Schenefeld wurde ich leider wieder ein wenig ernüchtert. Die Polizei stand vor der Tür! Den ersten Besuch in meinem neuen Domizil hatte ich mir natürlich anders vorgestellt. Offensichtlich hatte sich mein Tauschpartner in der Vergangenheit irgendetwas zu Schulden kommen lassen. Ich log und sagte, dass ich auch nicht wisse, wo er sei. Im Stillen überzeugt davon, dass es nicht lange dauern würde, bis es die Beamten ohnehin herausfänden.

Also lebte ich weiterhin fröhlich in Schenefeld, entdeckte die Gartenarbeit für mich und schraubte an meinem Pick-up. Es dauerte wohl ein paar Monate, bis die Polizei herausfand, wo er sich versteckt hielt. Irgendwie schaffte er es aber immer wieder, einem Zugriff zu entkommen. Zwischenzeitlich traf ich ihn sogar einmal wieder und fragte natürlich nach, worin das große Interesse der Beamten lag. Er bagatellisierte alles, sprach von einem Missverständnis und dass ich mir keine Sorgen zu machen brauchte.

Was soll ich sagen, eine Woche später lag die Kündigung meiner Souterrainwohnung auf dem Tisch. Aber es ging noch besser! Wieder eine Woche später bekam ich urplötzlich auch die Kündigung für das Haus in Schenefeld. Also rief ich kurzerhand seine Mutter an, sie war ja schließlich die Eigentümerin. Sie wollte, dass ihr Schützling wieder in Schenefeld einzog. Also schenkte ich ihr reinen Wein ein, denn von der Polizeisache hatte sie noch nichts mitbekommen.

Letztlich ließ sie mich erst mal in Schenefeld wohnen und ich beschloss, meine Sachen aus der Souterrainwohnung zu retten. Als ich einige Tage später dort eintraf, war sie aber komplett leer geräumt. Nichts war diesem Menschen heilig, sogar die eingegipsten Kabel hat der Typ aus der Wand gerissen. Ich war natürlich nicht begeistert und erstattete Anzeige. Später erfuhr ich, dass seine Mutter ihm sogar bei der Räumaktion geholfen hatte. Ist das nicht unfassbar? Aber wieder Glück gehabt! Die Polizei fand die meisten meiner Habseligkeiten dann in der Max-Brauer-Allee, wo das kriminelle Gespann sie bei einer Bekannten eingelagert hatte. Es kam dann sogar zu einer Verhandlung.

Da durch diese ganze Geschichte ein Schaden von 20.000 DM entstanden war, erließ mir die Mutter für mehrere Jahre die Miete für das Haus in Schenefeld. Kurz bevor der Zeitraum abgelaufen wäre, kaufte ich ihr das Grundstück ab und bekam einen wirklich guten Preis.

Das Haus in Schenefeld war für mich mein erstes richtiges Zuhause. Ein Ort, an dem ich tun und lassen konnte, was ich wollte. Über die Jahre machte ich ein richtiges Kleinod daraus. Ich hatte 1600 Quadratmeter Grund mit Haus, Bäumen, Büschen und einer kleinen Halle, die ich zum Sport und zum Schrauben verwendete.

Um mir meine vielen Um- und Anbauten leisten zu können, arbeitete ich als Handwerker. Ich war fleißig, genau, zuverlässig und in praktisch jedem Bereich einsetzbar. Mein einziges Prinzip war: keine Überstunden und keine Arbeit am Wochenende. Meine Freizeit war mir heilig. Wozu hatte ich denn ein kleines Paradies, wenn ich es dann gar nicht nutzen konnte? Später habe ich dann als Subunternehmer gearbeitet, so konnte ich mir meine Arbeitszeit einteilen und wurde nicht von einem Vorgesetzten geknechtet. Freiheit und Unabhängigkeit waren für mich immer schon sehr wichtig.

GIRLS JUST WANNA HAVE FUN

Ich war ein sehr hibbeliges Kind, darum ging ich mit zehn Jahren dann auch zur rhythmischen Sportgymnastik, das machte mir unendlich viel Spaß. Ich fuhr bald auch auf Wettkämpfe, was mich aber nicht davon abhielt, schon mit 13 Jahren mit dem Rauchen anzufangen. Ich hatte immer schon unglaublich viel Energie und die musste ich natürlich irgendwo kanalisieren. Einerseits natürlich beim Sport, ich ging später auch noch ins Jazzdance. Andererseits bei meinem Leben als totale Partymaus. Ich hatte immer ein wenig Bammel, ich würde etwas versäumen, und traf mich daher ständig mit meiner coolen Clique am Spielplatz. Ich weiß nicht genau warum, aber meine besten Kumpels waren fast immer Jungs, irgendwie konnte ich mich mehr auf sie verlassen als auf Mädchen.

Partymaus und Sportwettkämpfe – die viele Energie musste einfach irgendwo hin.

Mein Vater Schneidermeister, meine Mutter Schneiderin, das Nähen war mir in die Wiege gelegt. Hier tragen meine Mutter und ich einen Entwurf von meinem Vater.

Generell war ich eher unerschrocken. Mit 16 fuhr ich auch mal per Anhalter zu Partys oder auch von der Modeschule nach Hause, einfach weil die Busverbindung schlecht war. Ich habe mir da nie groß etwas gedacht. Oft nahm mich ein Typ in einem Chevrolet Camaro mit. Was war das für ein tolles Auto! Irgendwann wollte ich genau so einen Wagen fahren! Leider war er mir später immer zu teuer und ich kaufte mir stattdessen einen Ford Capri. Wichtig ist ja das Gefühl! Ich habe festgestellt, man kann einen Ford Capri fahren und sich trotzdem wie in einem Camaro fühlen. Immerhin hatte der Capri auch drei Liter Hubraum und 160 PS.

Im Nachhinein bin ich natürlich heilfroh, dass ich bei diesen Fahrten per Anhalter nie an den Falschen kam. Vielleicht war die Popularität von „Aktenzeichen XY… ungelöst" der Grund. Auf jeden Fall klaubten uns irgendwann unsere Väter nachts an der Disco auf, damit meine Freundinnen und ich sicher nach Hause kamen.

Ich komme aus einer richtigen Schneiderfamilie. Mein Papa war Schneidermeister, meine Mutter und meine Oma aus Bruchsal waren Schneiderinnen. Mir wurde das in die Wiege gelegt, bereits im Kindergarten hatte ich meine erste Nähmaschine und habe meine Puppenkleidung selbst genäht. Im Teenageralter wollte ich natürlich, wie alle in dem Alter, die coolsten Klamotten haben. Meine Eltern haben sich aber schlicht geweigert, so viel Geld für Markenklamotten auszugeben. Also habe ich mich einfach an die Nähmaschine gesetzt und meinen Traum für mich verwirklicht. Meist entdeckte ich in irgendwelchen London-Katalogen ein fetziges Teil, das ich dann unbedingt haben musste. Einmal fand ich einen schwarzen Fledermauspulli, er hatte auf der Rückseite ein großes Spinnennetz und war richtig teuer. Ich habe mir diesen Pullover kurzerhand selbst gestrickt und ließ Platz für einen riesigen Rückenausschnitt. In den habe ich dann ein Netz genäht und darauf ein Spinnennetz mit Spinne gestickt. Ich versuchte von jeher das, was ich mir vorgenommen hatte, auch durchzusetzen. Die ersten Schritte für eine Zukunft in diesem Bereich waren getan und so besuchte ich nach dem erfolgreichen Schulabschluss für einige Jahre eine Modeschule in Darmstadt.

Dort konnte ich mich endlich mit den Themen befassen, die mich wirklich interessierten, denn mein Style war mir schon als Jugendliche unheimlich wichtig. Lange Zeit bin ich mit der Motorradjacke meines Vaters herumgelaufen oder fabrizierte die irrsten Leopardenmuster-Leggings.

Ich wollte wohl immer ein bisschen herausstechen, also trug ich eine crazy Frisur und Fingernägel in allen Farben des Regenbogens. Natürlich machte mein Outfit dabei die unterschiedlichsten Strömungen mit. Mal war ich Madonna-Fan, da hatte ich einen Lockenkopf und Kreuze in den Ohren. Mal war ich Boy-George-Fan, das war dann eine richtige Veränderung. Meine Cousine, die Friseurin lernte, schnitt mir die Haare auf einer Seite ganz kurz. Dann setzte ich mir noch einen Hut auf und fühlte mich meinem Idol schon bedeutend näher. Später war ich Guns-n'-Roses-Fan, da lief ich dann mit „Kill Your Idols"-T-Shirts herum. Nur den Nena-Fan hat man mir zum Glück nicht angesehen. Von Netzstrumpfhosen über Rock, Pop und Punk. Ich war überall dabei.

Mein erster Freund hieß Robert, das war zwar noch im Kindergarten, aber als er wegzog, hat es mir mein Herz gebrochen. Der nächste Junge im Teenie-Alter hieß Dieter, mit dem war es wie bei Klaus Lage: „Tausendmal berührt, tausendmal ist nichts passiert".

Dieter war ein ganz lieber Kerl und ich kannte ihn vom Campingplatz. Meine Eltern fuhren mit mir regelmäßig am Wochenende auf einen Campingplatz in Eichenbühl bei Miltenberg. Das war für mich die beste Zeit überhaupt. Wir waren dort ein ganzer Haufen verrückter Mädels und mischten gemeinsam die Dorfjugend auf. Die Jugendlichen dort dachten, wir kommen alle aus der Stadt. Eventuell haben wir das an der ein oder anderen Stelle auch so erzählt. Auf jeden Fall stiegen wir in deren Betrachtung auf zu Stadtmädchen. Meine Outfits waren ja zum Glück auch dermaßen schräg, das Stadtmädchen nahm man mir damals ganz gut ab. So hatte ich schnell einen überlegenen, fast mystischen Anstrich. Ich war die Checkerin von Eichenbühl und das konnte mir niemand mehr nehmen.

Ich mit selbst genähter Leggins und selbst gestricktem Pulli im typischen Manu-Style der 80er.

WAS BLEIBT

Mit meiner Jugend in Hessen hatte ich mich irgendwann ganz gut arrangiert, zumal auch in der „alten" Familie nichts blieb, wie es war. Dieser mir so wichtige, gute Anker hat sich nach und nach einfach aufgelöst. Mein Opa starb irgendwann an Leberkrebs, danach ging es meiner Oma immer schlechter, bis wir feststellen mussten: Das ist Alzheimer. Die herzliche, liebevolle Mutter der Kompanie verschwand in rasender Geschwindigkeit. Die drei Schwestern teilten sich fortan die Pflege. Einen Monat lebte meine Oma bei uns und je einen Monat bei den beiden anderen Schwestern. Bis zu einem gewissen Stadium ging das auch gut, aber zum Schluss konnte die aufwendige Pflege niemand mehr leisten und sie zog um ins Pflegeheim. Was mir von meiner Oma blieb, ist eine große Portion Geborgenheit, das Rezept für die beste Linzer Torte der Welt und eine imposante 50er-Jahre-Anrichte, die immer mit mir umzieht.

Einen geliebten Angehörigen zu pflegen, das ist natürlich eine gewaltige Herausforderung. Nicht nur körperlich, sondern auch psychisch. Mit ansehen müssen, wie ein Mensch, den man jahrelang um Rat gefragt hat, von Tag zu Tag weniger kann und weiß, ist eine harte Kost. Später hieß es, dass dieser Verfall meiner Oma meine Tante Renate tief getroffen hat und sie Angst hatte, dass sie eines Tages womöglich das gleiche Schicksal ereilt. Ich weiß nicht, inwiefern das ausschlaggebend war. Aber eines Tages warf sich meine Tante völlig unvermittelt vor einen Zug. Das war für alle ein großer Schock. Es sah ganz nach einer Kurzschlusshandlung aus. Es gab keinen Abschiedsbrief, keine Anzeichen, nichts.

Ihre Schwester Monika bekam irgendwann größere psychische Probleme – und dann starb auch noch urplötzlich meine Mutter, mit 51 Jahren. Da war ich erst Anfang 20. Die ganze Stabilität meiner Kindheit fiel innerhalb von wenigen Jahren wie ein Kartenhaus in sich zusammen.

An dem Tod meiner Mama hatte ich noch lange zu knabbern. Sie starb innerhalb von kürzester Zeit an einem Gehirntumor. Das Schlimme aber war, dass ich nicht darüber informiert worden war. Sie war zwar einige Zeit im Krankenhaus, aber da wurde mir erzählt, sie hätte eine Stirnhöhlenvereiterung. Wieder zu Hause hatte sie aber weiterhin starke Kopfschmerzen und es verbesserte sich auch nicht. Natürlich hat mich das gewundert, aber ich wäre im Leben nicht darauf gekommen, dass man mir so ein Theater vorspielt. Sie starb zwei Wochen später.

Eines Tages rief mich die Schwester meines Vaters an und meinte nur : „Deine Mama ist eingeschlafen." Ich konnte es nicht fassen, das kam völlig aus dem Nichts. Meine Tante und mein Vater warteten dann mehrere Stunden am offenen Sarg auf mich, aber ich konnte einfach nicht hinfahren. Ich wollte meine Mutter nicht tot sehen. Stattdessen fuhr ich zum Flughafen und schaute wie paralysiert stundenlang den Flugzeugen beim Starten und Landen zu. Ich weiß nicht mehr, wie ich anschließend nach Hause kam.

Später legte mein Vater dann die Karten auf den Tisch, noch nie fühlte ich mich so betrogen. Zwar war es wohl der Wunsch meiner Mutter, dass ich nicht involviert werden sollte, aber etwas Schlimmeres hätte man mir nicht antun können. Ich konnte mich so nicht von ihr verabschieden. Das hat man mir einfach genommen.

Es dauerte sehr lange, bis ich wieder mit meinem Vater sprechen wollte. Was für mich bis heute bleibt, ist ein guter Start ins Leben. Meine Mutter, meine Großeltern, meine Tanten, sie alle haben mir so viel Liebe entgegengebracht. Und diese Liebe hat mich so stark gemacht, die Täler, die noch kommen sollten, zu überwinden.

Ein Bild aus glücklichen Familientagen in Bruchsal, nach unserem Umzug nach Hessen brach leider alles nach und nach auseinander.

Hessen
Münster
Dieburg
Kleestadt
Darmstadt
Groß-Zimmern

HESSEN

Schon als Kind trällerte Manu: „Ich will ’nen Cowboy als Mann!“ Den sollte sie bekommen. Das Leben hält doch die größten Überraschungen für uns bereit. Man sollte nur so schlau sein, diese Gelegenheiten auch zu erkennen.

EINE SCHICKSALHAFTE BEGEGNUNG

Diejenigen, die uns noch nicht so gut kennen, werden sich vielleicht wundern, wie Manu und ich uns gefunden haben. Sie lebte damals in Hessen, ich in Hamburg, die Zeit der Dating-Apps lag noch in weiter Ferne und ich hatte in Schenefeld gerade erst mein Paradies gefunden. Es gab für mich überhaupt keinen Grund, irgendwohin zu gehen. Aber wie es manchmal so läuft, das Leben hält die größten Überraschungen bereit.

Der Ursprung von allem, was jetzt kommt, hängt mit meinem Freund Jan zusammen. Jan und ich waren zu diesem Zeitpunkt schon viele Jahre befreundet. Er hatte ebenso viel Quatsch im Kopf wie ich und der eine musste den anderen nicht lange überzeugen. Wir lernten uns kennen, weil ich damals mit seiner Schwester zusammen war. Es passte einfach wie „Arsch auf Eimer", heute würde man das wahrscheinlich „Bromance" nennen. Jan und ich waren wie Geschwister und hatten große Freude daran, miteinander Zeit zu verbringen. Er arbeitete damals als Schlosser, verdiente sich aber nebenbei noch etwas als Hufschmied dazu. Es dauerte eine ganze Weile, bis ich verstand, dass er diesen Beruf auch gelernt hatte. Weil ich ohnehin ein neugieriger Mensch bin, fing ich an, ihn auf diesen Wochenendtouren zu begleiten. So lernte ich eine Vielzahl norddeutscher Pferdehöfe kennen.

Als ehemaliger Kunstturner konnte ich auf einer dieser Touren sogar mal eine Voltigiergruppe beeindrucken, indem ich mit einem Salto vom Pferd sprang. Die haben geguckt! Das hatten sie von dem Typen in Cowboystiefeln sicher nicht erwartet. Ich muss heute noch grinsen, denn es gibt für mich nichts Schöneres, als andere zu überraschen.

Das Glück der Erde … fanden Manu und ich nicht beim Reiten, sondern beim Kickbox-Training.

Auf einer dieser Fahrten beschlossen wir, abends noch in die wieder eröffnete Diskothek „Onkel Pö" einzukehren. Sie lag in der Nähe des Flughafens und auf der Strecke. Wir waren zwei offene, lustige und sportliche Haudegen, wir lernten unterwegs natürlich auch des Öfteren Mädels kennen. So sollte es auch an diesem Abend sein. Wir trafen auf zwei Mädchen aus Hessen und flirteten, was das Zeug hielt. Jan verliebte sich an diesem Abend unsterblich in eines der Mädchen, also fuhren wir bald darauf regelmäßig gemeinsam nach Dieburg in Hessen. Während Jan bald eine feste Beziehung hatte, war es mit meiner Turtelei ziemlich zügig wieder vorbei. Ich konzentrierte mich also wieder auf mein Leben in Hamburg und hörte erst mal nur noch sporadisch von Jan.

Etwa ein halbes Jahr später hatte ich ihn gerade am Telefon, als er in seiner neuen Lieblingskneipe saß. Aus Jux und Tollerei gab er den Hörer irgendwann an die Kneipenbesitzerin weiter und wir verstanden uns auf Anhieb hervorragend. Also fuhr ich bald wieder gen Dieburg, um mir die Dame mal näher anzusehen. Irgendwie musste sie mich wohl mit ihrem Charme um den Finger gewickelt haben, denn nur kurze Zeit später ließ ich mein Haus in Schenefeld unbewohnt zurück und zog, nur mit ein paar Koffern bewaffnet, nach Hessen.

Es sah auch eine Zeit lang so aus, als ob die Geschichte wirklich Zukunft hätte, und so kauften wir uns zusammen sogar ein kleines Anwesen. Es handelte sich um einen sogenannten Resthof, eine Art kleiner Bauernhof mit Fachwerkhaus und kleinen Nebengebäuden, der aber nicht mehr landwirtschaftlich genutzt wird. Der Resthof war in einem äußerst renovierungsbedürftigen Zustand. Wunderbar, ich hatte also wieder ein neues Projekt! Kurzerhand transportierte ich meine ganze Werkstatt von Schenefeld nach Dieburg und machte mich an die Arbeit. Mein Bruder Dieter, der mittlerweile in Nürnberg lebte, unterstützte mich und wir entkernten gemeinsam das Fachwerkhaus.

Da ich ja zum Glück ein kommunikativer Typ bin, lebte ich mich in Hessen schnell ein. Wie in Hamburg arbeitete ich auch hier als Subunternehmer und in der restlichen Zeit half ich in der Kneipe aus oder gab aushilfsweise Kickbox-Kurse. Eines Tages tauchte eine junge, hübsche Frau namens Manuela in meinem Kurs auf und kam von da an jede Woche. Zu diesem Zeitpunkt bekam auch die Beziehung mit meiner Herzensdame Risse, als ich feststellte, dass wir gar nicht so gut zusammenpassten. Wir trennten uns dann im Guten und ich war frei für die Frau, die ein Leben lang an meiner Seite sein würde.

LIEBE AUF DEN ERSTEN BLICK

Ich war immer schon sehr sportbegeistert. Eine Freundin, die das wusste, bettelte mich irgendwann an, mit ihr in einen Kickbox-Kurs zu gehen. Kampfsport zählte allerdings zu den wenigen Sportarten, die mich so überhaupt nicht interessierten. Zum Glück ließ ich mich dann aber doch überreden. Und was soll ich sagen?

Unser Trainer, Konny, musste gar nicht viel tun, ich war vom ersten Augenblick an von ihm begeistert. Was für ein Supertyp! Ich war bald so richtig in ihn verschossen und wusste nicht, wie ich ihn besser kennenlernen konnte. Irgendwie bekam ich mit, in welchem Ort er wohnte, und schnappte mir ein Telefonbuch. Leider wusste ich nur seinen Spitznamen: Konny. Ich dachte mir, dass das vielleicht von Cornelius käme, und begann, das Telefonbuch nach „Cornelius" zu durchforsten. Ihr werdet es nicht glauben, ich fand keinen einzigen. Irgendwann bin ich mit meiner Vermutung dann auch bei Konrad gelandet und war äußerst betrübt, als ich in seinem Wohnort den Telefoneintrag „Konrad und Elke" fand. Unter uns gesagt, ich wartete trotzdem beharrlich weiter nach dem Training auf ihn.

Einmal nahm er mich dann sogar in Elkes Kneipe mit, aber ich kannte die Zusammenhänge natürlich noch nicht. Ich war nur total verwundert, dass die Kneipenchefin, ohne mit der Wimper zu zucken, von seinem Bier trinkt. Zu diesem Zeitpunkt waren die beiden schon getrennt und Konny wohnte allein auf diesem Resthof. Als ich das erfuhr, gab es kein Halten mehr! Ich musste diesen Mann erobern! Also rief ich mit klopfendem Herzen bei der Nummer an, die neben „Konrad und Elke" im Telefonbuch stand, und bat Konny, sich mal mein Auto anzusehen. Ich hatte zum Glück Probleme mit der Wasserpumpe und die schickte ich jetzt ins Rennen. Er kam, um meinen BMW zu reparieren, und weil ich weder besonders viel Werkzeug noch Ersatzteile dahatte, bastelte mir dieser tolle Mann aus einer Butterkekspackung eine Dichtung. Ist das zu fassen? Die Dichtung hielt sogar so gut, dass ich das Auto später damit verkauft habe.

Aber das nur am Rande, denn ich hatte Konny ja immer noch nicht erobert. Als Dank für die Reparatur lud ich ihn, sehr amerikanisch, eines Abends ins Autokino ein. Während ich ihn schon seit Wochen anhimmelte, wurde ihm wohl erst da bewusst, dass ich mich in ihn verknallt hatte. Er hatte es wohl bis dahin einfach nicht mitbekommen.

Zu diesem Zeitpunkt hatten wir offiziell nur eine Freundschaft. Ich übernachtete kurz darauf auch ganz freundschaftlich bei ihm. Und es war wirklich freundschaftlich: ich im Wohnzimmer, er oben im Schlafzimmer. Am nächsten Morgen kam er die Treppe herunter und gab mir einfach einen Kuss. So läuft das bei Konny Reimann. Er musste sich wohl erst mal sortieren. Ich aber schwebte fortan durch die Welt, denn ich wusste: Der ist es!

Wir verstanden uns von Anfang an großartig. Die neue Frau an Konnys Seite zu sein, hatte zu Beginn aber auch seine Tücken. Zwar schwebte ich im siebten Himmel und zog auch bald zu ihm auf den Hof, aber er hatte in seinen Jahren in Hessen durchaus Spuren hinterlassen. Als Jan einige Zeit später seine hessische Freundin heiratete, waren auf der Hochzeit ganze vier von Konnys Ex-Freundinnen! Und ich! Weil wir da erst frisch zusammen waren, war das gar nicht so einfach. Einmal stürmte ich sogar auf die Tanzfläche, um deutlich zu kommunizieren, wer da zu wem gehört. Das war natürlich Unsicherheit. Wenn es allein in Hessen schon vier Ex-Freundinnen gab, wollte ich mich da auf keinen Fall einreihen und die fünfte werden. Heute lache ich darüber, ich habe sie schließlich alle überdauert.

Übrigens, als ich Konny kennenlernte, war er ein richtiger Vorzeige-Schwiegersohn. Er hatte keine Tattoos, er rauchte nicht, er war noch nie auf einem Konzert, hatte keine Ahnung von Musik und besaß genau zwei Platten: Dire Straits und U2. Ich war und bin ein riesiger U2-Fan und habe mich damit beruhigt, dass ich immerhin 50 Prozent seiner Plattensammlung gutheißen konnte.

Das hat sich natürlich völlig verändert! Konny und ich waren mittlerweile auf unzähligen U2-Konzerten. Bei einem dieser Konzerte trafen wir leider die falsche Entscheidung. Ich sah, dass sich plötzlich eine Schlange bildete, und schlug Konny vor, uns auch anzustellen. Aber wie Konny eben so ist, er stellt sich natürlich nirgends an, ohne zu wissen wofür. Wir ließen es also bleiben und mussten danach

Konnys Coolness färbte natürlich auch auf unsere Kinder ab.

zusehen, wie die Leute aus der Schlange alle in den vorderen Bereich vor der Bühne gelassen wurden. Ich hätte meinen Idolen ganz nah sein können. Ich konnte es nicht fassen. Dazu kam: Zu dieser Zeit hat Bono auch immer eine Frau aus diesem vorderen Bereich auf die Bühne gezogen! Das hätte ich sein können! Konny hat diese Geschichte mittlerweile bestimmt hundert Mal gehört, aber ich kann einfach nicht aufhören, sie zu erzählen.

Ja, was soll ich sagen. Es ist eben eine typische Liebesgeschichte zwischen uns: Boy meets girl, oder besser: Hessen-Girl meets Hamburger Jung. Es ist schon lustig, wenn man bedenkt, wie oft ich als Kind mit dem Parfumzerstäuber als Mikrofon lauthals Schlager gesungen habe. Da stand ich dann auf dem Küchentisch meiner Oma und trällerte: „Ich will 'nen Cowboy als Mann!" Wer hätte gedacht, dass ich ihn eines Tages wirklich finden sollte, meinen Cowboy fürs Leben. Manchmal muss man gar nicht nach dem Glück suchen, denn es kommt von alleine.

AUFBRUCHSTIMMUNG

Mit Manu und mir war das bald eine klare Sache. Wir verstanden uns gut und hatten auch von Anfang an denselben Humor. Heute noch können wir uns schieflachen, wenn dem anderen wieder mal ein Missgeschick passiert ist. Lustigerweise war auch Manu ein großer Fan von amerikanischen Autos. Für mich war bald klar, diese Frau ist es! Mit ihr fand ich endlich die Partnerin, die ich mir vielleicht all die Jahre zuvor immer gewünscht hatte. Nicht nur Geborgenheit fand ich bei ihr. Das Besondere an Manu ist, dass man sie auch für verrückte Ideen begeistern kann. Ja, meistens ist es sogar sie, die solche Ideen anstößt. Sie ist wahrlich eine Frau zum Pferdestehlen, und wenn man das Glück hat, einen solchen Menschen zu finden, dann sollte man auch so schlau sein, das zu erkennen. Das Fundament war vorbereitet und so kamen auch die Kinder in mein Leben.

Eigentlich war bis dahin alles wunderbar. Ich hatte eine tolle Frau, Kinder, wie du sie dir nur wünschen kannst, ein gutes Umfeld, aber für Hessen konnte ich mich auf Dauer nicht erwärmen. Die Menschen dort waren alle nett, das war nicht das Problem. Aber je länger ich dort war, spürte ich: Ich vermisse das Wasser!

Auch Manu und die Kinder waren vom Haus in Schenefeld und dem nahen Meer begeistert.

Die Sehnsucht nach Hamburg war schließlich so groß, dass ich Manu vorschlug, gemeinsam in Schenefeld einen Urlaub zu verbringen. Also packten wir den Pick-up voll, stellten noch den großen Hühnerkäfig daneben und fuhren mit Kind und Kegel für ganze vier Wochen nach Hamburg. Unterwegs stellten wir uns an eine Raststätte, um für ein paar Stunden zu schlafen. Als die Sonne aufging, beendete das Krähen des Hahns auf der Ladefläche nicht nur unsere, sondern auch die Nachtruhe von so manchem Fernfahrer. Die Zeit, die wir in meinem Haus in Schenefeld verbrachten, war unglaublich schön. Manu war von Hamburg und dem Anwesen begeistert und nun war es nur noch eine Frage der Zeit, bis wir in Hessen endgültig die Zelte abbrechen würden.

Eine andere Situation, in der uns bewusst wurde, dass Hessen nicht unsere Heimat bleiben sollte, war, als wir einmal beschlossen haben, für ein paar Tage mit dem Pick-up an einen See zu fahren. Also konstruierte ich aufwendig eine große Wohnkabine für den Pick-up und an einem heißen Sommertag machten Manu, die Kinder und ich uns auf den Weg, die hessische Natur zu erkunden. Mir war natürlich klar, dass Hessen keinen Meereszugang hat, aber ich hoffte auf einen verwunschenen Waldsee oder zumindest einen schönen Teich. Die Realität war aber leider enttäuschend. Was wir fanden, war ein kleiner nüchterner See neben einem Schulzentrum mit Spielplatz. Die Angelegenheit war auf jeden Fall dermaßen charmebefreit, dass wir nach nur einer Nacht wieder zurückfuhren. Das war ja gar nichts! In mir Nordlicht arbeitete es. Denn ich bin da natürlich sehr verwöhnt. Im Norden stellst du dich einfach mit deinem Wohnmobil und deinem Pick-up für ein paar Tage ans Meer und du kannst dir dabei sogar aussuchen, an welches.

HAMBURG

Die Sehnsucht nach dem Meer hat mich Nordlicht wieder nach Hamburg verschlagen, diesmal mit Familie. Aber kaum hatten wir das Haus in Schenefeld auf Vordermann gebracht und beruflich wieder Fuß gefasst, bringt ein einzelner Anruf alles wieder ins Wanken.

WURZELN SCHLAGEN

Es war schön, wieder nach Hause zu kommen. Noch schöner war es, dass Manu mit mir kam und wir fortan gemeinsam in Schenefeld wohnen würden. Aber erst mal stand ein riesiger Umzug an. Weil ich selten Aufwand scheue, hatte ich sogar Bäume und Sträucher aus Schenefeld mit nach Hessen genommen und dort eingegraben. Die mussten jetzt natürlich wieder zurück. Außerdem war der Resthof voll mit Türen, Fenstern, Baumaterialien aus meinem Fundus in Hamburg, die sich jetzt wieder auf die Reise zurück nach Hamburg machten. Ich verkaufte also das schöne, halb renovierte Fachwerkhaus und wir zogen mit drei vollgestopften Lastwagen und zwei Autos um. Manu machte mit ihrer Ente das Schlusslicht des Konvois, jeder hatte ein Kind dabei und so bewegten wir uns gemächlich gen Norden, Richtung Meer.

In Hamburg war es für mich kein Problem, eine Arbeit zu finden. Viele Firmen kannten mich von früher und ich konnte eigentlich dort anknüpfen, wo ich vor meiner Zeit in Hessen stand. Zu dieser Zeit arbeitete ich vorrangig als Kältetechniker, obwohl ich mich selbst immer salopp als „Kältefuzzi" bezeichnete. Dieser Beruf hat viele Vorteile. Ich brachte zum Beispiel immer kiloweise Lebensmittel mit nach Hause.

Zum einen hat man schon bei der Wartung viel mit Nahrungsmittelbetrieben zu tun, da fallen beim Schlachter schon mal ein paar Würste ab. Zum anderen fiel so eine Kühlung auch mal komplett aus. In Deutschland gibt es da natürlich strenge Vorschriften. Sobald die Kühlkette unterbrochen wird, müssen alle Lebensmittel vernichtet werden. Weil das aber sowohl mir als auch den Nahrungsmittelbetrieben regelmäßig das Herz brach, ging ich oft mit kiloweise Essen nach Hause. Einmal stopfte ich das ganze Auto mit tiefgefrorenen Torten voll. Ich schwöre, mein Auto setzte vor lauter Kälte Raureif an. So fuhr ich in einer fahrenden Tiefkühltruhe herum und war froh, als ich die Torten später alle verschenken konnte.

Es gab in diesem Bereich aber natürlich auch unangenehme Arbeiten. In Hamburg gibt es ja bekanntlich viele Fischhändler und das ist für einen Kältemechaniker das Allerschlimmste. Da legst du dich einmal mit dem Blaumann hin und stinkst danach eine ganze Woche nach Fisch. Einmal hat ein großer Hamburger Fischhändler renoviert und mein Einsatz dort sollte mehrere Wochen dauern. Das heißt, jeden Tag den Blaumann waschen und besser nicht so viel unter die Leute gehen. Ich erkundigte mich nach einer Schmutzzulage, die mir aber nicht zugestanden wurde. Und was macht ein Konny Reimann in so einem Fall? Ich habe einfach gekündigt.

Meine große Überzeugung war es stets, mich so wenig wie möglich von einem Arbeitgeber abhängig zu machen. Ich war gut in meinem Beruf und habe meine Jobs auch gerne gemacht, aber Kühlanlagen für Fischhändler zu installieren, war sicher nicht meine Lebenserfüllung. Das verdiente Geld war vielmehr ein Beitrag zu meiner persönlichen Freiheit. Dabei brauchte ich nie großen Luxus. Mein Luxus bedeutete, Zeit für meine Projekte zu haben. In den letzten Jahren in Hamburg habe ich nur noch drei Tage die Woche gearbeitet. Das reichte aber aus, denn wir hatten keine

Schulden und ein abbezahltes Haus. So konnten wir dann sogar mal in Südfrankreich oder später in den USA Urlaub machen.

War ich früher mit meinen Kumpels viel beim Surfen in Dänemark und Südfrankreich, so fuhr ich jetzt mit Manu und den Kindern an ebendiese Orte. Es war vielleicht nicht mehr ganz so verrückt wie damals, aber dafür auf eine andere Weise schön. In meinen jungen Jahren war ich oft mit meinem besten Kumpel York und meinem amerikanischen Geländewagen am Meer und wir hatten die lustigsten Ideen. Nicht nur einmal haben wir meinen Pick-up sogar im Meer versenkt. Das war nicht einfach, die Kiste wieder herauszubringen. Einmal sind wir dann mit dem Auto danach an eine Tankstelle und hielten erst mal einen Schlauch mit Frischwasser durchs Fenster, um den Pick-up wieder einigermaßen sauber zu bekommen. Nach einer Weile öffneten wir die Türen und fluteten die ganze Tankstelle, leider inklusive dem ein oder anderen armen Fisch.

Mit York habe ich in meinen Zwanzigern so viel erlebt, ich könnte wohl wochenlang am Lagerfeuer sitzen und die Geschichten würden mir nicht ausgehen. Da wir beide Surfer sind, erlebten wir das meiste bei unseren Surftrips. Kein Wunder, dass ich ihn damals auch in einem Surfshop kennen-

Mit meinem Freund York erlebte ich viele tolle Reisen, nun entdeckte ich diese Orte mit Manu und den Kindern neu.

gelernt habe. Wir hatten fast kein Geld und ein lausiges Equipment. Wir glichen das aber durch Lebensfreude, gute Surfkenntnisse und Waghalsigkeit wieder aus. Unsere verrückten Aktionen hatten keine Grenzen. Unter anderem surften wir auf einer Euro-Palette, indem der eine darauf stand und ein Seil in den Händen hielt, während das andere Ende am Pick-up befestigt war. Der andere gab zeitgleich ordentlich Gas … So konnten wir viele Tage verbringen und schon bald waren wir bekannt wie bunte Hunde. Es gibt eben nur ein Gas, Vollgas!

Auch heute noch, 40 Jahre später, zählt York zu meinen besten Freunden. Er ist wohl der einzige Mensch, dem ich auch mein Leben anvertrauen würde. York hat später mit dem Fallschirmspringen begonnen und mich tatsächlich dazu gebracht, mit ihm einen Tandemsprung zu wagen. Da war ich vorher natürlich ordentlich skeptisch, denn ich bin grundsätzlich der Meinung: Hätten wir Menschen Flügel, könnten wir auch fliegen. Der erste Fehler bei solch einem Sport ist auch immer der letzte. Aber ich wusste, wenn, dann mache ich das mit York. Ihm vertraue ich blind. Später habe ich ihn einmal gefragt, ob er denkt, dass das Fallschirmspringen auch etwas für mich wäre. Er überlegte kurz und antwortete: „Nein, weil du keine Angst vorm Tod hast." Dieser Satz hat mich danach jahrelang beschäftigt und am Ende muss ich sagen: Er hatte recht, denn er wusste, ich könnte vielleicht leichtsinnig werden.

Nicht falsch verstehen, ich war auch damals nicht lebensmüde. Aber manchmal schießt das Adrenalin so hoch, da macht man schnell mal einen kleinen Fehler. Nur in manchen Situationen ist auch ein kleiner Fehler tödlich. Dieser Satz war wichtig für mein Leben. Denn durch diesen Satz hat York dazu beigetragen, dass ich über meine Leichtsinnigkeit nachdachte und heute nichts mehr mache, was ich nicht abschätzen kann.

Ansonsten sind York und ich uns sehr ähnlich. Mir hat immer an ihm gefallen, dass er wie ich auch in jungen Jahren respektvoll über Frauen redete. In meiner Generation war das noch sehr üblich, dumme Sprüche über die Oberweite oder die Figur von Frauen zu machen. Mir war das immer schon zuwider. Das ist für mich oberflächlich und sexistisch, das macht man nicht. Manu hat mir Jahre später mal ein Buch geschenkt mit dem Titel „How to Be a Cowboy", da stand genau das drin, was auch York und mich immer ausgemacht hat. Demnach ist ein echter Cowboy ein Mann, der gerade durchs Leben geht und die Frauen achtet. Ohne es zu wissen, war ich wohl immer schon ein Cowboy und habe mir auch Cowboys an meiner Seite gesucht.

ANGEKOMMEN

Auch wenn ich meine Freunde zurücklassen musste, freute ich mich sehr auf den Neuanfang im Norden. In der Heimat in Hessen lebte nur noch mein Vater. Mit ihm hatte ich mich mittlerweile ausgesprochen, wir hörten wieder regelmäßig voneinander. Er wollte natürlich Kontakt zu seinen Enkelkindern und den wollte ich ihm auf keinen Fall verwehren. Aber er hatte nach dem Tod meiner Mutter wieder eine Lebensgefährtin gefunden und war auch noch nicht alt. Ich hatte den Eindruck, dass ich ganz gut weggehen kann.

In Hamburg war erst mal alles neu für mich, aber ich war von der Stadt wirklich fasziniert. Natürlich wollte ich hier auch wieder die neu entdeckte Liebe zum Kickboxen ausleben, aber wir konnten keine geeignete Schule für mich finden. Da ich mehr Lust auf Boxen als auf Karate hatte, entschied

Damals wussten wir noch nicht, dass Jahre später ein wesentlich größerer Umzug auf uns zukommen würde.

ich mich stattdessen, nach einem Boxverein zu suchen. So kam es eines Tages zu einer sehr lustigen Situation. Ich sah im Telefonbuch den Eintrag eines Boxervereins und fühlte mich sofort angesprochen. Als ich dort anrief, kam es zu einem sehr eigenartigen Telefongespräch. Auch wenn mir nicht gleich klar war, was die Person am anderen Ende der Leitung wollte, so merkte ich doch schnell, dass wir scheinbar völlig aneinander vorbeiredeten. Irgendwann fiel dann der Groschen und ich hätte beinahe laut losgeprustet. Ich hatte in meiner Vorfreude keinen Boxclub erwischt, sondern einen Hundeverein, der auf Boxer spezialisiert war.

Aber Sport war damals natürlich nicht die oberste Priorität, wir wollten in Schenefeld anfangs erst mal ordentlich auf die Füße kommen und so hatte ich in den ersten Jahren verschiedenste Jobs. Ich fuhr Pizza aus oder telefonierte in einem Callcenter für eine Staubsaugerfirma. Später war ich in einem Callcenter für Wein zuständig. Das war wirklich eine Herausforderung, denn ich hatte von Wein überhaupt keine Ahnung. Ich hielt mich dann einfach an den Leitspruch „Der Kunde hört das Lächeln durch das Telefon" und war froh, wenn jeder Arbeitstag geschafft war.

Das Anstrengendste war aber meine Beschäftigung bei der Post. Meine Aufgabe bestand darin, mit dem Fahrrad die Post auszufahren, und da bemerkte ich schnell, dass das alles gar nicht so simpel war. Wie oft habe ich geflucht, wenn wieder mein schweres Fahrrad umgekippt am Boden lag und ich es nur mit viel Mühe wieder aufrichten konnte. Natürlich hatte ich im Vorfeld meine Post nicht ordentlich gebündelt und so war alles völlig durcheinander.

Da ich noch am Anfang stand, bekam ich auch nicht sofort eine eigene Tour, sondern wurde als Urlaubsvertretung eingesetzt. So bekam ich ständig neue Routen und musste mich immer wieder aufs Neue einfinden und orientieren. Die Tour eines Briefträgers beginnt um sechs Uhr morgens und endet für gewöhnlich am frühen Nachmittag. Ich aber begann um sechs Uhr morgens und warf um sechs Uhr abends erschöpft den letzten Brief ein. Ich war nicht für diesen Beruf gemacht.

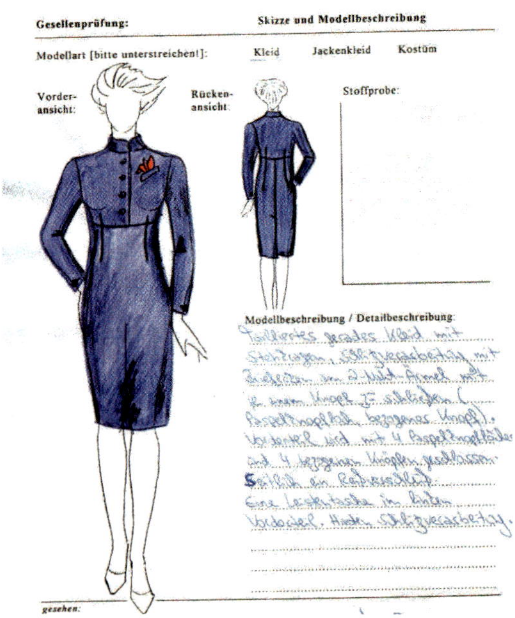

Nach der Modeschule absolvierte ich in Hamburg eine Ausbildung in einem Maßatelier.

Außerdem wollte ich meinen Abschluss von der Modeschule endlich mit einer Ausbildung krönen. Konny meinte, dass wir das finanziell schon hinbekämen, und ich machte mich auf die Suche nach einer guten Lehrstelle. Das war gar nicht so einfach. Ich war keine 15 mehr, hatte einiges an Wissen und Erfahrung und wollte an einer Ausbildung wirklich wachsen und nicht nur Kaffee kochen und Stoffreste zusammenkehren. Ich hatte Glück und fand nach einiger Zeit den perfekten Ausbildungsplatz in einem Maßatelier.

Die Ausbildung war anspruchsvoll und ich lernte, mit den wertvollsten Stoffen umzugehen. Auch in der Berufsschule kniete ich mich ordentlich rein und Konny fragte mich zu Hause meinen Lernstoff ab. 1999 stand der Termin für meine Zwischenprüfung an und ich war unglaublich aufgeregt. Zum Glück lief alles gut und ich war sehr erleichtert, als ich erfolgreich rausging. Draußen rief ich Konny an, erzählte ihm, dass ich bestanden hatte und auf dem Heimweg eine Flasche Sekt mitnehmen würde. Konny war ganz komisch am Telefon und meinte, ich solle einfach nach Hause kommen. Zu Hause angekommen, wusste ich dann auch warum. Mein Vater war im Urlaub im Allgäu an einem Herzinfarkt gestorben. Er wurde nur 64 Jahre alt. Das Schlimmste für mich war, dass es durchaus Vorboten gab. Er fühlte sich tagsüber schon schlecht und ließ sich auch von einem Arzt untersuchen. Der schickte ihn ins Krankenhaus, aber stattdessen fuhr er zurück in die Pension. Die darauf folgende Nacht hat er nicht überlebt.

Er starb in der Pension meiner Kindheit. Irgendwie war die Pension in Mühlberg schicksalhaft mit der Geschichte meiner Familie verwoben. Mein Vater starb ausgerechnet an dem Ort, an dem er einst meine Mutter kennenlernte. An dem sie ihre Flitterwochen verbrachten. Zu dem wir jedes Jahr aufs Neue zurückkehrten. An dem wir alle so glücklich waren. Auf eigenwillige Weise schloss sich dieser Kreis. Ich war 31 Jahre alt und die prägenden Menschen meiner Kindheit gab es nicht mehr.

Sehr bitter war für mich, dass es danach zwischen der Lebensgefährtin und der Familie meines Vaters zu einem schmutzigen Erbstreit kam. Die Lebensgefährtin ließ aus meinem Elternhaus heimlich die unterschiedlichsten Sachen mitgehen. Leider auch mir wertvolle Dinge von meiner verstorbenen Mutter. Ich war so enttäuscht. Am Ende lief unsere Kommunikation nur noch über die Anwälte.

Viele Jahre später, als Konny und ich durch das Fernsehen längst bekannt geworden waren, kam dann einer nach dem anderen wieder angekrochen und wollte wieder von vorne anfangen. Unfassbar! Das Karma hat letztlich doch für Gerechtigkeit gesorgt.

EIN TELEFONANRUF

Die Zeit in Hamburg rauschte nur so dahin. Manu und ich hauchten dem Haus in Schenefeld wieder Leben ein, die Kinder wuchsen heran und es fehlte uns an nichts. Ich hatte die sich auf dem Grundstück befindende Halle erfolgreich zu einer Karatehalle umfunkioniert und gab für 1 DM pro Person Unterricht. Der Kontakt zu Jan brach zwischenzeitlich über zwei oder drei Jahre ab, er tauchte einfach unter. Da wir schon viele Jahre befreundet waren, wunderte es mich nicht besonders. Jan war immer schon ein eher unsteter Geselle, was später für unsere Freundschaft auch noch eine große Herausforderung werden würde. Aber alles der Reihe nach.

Eines Tages klingelte in Schenefeld das Telefon und Jan war dran. Ich fragte ihn natürlich geradeheraus, wo er denn steckte, und er antwortete prompt: „Ich bin in Texas!" Gibt es das? Das war ja eine Nummer! Wir klönten noch eine ganze Weile und Jan schwärmte mir von Amerika vor. Die Ehe in Hessen hatte wohl nicht gehalten und Jan verdingte sich jetzt als Hufschmied auf einer Ranch in Texas. Ja, er hatte sogar eine amerikanische Freundin und schien dort ziemlich gut angekommen zu sein. Außerdem war er der festen Überzeugung, dass es mir dort sicher ebenso gut gefallen würde wie ihm.

Kurzum, er lud mich und Manu zu sich nach Texas ein. Das überforderte mich aber erst mal. Uns ging es nicht schlecht, wir hatten auch keine Schulden, aber was sollten wir denn da? Wenn wir bislang Urlaub machten, dann warfen wir ein paar Dinge zusammen und fuhren mit dem Auto nach Dänemark oder Südfrankreich. Außerdem wollte Manu auch nur sehr ungern fliegen. Also meinten wir zu Jan ganz lapidar: „Wir gucken mal."

Wir als normalsterbliche Deutsche kannten die USA zu diesem Zeitpunkt nur aus Filmen oder von Cowboy- und Indianergeschichten. Mir wurde erst später klar: Immer, wenn wir beide im Vorfeld in Deutschland von Amerika gesprochen hatten, sprachen wir eigentlich genauer von Texas. Manu und ich waren große Fans amerikanischer Autos, wir hatten einen amerikanischen Wohnwagen und in Schenefeld sogar eine amerikanische Flagge im Garten. Es lag eigentlich auf der Hand, sich dieses Land mal genauer anzusehen. Jan hatte da also in ein Wespennest gestochen.

Das Haus in Schenefeld – nach dem Urlaub in Texas fühlte es sich irgendwie kleiner an.

Folglich guckten wir in den Kalender und sahen, dass in einer Woche schon Pfingsten war. Wenige Tage später ging Manu einfach ins Reisebüro und buchte eine dreitägige USA-Reise über Pfingsten. Erst auf dem Nachhauseweg dämmerte ihr, was sie da getan hatte. Sie war ja wegen ihrer Flugangst vorher noch nie in einem Flugzeug gewesen!

Das hört sich jetzt alles wahrscheinlich ziemlich verrückt an. Drei Tage USA! Aber wir mussten ja erstens arbeiten und wollten uns Texas zweitens nur mal ein wenig ansehen. Jetzt muss man aber wissen, 2002 kostete so ein Flug in die USA pro Person nur 250 Euro und war bei Weitem nicht so teuer, wie wir es jetzt gewöhnt sind.

Eine Woche später flogen wir tatsächlich nach Texas zu Jan. Es ist jetzt nicht so, dass da irgendetwas Spektakuläres passiert wäre. Wir erlebten lediglich den „American Way of Life", das heißt, wir aßen Donuts und fuhren in Jans Pick-up mit. Dabei schauten wir wie gebannt in die weite Landschaft und lauschten der texanischen Musik. Alles war so groß, so massiv! Wir standen allein zehn Minuten am Bahnübergang und beobachteten, wie an die 100 Güterwaggons an uns vorbeidonnerten. Wir fuhren stundenlang durch die Straßen dieser amerikanischen Kleinstadt und schmeckten das Neue, Fremde und Abenteuerliche.

Tatsächlich flogen wir nur wenige Wochen später gemeinsam mit den Kindern erneut in die USA, um ihnen dieses verrückte Land zu zeigen. Auch Janina und Jason waren bald Feuer und Flamme. Kaum zwei Monate nach Jans Anruf kauften wir in diesem Urlaub bereits einen Pick-up und einen Wohnwagen. Es stand für uns außer Frage, dass wir wiederkommen würden. Amerika hatte uns betört und wir haben beschlossen, uns nicht zu wehren.

68
Collector

TEXAS, WIR KOMMEN!

Der siebte Sinn, eine gewonnene Lotterie, ein unromantischer Antrag, eine Roadmovie-Hochzeit in Las Vegas und was es sonst noch so braucht, um auszuwandern.

WÜNSCHE WERDEN WIRKLICHKEIT

Bevor ich erzählen kann, wie es weitergeht, muss ich erst noch zwei Episoden aus meinem Leben erzählen. Konny macht sich zwar hin und wieder darüber lustig, aber ich schwöre, ich habe manchmal den siebten Sinn. Wenn auch nicht unbedingt immer im Positiven.

Als ich damals in Hamburg mit Anfang 30 die Ausbildung begann, waren die Kinder bereits in der Schule. Da ich Vollzeit im Maßatelier arbei-

tete, brauchte ich für Janina dringend einen Platz in der Ganztagsschule. Bislang hatten wir die Unterstützung einer Tagesmutter in Anspruch genommen, aber ich hatte bis dato auch nicht Vollzeit gearbeitet. Die Tagesmutter so oft zu beschäftigen, hätte ganz klar unser Budget gesprengt. Die Schule hatte aber eigentlich keinen Platz mehr. Also behalf ich mir in meiner Verzweiflung mit einer Notlüge.

Zu meiner Verteidigung muss ich aber sagen, dass ich wirklich fast nie lüge. Ich bin eigentlich viel zu ehrlich gestrickt. Ich war auf den Schulplatz aber natürlich angewiesen, also machte ich eine Ausnahme und erzählte dem Direktor einfach, dass unsere Tagesmutter schwanger sei und in Zukunft ausfällt. Aufgrund meiner dramatischen Schilderung entschied er sich schließlich doch, ein Auge zuzudrücken und Janina aufzunehmen.

Und jetzt kommt's! Kurze Zeit später erfuhr ich, dass Janinas Tagesmutter tatsächlich schwanger war. Sie hatte bereits mehrere Kinder und wollte eigentlich auch kein Kind mehr. Da fehlten mir dann wirklich die Worte. Irgendwann hatte ich Angst, wirklich etwas mit meinen Lügen auszulösen, denn dasselbe ist mir noch einmal mit einer anderen Lüge passiert.

Während meiner Ausbildung kniete ich mich richtig rein und lief mir die Hacken wund, damit auch wirklich alles passte. Aber ein einziges Mal war mir so überhaupt nicht nach Arbeit und ich beschloss, dieses eine Mal blauzumachen. Also rief ich im Maßatelier an und erzählte, dass Jason leider mit einer Magen-Darm-Infektion flachliegt. Ich hatte diesen Satz kaum ausgesprochen, da ging es tatsächlich auch schon los bei ihm. Magen-Darm. Da bin ich dann wirklich erschrocken und beschloss, nie wieder so etwas einfach zu erzählen.

Jason ist dann später übrigens auch in diese Ganztagsschule mit Hausaufgabenbetreuung gekommen, weil seine Schwester bereits Schülerin war. Das war natürlich absolut großartig, aber ja, ich hatte auch ein klein wenig ein schlechtes Gewissen.

Manchmal zeigt sich mein siebter Sinn aber auch von einer anderen Seite. Vor allem bei der Sache mit der Green Card. Nach der beeindruckenden gemeinsamen Zeit in den USA überlegten wir, wie wir unseren Plan vom Auswandern am besten angehen könnten. Das Internet steckte damals noch in den Kinderschuhen. Zwar gab es ein paar Webseiten, aber konkrete und offizielle Angaben zum Thema fanden wir dort nicht. Schließlich bekam ich den Kontakt von der „Evangelischen Auslandsberatung" in Hamburg. Wir machten einen Termin und dort wurde uns dann wirklich sehr weitergeholfen. Denn in dieser Beratung erfuhren wir zum ersten Mal

Janina und Jason: typische Geschwister, mit Familienhund Schorsch und am Lagerfeuer in Schenefeld.

von der Green-Card-Lotterie. Allerdings machten sie uns wenig Hoffnung. Nur jeder Hundertste gewann, die Teilnahme war aber wenigstens kein großer Aufwand. Man musste lediglich ein Formular ausfüllen und in einem bestimmten Zeitraum an die U.S. Einwanderungsbehörde nach Kentucky schicken. Außerdem war es auch wichtig für die Teilnahme, gewisse Bedingungen zu erfüllen.

Konny und ich nahmen im Oktober 2002 beide an der Lotterie teil, um unsere Chancen zu erhöhen. Wir wussten, dass man nur Bescheid bekam, wenn man die Green Card tatsächlich gewonnen hatte. Ich ging mit klopfendem Herzen mit diesen beiden Umschlägen zur Post und wusste ganz tief drin: Ich werde gewinnen!

Jetzt kann man natürlich sagen, das ist ganz schön vermessen. Schließlich kennen allein Konny und ich einige Leute, die es seit zehn, fünfzehn Jahren probieren und bisher noch nicht gewonnen haben. Aber mein siebter Sinn wusste einfach glasklar: Ich werde die Green Card gewinnen. Irgendwie habe ich es einfach gespürt. Konny glaubte nicht daran, ließ mich weiter träumen und unser Leben ging für die nächsten fünf Monate wieder seinen gewohnten Gang.

Ab April des folgenden Jahres kam mir beim Öffnen des Briefkastens manchmal ein Seufzer aus. Aber auch wenn alles darauf hindeutete, dass die Green-Card-Sache für uns längst gelaufen war: Eine laute Stimme in mir drin behauptete immer noch das Gegenteil. Das war natürlich verwirrend. Denn einerseits war ich mir so sicher und andererseits kam dieser Brief einfach nicht. Noch Ende April hatten wir nichts gehört. Die Teilnahme war für uns mittlerweile ein fernes Rauschen, wir hatten sie nicht mehr ständig auf dem Schirm.

Zu diesem Zeitpunkt hatte ich mir bereits mein eigenes Unternehmen „Just Kiddies" aufgebaut, mit dem ich selbst entworfene und selbst genähte Kleidung für Kinder verkaufte. Dank Internet ging die Ware auch bald schon in die ganze Welt und ich hatte mir so ein gutes Nebeneinkommen geschaffen. Es war also auch nicht unüblich, dass ab und an Post aus den USA in unserem Schenefelder Briefkasten landete. Nur eben nicht aus Kentucky.

Das sollte sich im Juni 2003 schlagartig ändern. Ein Brief aus Kentucky durchschlug die gewohnte Abendidylle. Als mir bewusst war, was ich da in den Händen hielt, wurde mir ganz anders. Ich riss das Kuvert auf und las: „Congratulations", legte kreidebleich das Schreiben auf den Tisch und sagte beinahe atemlos: „Ich hab sie gewonnen."

DIE ELBCHAUSSEE

Ich muss ehrlich sein, im ersten Moment konnte ich mich nicht freuen. Im Gegenteil, ich hatte einen regelrechten Schock. Wir hatten über die Green Card schon länger nicht mehr nachgedacht und jetzt sollte alles einfach entschieden sein? Gerade erst konnte ich mein Schenefelder Paradies richtig genießen. Alles war endlich so, wie wir es wollten. Die Umbaumaßnahmen waren fertig, wir hatten einen wunderschönen Garten, wir hatten einen Whirlpool. Wir waren endlich richtig angekommen. Und jetzt war das alles Geschichte? Diese vom Schicksal getroffene Entscheidung jagte mir einen regelrechten Stich ins Herz.

Das hört sich jetzt wahrscheinlich absurd an, denn genau das wollten wir ja! Aber manchmal raubt einem die Größe der anstehenden Veränderun-

Steht man (als Familie) vor großen Veränderungen, raubt einem das manchmal den Atem.

gen eben doch den Atem, selbst wenn man schon spürt, dass es das Richtige ist. Aber keine Angst, ich musste da nur kurz darauf klarkommen. Musste die Tragweite kurz auf mich wirken lassen. Ein paar Minuten tief durchatmen und ich konnte wieder klar denken. In der Zwischenzeit tanzte Manu schon mit den Kindern um den Tisch.

Jede große Reise beginnt ja bekanntlich mit dem ersten Schritt, also schaute ich irgendwann in die überwältigte Runde und meinte nur mit einem Lächeln: „Na gut, dann müssen wir jetzt anfangen."

Mit dem Schreiben fuhren wir ein weiteres Mal zur „Evangelischen Auslandsberatung" nach Hamburg. Wieder wurden wir eingehend beraten und uns wurde klar, es standen jetzt erst mal viele Behördengänge an. Dazu muss man wissen: Nicht jeder, der den Bescheid für die Green Card bekommt, bekommt am Ende auch tatsächlich die Green Card. Aus den verschiedensten Gründen konnte man im Vorfeld auch noch aussortiert werden. Entscheidend war neben den korrekten Unterlagen vor allem das Interview im US-Generalkonsulat in Frankfurt.

Darum blieb uns auch erst mal die Spucke weg, als uns die Dame in der Auslandsberatung erklärte, dass aktuell nur Manu und die Kinder für die Green Card auserwählt waren. Denn jetzt kam die Krux: Manu und ich waren nicht verheiratet. Das hatte der Innigkeit unserer Beziehung auch bislang keinen Abbruch getan. Wir hatten auch einfach noch nie groß über diese Möglichkeit nachgedacht.

Ein wenig bedröppelt verließen wir das Büro und fuhren mit dem Pickup wieder nach Hause. Manu war extrem schweigsam, so kenne ich sie eigentlich nicht. Ich ließ das Heiratsthema gerade ein wenig auf mich wirken, da dämmerte mir, warum Manu nichts mehr sagte. An der Elbchaussee stand die Ampel gerade auf Rot, also hielt ich, drehte mich zu ihr rüber und fragte sie: „Willst du mich heiraten?"

Jetzt könnte man sagen, es gibt schönere Orte und romantischere Momente für einen Heiratsantrag, klar. Andere mähen Liebesbekundungen in ein Gerstenfeld und planen das monatelang. Aber das waren trotzdem wir. Konny und Manu. In der Elbchaussee, einer Straße, die uns vertraut war. Und das Wichtigste war: Sie hatte damit nicht gerechnet und sagte trotzdem aus dem Bauch heraus sofort: „Ja!"

Wenn ich ehrlich bin, habe ich mich in diesem Moment auch selbst ein wenig überrascht. Aber ausschlaggebend war ja das Ergebnis: Wir waren einfach füreinander bestimmt – und bald schon würde das auch auf einem Blatt Papier stehen.

DIE HOCHZEIT

Was war das denn für ein Heiratsantrag! An einer roten Ampel mitten in Hamburg. Natürlich war ich im Auto still, weil mich das so sehr geärgert hat. Das ist doch nicht romantisch, wenn einem eine Behörde einfach vorschreibt, dass man heiraten muss. Das fühlte sich nicht gut an. So ein Gedanke sollte doch, wenn es passiert, dann aus einem herausbrechen! Aber das tat es dann ja irgendwie auch. Es brach aus Konny förmlich heraus. Ich muss heute noch ziemlich schmunzeln, wenn ich daran denke. Aber so ist Konny einfach.

Wir wollten heiraten, das aber nicht einfach in irgendeinem langweiligen Standesamt in Deutschland tun. Da wir ohnehin planten, erneut mit den Kindern in die USA zu reisen, beschlossen wir einfach, nur mit den Kindern in Las Vegas zu heiraten. Also fuhren wir bei unserem nächsten Aufenthalt mit Janina und Jason von Texas quer durchs Land nach Nevada. Einen Pick-up und einen Wohnwagen hatten wir uns ja bei einem vorherigen Urlaub bereits besorgt. Im Radio lief damals gerade das Lied „Forever and for Always" von Shania Twain rauf und runter, wie passend.

In Las Vegas bogen wir mit dem Wohnwagen kurzerhand auf den Campingplatz des „Circus Circus Casino" ein und trafen die wenigen Vorbereitungen, die notwendig waren. Die Hochzeit selbst war romantisch, wild und fröhlich und trotz der Schlichtheit sehr besonders. Bei der Zeremonie lief Shania Twains „Forever and for Always" und danach ließen wir uns noch mit offenen Fenstern durch das blinkende nächtliche Las Vegas fahren. Es war der 29. Juli 2003. Unsere Herzen waren voller Liebe und Vorfreude auf alles, was da draußen auf uns wartete.

Eine Hochzeit wie aus einem Roadmovie, mit Pick-up und Wohnwagen in Las Vegas.

EINE LETZTE PRÜFUNG

Jetzt stand nur noch unser Termin im US-Generalkonsulat in Frankfurt an. Zu viert fuhren wir schon am Vortag dorthin, schliefen im Familienzimmer einer Jugendherberge und machten uns morgens aufgeregt auf den Weg zu unserem Termin. Ich trug damals immer ein Baseball-Käppi und Manu erinnerte mich schon auf dem Weg dorthin mehrfach daran, vor dem Konsul auf jeden Fall das Käppi abzunehmen.

Dort angekommen mussten wir unsere ganzen Dokumente abgeben. Im Vorfeld hatten wir unsere sämtlichen Zeugnisse ins Englische übersetzen lassen und Vermögensnachweise eingeholt. Dann mussten wir die Green Card vor Ort auch schon bezahlen, das waren damals um die 300 Euro pro Person. Also 1200 Euro für uns vier. Als diese Formalitäten alle erledigt waren, setzten wir uns in einen Wartebereich und fieberten dem Termin mit dem Konsul entgegen.

Plötzlich wurden wir zu einer Art Schalter gerufen. Wir dachten, es ginge sicher wieder um eine Formalität. Die Dame am Schalter stellte uns ein paar Fragen und erklärte dann, dass wir die Green Card tatsächlich bekämen. Wir konnten es nicht fassen! Die Frau am Schalter war die Konsulin. Nie hätte ich damit gerechnet. Ich dachte da eher an einen Schreibtisch aus Nussbaumholz, an Schwören auf die Amerikaflagge, so was!

Das Konsulat spuckte uns vier völlig verdutzt wie ein riesiger Wal zurück auf die Straße und das Erste, was Manu zu mir sagte, war: „Und du hast die ganze Zeit dein Käppi aufgehabt!"

Wir hatten es tatsächlich geschafft! Ab jetzt waren es noch genau sechs Monate, um auszureisen – und es war noch so viel zu tun.

Wie ein langer Urlaub
ohne Heimkehr –
jetzt wurde es ernst

Welcome to Texas
DRIVE FRIENDLY - THE TEXAS WAY

KAPITEL

2

AUF NACH TEXAS

JEDE REISE BEGINNT MIT DEM ERSTEN SCHRITT

... und dem Mut, ihn zu gehen

GUTE ORGANISATION IST ALLES

Ellenlange To-do-Listen, stundenlanges Ausmisten, Verkaufen und Wegwerfen und viele Besprechungen. Wer ein Leben aufgibt und ein neues plant, hat viel zu tun. Aber ein bisschen Glück gehört auch dazu!

VOLLER ZUVERSICHT

Jeder von uns, der schon mal länger in den Urlaub gefahren ist, hat stundenlang gepackt und dann doch etwas vergessen. Ein viel schwierigeres Unterfangen ist es aber, ein ganzes Haus, ein Grundstück, ja ein ganzes Leben zu verlassen. In unserem Fall waren es sogar vier Leben mit Beruf und Schule und Dingen, die einem wichtig sind, die nun einem neuen Wegweiser folgten. Einem Wegweiser mit der Aufschrift: Texas.

Wer je mit dem Gedanken spielen möchte, auszuwandern, sollte vor allem sehr gut organisiert sein und zäh. Beide Tugenden sollten wir nicht nur damals in Hamburg, sondern auch in den darauffolgenden Jahren noch oft brauchen. Ansonsten: Wir hatten wenig Englischkenntnisse, wir hatten noch keine Jobs und keine Adresse in Amerika. Was wir hatten, waren einen Pick-up, ein Wohnwagen, ein Kumpel in Texas, zwei Haustiere und alle vier eine große Portion Mut.

Das hört sich jetzt bestimmt sehr abenteuerlich an, und das war es auch. Aber man darf nie vergessen: Man kann sich in ein solches Abenteuer nur ohne Bedenken werfen, wenn man im Ernstfall auch sanft landet. Zum Glück hatten wir etwas Geld auf der Seite. Manu hatte etwas von ihrem Vater geerbt und gemeinsam mit unserem Ersparten gab uns das die Freiheit, im Notfall ein ganzes Jahr auch ohne Verdienst durchzukommen. So konnten wir es uns auch leisten, ohne größere Pläne auszuwandern. Geld schenkt einem beim Neuanfang vor allem Unabhängigkeit.

Der Plan war, dass wir keinen hatten, aber gewisse Sicherheits-Stellschrauben waren trotzdem gegeben. Manu und ich hatten beide eine gute Ausbildung, wir hatten Geld und wir hatten immer noch das Haus in Schenefeld, das wir noch nicht verkauft hatten. Es sollte ein Jahr lang für uns ein letzter Anker sein, zu dem wir jederzeit hätten zurückkehren können. Sogar ein interessierter Käufer stand schon fest, wir konnten also beruhigt das Land verlassen.

Hätten wir jetzt noch gute Englischkenntnisse gehabt, es wäre wohl der Masterplan gewesen. Aber erstens meisterten wir letztlich auch diese Herausforderung und zweitens hat ja auch niemand behauptet, dass uns alles in den Schoß fallen würde. Wichtig war: Wir waren „on fire".

Wer der interessierte Käufer war? Mein Freund Manni. Manni war unser Nachbar in Schenefeld, Besitzer einer Pferdekoppel und mir von Anfang an sympathisch. Irgendwie waren wir „two of a kind", wie man in Amerika sagt. Also zwei vom gleichen Schlag. Wir beide waren keine großen Fans von Rambazamba, sondern saßen lieber auf dem eigenen Grundstück am Lagerfeuer und sprachen stundenlang über das Leben. Vielleicht waren wir ein wenig eigenbrötlerisch, aber das war uns vollkommen egal. Ich wusste immer, was ich an dieser Freundschaft habe.

Manni ist ein enorm gerader und ehrlicher Mensch. Den Verkauf besiegelten wir noch vor der Auswanderung einfach mit einem Handschlag. Es war vereinbart, dass wir uns ein Jahr Zeit geben, um anzukommen. Erst wenn wir in den USA Fuß gefasst hätten, sollte der Verkauf in die Wege ge-

Unabhängigkeit und erst mal keinen Plan haben, das war der Plan. Pick-up und Wohnwagen passten da gut ins Bild.

leitet werden. Und genau so ist es dann auch gekommen. Ich mag Menschen wie Manni. Er ist ein Typ, der einem richtig in die Augen sieht. Überhaupt können das nicht viele, einem tief in die Augen schauen, die meisten schauen relativ schnell weg. Aber wenn es einer kann, dann weißt du fast sicher, das ist einer, der ist ehrlich.

Sowohl Manu als auch ich mussten bis kurz vor der Auswanderung arbeiten, die ganze Organisation des Umzugs sollte also nebenbei stattfinden. Nach dem positiven Green-Card-Bescheid flog ich noch zweimal allein nach Texas, um die Lage vor Ort schon einmal besser kennenzulernen. Anfang der 2000er-Jahre war das auch finanziell noch ganz gut möglich, weil ein Hin- und Rückflug nach Texas nur wenig kostete. Vor Ort versuchte ich, wie ein Schwamm alles Wichtige in mich aufzusaugen. Ich wollte ein Gefühl dafür bekommen, wie das Leben in den USA funktioniert. Ich merkte mir erste kleine Floskeln und studierte interessiert die Werkzeugabteilung im Baumarkt.

Zu Hause in Schenefeld waren wir im fleißigen Ameisenmodus. Es mussten die Container reserviert, Dinge verkauft und Papiere organisiert

Nachdem sich kein passender Käufer fand, wurde der Airstream kurzerhand in die USA reimportiert.

werden. Schon seit ein paar Jahren waren wir auch hier stolze Besitzer eines Airstreams. Dieser formschöne, silberne amerikanische Wohnwagen hatte uns schon auf so manchem Trip begleitet, nun aber wollten wir ihn wieder verkaufen. Interessierte Käufer waren nicht das Problem. Sehr wohl aber, dass keiner der Interessenten ein geeignetes Zugfahrzeug hatte. Es gab damals nur zwei Autos, die den langen Airstream ziehen durften: ein Land Rover oder ein Pick-up. Alle möglichen Käufer fuhren mit ihren Fahrzeugen wieder enttäuscht von dannen.

Irgendwie sollte es wohl nicht sein. Also nahmen wir den Airstream doch mit in die USA. Ein amerikanischer Wohnwagen, der einst auf dem aufwendigen Schiffsweg über den Atlantik in Hamburg gelandet war, durfte endlich wieder zurück in die Heimat.

Die Übersee-Container waren bei unserer Abreise übrigens noch nicht gepackt. Nicht weil wir das verbummelt hätten, es hatte einen ganz anderen Grund. Ein Container geht nur auf die Reise, wenn es eine Zieladresse gibt. Eine solche hatten wir aber noch nicht. Also war der Plan, wir fliegen mit unseren Koffern erst mal rüber, finden ein passendes Haus und dann komme ich noch mal zurück und packe die Container mit meinen Kumpels.

Unseren Freunden fiel der Abschied übrigens fast schwerer als uns selbst. Vielleicht, weil sie damals schon ahnten, dass wir nicht ein Jahr später desillusioniert zurückkehren würden. Was wir anpacken, ziehen wir auch durch. Dafür waren wir bekannt. Einige meiner Freunde konnte ich so über die Jahre dazu inspirieren, sich auch selbst etwas mehr zuzutrauen. Manchmal hilft es, wenn man jemandem ein bisschen Verrücktheit vorlebt. Dann kommt schon mal der Gedanke: „Wenn der Konny das kann, dann kann ich das auch."

Was mir bei all meinen ungewöhnlichen Aktionen immer geholfen hat: Ich war zwar nie leichtsinnig, aber ich habe mich auch nicht unnötig mit all den möglichen Problemen und Risiken befasst. Ich habe immer alles, was ich wollte, einfach gemacht.

FERNSEHEN

Wenn die Auswanderung kurz bevorsteht, gibt es natürlich noch eine ellenlange To-do-Liste abzuarbeiten. Was muss noch organisiert, gepackt, besprochen werden. Wen will man noch mal umarmen, was brauchen wir noch von der alten Heimat, bevor wir uns auf den Weg ins Ungewisse machen? Das Letzte, was man in diesen hoch aufregenden, betriebsamen Stunden gebrauchen kann, ist ein Fernsehteam. Das möchte man zumindest meinen. Ich wurde aber just in diesen letzten Tagen von einer Dame in einem USA-Forum angeschrieben, dass RTL ein paar mutige Auswanderer sucht. Solche wie uns, die nicht für eine limitierte Zeit wegen des Jobs ins Ausland gehen, sondern die ihr ganzes Leben hinter sich lassen. Als ich das las, wusste ich: Die suchen uns! Ich erzählte Konny davon und dass ich RTL wegen uns gern kontaktieren wollte. Konny war aber anfangs alles andere als überzeugt. Erst als ich das Argument brachte, dass es doch auch für die Kinder schön sein würde, professionelle Videos von unserer Auswanderung zu haben, war er damit einverstanden. Gesagt, getan!

Am Nachmittag vor unserer Abreise erschien dann tatsächlich bei uns ein Fernsehteam, interviewte uns und filmte unsere letzten aufregenden Stunden in Schenefeld. Dass ein anderes Filmteam am nächsten Tag am Frankfurter Flughafen auf uns warten und mit uns nach Texas fliegen würde, blieb erst mal noch mein Geheimnis.

Am nächsten Tag stiegen wir vier dann mit klopfendem Herzen und jeder Menge Gepäck in ein Taxi Richtung Flughafen. Hätte es zu diesem Zeitpunkt noch eine kleine skeptische Stimme in mir gegeben, spätestens jetzt war ich sicher, in diesem Taxi mit diesem Ziel goldrichtig zu sein. Denn kaum waren wir ein-

Wir vier beim Minigolfspielen auf der Hochzeitsreise nach Las Vegas.

gestiegen, lief von Shania Twain „Forever and for Always" im Radio. Unser Hochzeitslied! Mein Herz machte einen Sprung und ich wusste: Alles ist richtig, so wie es ist.

An Bord der Maschine klärte ich dann Konny darüber auf, dass wir ab Frankfurt von einem Filmteam begleitet werden würden. Zum Glück ist Konny von jeher ein sehr pragmatischer Mensch und diese Information brachte ihn nicht im Geringsten aus der Fassung. Schließlich stand unser spannender Schritt über den Ozean ja im Zentrum unserer Aufmerksamkeit, dass uns ein Kamerateam dabei über die Schulter sah, war in dem Moment beinahe nebensächlich.

In Frankfurt wartete schon die uns zugeteilte Redakteurin mit ihrem Kamerateam. Zum Glück waren wir uns gleich sympathisch. Dass wir in den kommenden Jahren noch viele Wochen miteinander verbringen würden, war uns in diesem Moment natürlich nicht klar. Und dann ging alles ganz schnell, denn der erste Grundstein für unser Leben in Texas wurde tatsächlich schon auf unserem Flug nach Dallas gelegt. Aber das soll euch am besten Konny erzählen.

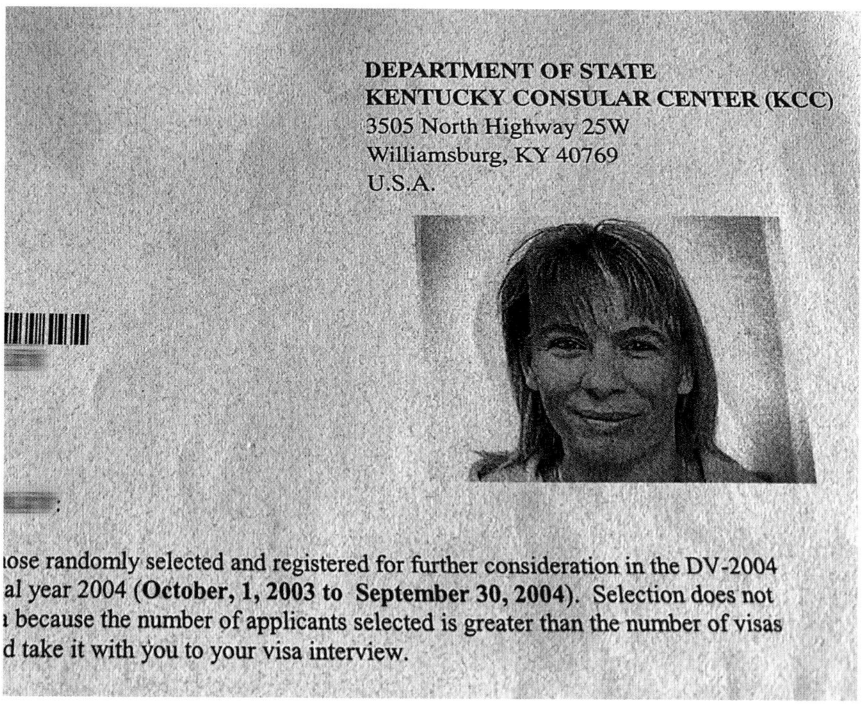
DEPARTMENT OF STATE
KENTUCKY CONSULAR CENTER (KCC)
3505 North Highway 25W
Williamsburg, KY 40769
U.S.A.

ıose randomly selected and registered for further consideration in the DV-2004
al year 2004 (**October, 1, 2003 to September 30, 2004**). Selection does not
ı because the number of applicants selected is greater than the number of visas
d take it with you to your visa interview.

Wahrscheinlicher als ein Sechser im Lotto, aber immer noch ziemlich unwahrscheinlich: in der Green-Card-Lotterie zu gewinnen.

GLÜCK MUSS MAN HABEN

Um im Jahr 2004 in den USA einen Job zu finden, musste man Stellenanzeigen abklappern, eine Bewerbung schreiben, vielleicht einen Tag zum Probearbeiten vorbeikommen. Zumindest dachte ich das.

Aber wie so oft in meinem Leben wurde ich mal wieder eines Besseren belehrt, indem ich einfach riesiges Glück hatte. Die Filmcrew hatte sich im Vorfeld bei der Fluggesellschaft angemeldet. Schließlich sollte das Personal an Bord keine Zustände bekommen, wenn da ein paar Jungs ihre Kamera auspacken. Wir wurden nämlich auch während des Fluges gefilmt und zu unseren Plänen befragt. Um die anderen Passagiere aufzuklären, gab der Pilot der Maschine gleich zu Anfang durch, dass eine vierköpfige Auswandererfamilie mit einem Kamerateam an Bord wäre, mit dem Ziel: Gainesville, Texas.

Einige Stunden später, ich kam gerade von der Bord-Toilette, stand eine fremde Frau vor mir und streckte mir ihre Hand entgegen. Sie sei Amerikanerin aus der Nähe von Gainesville und sie hätte vielleicht einen Job für mich. Ihr Cousin hätte eine Firma für Klimaanlagen und könnte mich bestimmt gut gebrauchen. Das muss man sich mal vorstellen! Ausgerechnet eine Firma für Klimaanlagen! Ich hatte bereits vor unserer Ankunft in Amerika das erste Jobangebot!

Und tatsächlich, am Flughafen in Dallas wurde die Frau von ihrem Cousin Robin Wilson abgeholt, den ich so auch gleich kennenlernen konnte. Besser hätte unser Start in den USA wirklich nicht laufen können. Voller Euphorie machten wir uns auf den Weg nach McKinney, wo wir den Pick-up bei einem Kumpel von Jan abgestellt hatten. Auch für den Wohnwagen hatten wir auf der letzten Reise nur ein paar Hundert Meter weiter einen Stellplatz gefunden.

Die Ankunft war leider etwas ernüchternd. Entgegen unserer Vereinbarung hatte der besagte Kumpel unseren Pick-up durchaus genutzt. Die Reifen waren völlig heruntergefahren, der Reservereifen fehlte, der Kühler hatte einen Schaden und auch so war das Fahrzeug in einem jämmerlichen Zustand. Anstrengende Wochen und ein elfstündiger Flug lagen hinter uns, man kann sich vorstellen: Begeisterung geht anders. Aber was blieb mir anderes übrig? Bei 45 Grad kroch ich unter den Pick-up und flickte ihn notdürftig wieder zusammen.

Diese Erfahrung war leider nicht die einzige dieser Art. Darum kann ich jedem, der woanders ein neues Leben beginnen will, nur raten, sich unabhängig zu machen. Wenn man sich auf jemanden verlässt, ist man leider oft verlassen. Das mag natürlich nicht auf alle zutreffen, es gibt den ein oder anderen Freund, dem auch ich blind vertrauen kann. Aber generell war mein oberstes Ziel immer, dass ich Sachen aus eigener Kraft schaffen möchte, einfach weil ich in meinem Leben schon zu oft enttäuscht wurde.

Gegen Abend fuhren wir mit dem Pick-up und unserem Wohnwagen erst mal weg von dieser staubigen Ranch, zum örtlichen Einkaufszentrum. Das war zwar kein richtiger Campingplatz, aber es gab ein paar simple Camping-Parkplätze mit Strom, Wasser und Abwasseranschluss. Unsere erste Nacht verbrachten wir also auf einem asphaltierten Parkplatz neben einem mehrspurigen Highway, auf dem laufend riesige Trucks vorbeidonnerten. Aber all das war egal. Wir waren angekommen.

Am nächsten Tag zogen wir auf einen richtigen Campingplatz um, einen Ort mit dem wunderschönen Namen „Sunshine Farm". Das war natürlich noch kein richtiges Zuhause, es war eine Übergangslösung, aber wir hatten alles, was wir brauchten, und waren gespannt, was das Leben in den kommenden Wochen für uns bereithielt.

An diesem zweiten Tag kümmerten wir uns zuerst um unsere Social Security Number. Diese Nummer ist zur Identifikation in etwa so wichtig wie bei uns der Personalausweis. Bei sämtlichen Behördengängen braucht man sie und ohne diese Nummer konnte man in diesem neuen Land keinen einzigen Schritt tun. Zum Glück war die Beantragung ziemlich unkompliziert. Kein Vergleich mit dem Formular-Dschungel deutscher Behörden! Das kam uns und unseren mageren Englischkenntnissen natürlich sehr entgegen.

Gleich im Anschluss fuhr ich zu Robin Wilson, dem Klimaanlagenbauer vom Flughafen in Dallas. Wir waren uns zwar auf Anhieb sympathisch, aber so richtig gut verständigen konnten wir uns nicht. Technische Inhalte konnte ich schon ganz gut verstehen, aber für eine Konversation reichte es vorne und hinten nicht. Ich sprach mit Händen und Füßen und erwiderte fast immer: „It's great", weil ich mir dachte: Das passt immer!

Wir vereinbarten, dass er mich anrufen würde, sobald er Bedarf hätte. Allerdings rechnete er damit, dass das durchaus ein paar Monate dauern könnte. Perfekt für mich! Schließlich hatten wir immer noch kein Haus und es musste ja auch noch der Umzug zu Ende gebracht werden.

Mein Vater Paul bei seinem ersten Urlaub in Texas.

Überall mit dabei: Das Kamerateam von RTL aus Deutschland! Man darf jetzt nicht vergessen: Wir waren ganz normale Leute und hatten bis dato überhaupt keine Ahnung von Fernsehen oder Filmaufnahmen. Und dann soll man dabei auch noch Englisch sprechen. Vielleicht ging der Puls dann doch ein wenig hoch. Zum Glück hatten wir aber gar nicht so viel Zeit, uns darüber Gedanken zu machen, wie wir im Fernsehen rüberkamen. Die neuen Lebensumstände waren vorrangig, also verstellten wir uns vor der Kamera nicht groß und waren einfach wir selbst.

MAMMUTAUFGABE

Wie kompliziert und manchmal auch widersprüchlich gewisse Formalitäten bei der Auswanderung sein würden, war uns tatsächlich am Anfang noch nicht klar. Zum Beispiel waren wir ja mittlerweile im Besitz einer Green Card und wollten daher selbstverständlich nur einen Hinflug in die USA buchen. Den Rückflug brauchten wir ja ganz offensichtlich nicht. Aber: nicht mit den Amerikanern. Uns wurde gesagt, wir müssten einen Rückflug buchen, das

Das Auswandern mit Tieren ist eine Mammutaufgabe, dabei funktionierte es mit Hund Murphy noch einigermaßen einfach.

sei Gesetz. Da brachte es auch nichts, mit Logik zu kommen. Wir buchten also einen Hin- und Rückflug. Es half ja nichts.

Ein bedeutend größerer Act war hingegen das Einführen unserer Haustiere. Während unser Hund Murphy noch das kleinere Problem darstellte, war die Sache mit unserem Graupapagei Erwin eine bedeutend kompliziertere. Erwin war einst ein Weihnachtsgeschenk von Manu an mich. Wir hatten ihn bei einem Züchter in Göttingen gefunden, der drei sehr junge Papageien im Angebot hatte. Einer hatte einen abgebrochenen Schnabel, da wusste ich: „Den will ich haben!" Zum Zeitpunkt unserer Auswanderung war Erwin fünf Jahre alt und plapperte in einem fort. Er hatte mit Sicherheit 100 Wörter oder Sprüche drauf. „Moin, Moin!" oder „Fischkopp!" waren nur zwei davon. Es ist eine helle Freude, mit einem so schlauen Vogel zusammenzuleben. Mit ihm aber in die USA auszuwandern, ist eine völlig andere Geschichte.

Denn wir alle vier zusammen hatten nicht halb so viele Formalitäten zu klären wie unser gefiederter Freund. Bevor Erwin zu uns kommen konnte, brauchten wir unbedingt eine feste Adresse. Inzwischen kam er bei einem Freund in Deutschland unter.

Erst mal suchten wir also ein Haus in Gainesville. Wir hatten schon von Deutschland aus eine Maklerin namens Rita kontaktiert, die bereits ein paar Häuser für uns vorsortiert hatte. Natürlich spielte auch der Preis eine Rolle, wir wollten ja unser finanzielles Polster nicht sofort aufbrauchen. Die ersten fünf Häuser waren dann leider ein ziemlicher Reinfall. Erst am zweiten Besichtigungstag war tatsächlich etwas dabei und wir schlugen zu: Das Haus in der Buck Street sollte unser zukünftiges Zuhause werden. Ich sah auf den ersten Blick, dass hier und da noch etwas gemacht werden musste, aber sowohl das Haus als auch die Umgebung sagten uns gleich zu.

Es war Tag drei und wir hatten bereits einen Job, Sozialversicherungsnummern und ein Haus. Dreieinhalb Wochen später war dann die Schlüsselübergabe. Zu diesem Zeitpunkt war ich bereits wieder in Deutschland, um alles Restliche zu organisieren. Aber bereits in Amerika bereiteten wir die Übersiedlung unseres Vogels vor. Ein älteres Ehepaar auf der „Sunshine Farm", dem Campingplatz, half uns mit den Papieren. Das Problem war nur, wir waren anscheinend die ersten Deutschen, die mit einem Papagei auswandern wollten. Das stellte die Behörden und damit uns vor allerlei Probleme. Zuerst rief ich beim Amerikanischen Generalkonsulat in Hamburg an, die verwiesen mich an die Botschaft in Berlin, die wussten aber auch nichts und verwiesen uns ans Konsulat nach Frankfurt. Also suchte meine findige Frau kurzerhand im Internet nach Überführungsformularen für andere Tiere und erstellte einfach selbst ein Papageien-Formular. Am Ende waren die Behörden damit zufrieden, da offensichtlich alles drinstand, was drinstehen musste.

Was wir zu diesem Zeitpunkt noch nicht wussten: Nur weil du dir einen Papagei gekauft hast, ist das noch lange nicht dein Vogel. Denn man muss sich als Besitzer erst mal vom Amtstierarzt registrieren lassen. Der bescheinigte uns dann zusätzlich noch, dass Erwin gesund war, und die Odyssee konnte weitergehen. Diese Bescheinigung war aber nur für eine gewisse Zeit gültig, also gab es nur ein Zeitfenster, in dem Erwin abreisen konnte. Außerdem musste die Bescheinigung vom Tierarzt noch an die Quarantänestation nach Miami geschickt werden, die wiederum innerhalb eines bestimmten Zeitfensters einen Stempel draufhauen musste. Und als ob das nicht schon gereicht hätte, brauchten wir außerdem noch eine Bescheinigung zur Ausreise Erwins aus Bonn. Eventuell habe ich auch noch die ein oder andere zusätzliche Bescheinigung vergessen, auf jeden Fall war das Ganze ein riesiger Aufwand.

Papageien scheinen eher selten in die USA auszuwandern, entsprechend schwierig war das Prozedere.

Erwin musste dann in Miami 30 Tage auf der Quarantänestation verbringen, wo er erneut mehrfach untersucht wurde. Für den Weg vom Flugzeug zur Quarantänestation mussten wir dann einen „Broker" engagieren und einen weiteren für den Weg vom Flugzeug in Dallas zur Abholstation. Am Ende waren mit unserem Vogel zwei Broker, vier Konsulate, sechs Tierärzte, ein Ministerium, eine Frachtfirma, ein Papageienpfleger, ein Freund und diverse weitere Behörden beschäftigt. Als wir dann endlich von dem Papageienpfleger aus Miami die wichtige Nachricht erhielten: „Der Vogel ist gebucht!", waren wir unendlich erleichtert.

Während Erwins Quarantänezeit riefen wir ein paarmal in Miami an und erkundigten uns, ob es ihm gut ginge. Am schönsten aber war die Abholung in dieser Halle am Flughafen in Dallas. Wir meldeten uns bei einer Art Tresen

Aber auch Papagei Erwin hat es schließlich in die USA geschafft – und sprach bereits besser Englisch als ich!

an und erfuhren, dass Erwin gleich gebracht würde. Und da hörte ich aus der Ferne schon sein vertrautes Gesabbel! Und ums Eck kam ein schmunzelnder Pfleger mit dem plappernden Erwin in einer Katzenbox. Wie konnte es anders sein? Der hat bei denen natürlich auch die ganze Zeit gequatscht. Ich habe mich so gefreut und versuchte mit ihm zu reden: „Erwin, alles klar?", und Erwin antwortete ernsthaft: „So what?"

Unfassbar! Mein Papagei hatte schneller Englisch gelernt als ich. Aber klar, Papageien sind ja unheimlich kommunikative Tiere, die Pfleger in der Quarantänestation werden sowohl mit ihm als auch vor ihm Englisch gesprochen haben. Der Pfleger in Dallas war auf jeden Fall sehr erheitert von Erwin, er meinte zu uns lachend: „He eats like a pig." Und dann haben wir erfahren warum. Erwin hatte damals ein Papageienfutter mit Chilischoten drin, aber auch die Angewohnheit, sein Futter erst mal in Wasser einzuweichen. So war sein Trinkwasser immer rot und voller Essensreste. Und auch wenn Erwin wie ein Schwein fraß, wir liebten ihn und waren froh, dass nach der ganzen Prozedur doch alles gut gegangen war.

HERAUSFORDERUNGEN

Aller Anfang ist schwer: über Freunde, die kommen und gehen, schmerzliche Abschiede und freudige Wiedersehen – und das Ankommen in einem neuen Leben.

ZURÜCK IN SCHENEFELD

Wir hatten nun also ein Haus in der Buck Street in Gainesville und damit endlich eine Adresse. So war es nach knapp vier Wochen in den USA für mich an der Zeit, zurück nach Hamburg zu fliegen und den restlichen Umzug auf den Weg zu bringen. In Hamburg organisierte ich den Transport von unserem Hund Murphy, die Odyssee mit Erwin und trommelte meine Freunde zusammen. Gemeinsam räumten wir das Haus in Schenefeld und packten in den Container so platzsparend und schlau wie möglich alles, was mit uns das Land verlassen sollte. Am letzten Abend vor meinem Abflug wollte ich mich aber noch auf meine eigene Art von meiner Heimat verabschieden. Erst am nächsten Morgen sollte Manus Auto, ein riesiger Amischlitten, von einem Käufer abgeholt werden, ich war also noch voll mobil. So fuhr ich in meine ehemalige Karateschule zu einer kleinen Abschiedsparty. Ich war in der norddeutschen Karateszene ziemlich bekannt, weil ich jahrelang Meisterschaften gekämpft hatte und kein einfacher Gegner war.

Vor Ort war eine grandiose Stimmung. Mein Kumpel Uwe und ich flachsten, was das Zeug hielt, und tranken im Laufe des Abends sicher an die zehn Bier. Es wurde dann schon ziemlich spät, Uwe schwankte bereits ordentlich und entschied daher, in der Karatehalle zu schlafen. Ich musste aber noch zurück nach Schenefeld, weil morgens ja der Käufer des Autos vor der Tür stehen sollte. Außerdem fühlte ich mich weder betrunken noch müde. Während es sich Uwe also auf den Turnmatten gemütlich machte, stieg ich gegen zwei Uhr morgens ins Auto.

Damals wusste ich noch nicht, dass ich in Texas sogar meine eigene Karateschule eröffnen werde.

Ich kam gerade die Einfahrt zur Straße hoch, als draußen ein Polizeiauto vorbeifuhr. Morgens um zwei Uhr in Itzehoe! Der Ort schlief doch schon seit dem Abendbrot! Das kann man auch nicht erfinden. Ich bog also hinter dem Polizeiauto in die Straße ein und fuhr hinterher. Kurz darauf verlangsamte das Polizeiauto und hielt rechts in der Bucht einer Bushaltestelle an. Ich fuhr vorbei und es dauerte natürlich nur wenige Sekunden, bis hinter mir blinkend die Polizei auftauchte, um mich herauszuziehen. Und dann lief das ab, wie so etwas eben abläuft. „Allgemeine Fahrzeugkontrolle, Führerschein und Fahrzeugpapiere, bitte." Ich hatte natürlich alles dabei. Aber das war leider noch nicht alles: „Herr Reimann, steigen Sie bitte mal aus. Haben Sie Alkohol getrunken?"

Ich erzählte den beiden Polizisten wahrheitsgemäß von der Abschiedsparty und dass ich dort zwei Bier getrunken hätte. Zugegeben, das war eine kleine Beschönigung des tatsächlichen Sachverhalts. Natürlich musste ich nach dieser Aussage dann in dieses Atemkontrollgerät blasen. Es ist mein allerletzter Tag in diesem Land, ich stehe innerorts an einer Straße in Schleswig-Holstein und blase in ein Kontrollgerät der Polizei. Na wunderbar! Aber das Gute war: Ich war überhaupt nicht aufgeregt. Es war mir wirklich alles egal! Ich wusste, ich wandere morgen aus und dort mache ich dann sowieso den amerikanischen Führerschein. „So what?"

Der Polizist sah auf das Gerät und meinte nur: „Das waren aber deutlich mehr als zwei Bier! Sie haben 0,8 Promille!" Und das war jetzt wirklich unglaublich. Ich hatte zehn Bier getrunken, ich hätte zwei Promille haben müssen! Aber ich fühlte mich tatsächlich fit wie ein Turnschuh. Ich denke, dank meiner guten körperlichen Konstitution konnte mein Körper den Alkohol gut verarbeiten. Anders kann ich mir das beim besten Willen bis heute nicht erklären.

Schön war, dass ich dann noch eine ganze Weile mit den netten Polizisten dastand und quatschte. Wir redeten über die Karateschule, über die Auswanderung, über das amerikanische Auto und hatten eine gute Zeit. Als ich ihnen dann noch erzählte, dass das alles bald im Fernsehen käme, waren sie erst recht von den Socken. Sie wünschten mir alles Gute und wir verabschiedeten uns herzlich. Besser hätte der letzte Abend in meiner alten Heimat nicht laufen können.

Am nächsten Morgen kam der neue Autobesitzer und schon kurz darauf bog das Taxi auf unser Grundstück ein, das mich zum Flughafen bringen sollte. Irgendwie spürte der Taxifahrer wohl, dass das eine besondere Fahrt für mich war. Auf jeden Fall kamen wir noch vor dem Haus ins Gespräch und ich erzählte ihm, dass ich heute für immer in die USA auswandern würde. Daraufhin meinte er: „Komm, dann stell dich noch mal hin, genieß das noch mal und dann fahr ich dich zum Flughafen." Das tat ich. Noch einmal roch ich den Duft des Schenefelder Gartens, sah das Haus, das mir eine erste richtige Heimat geboten hatte, atmete noch mal tief durch und stieg ein.

Übrigens: Bevor ich jetzt haufenweise wütende E-Mails bekomme: Ja, es ist natürlich falsch, betrunken Auto zu fahren. Aber zu meiner Verteidigung, ich war ja tatsächlich noch fahrtüchtig. Und auch wenn ich anschließend wusste, dass ich ordentlich was vertragen kann, bin ich danach nie wieder nach zehn Bier in ein Auto gestiegen. Es ist eben eine Geschichte und sie ist lange her.

EIN GRÖSSERES PROJEKT

Während Konny in Deutschland alles Weitere organisierte, musste es natürlich auch bei unserem Haus in Gainesville weitergehen. Die alten Besitzer waren mittlerweile ausgezogen und wir konnten mit den Schönheitsreparaturen beginnen. Jan unterstützte uns insofern, dass er uns zumindest mit dem Pick-up den Wohnwagen in die Einfahrt setzte, sodass wir drei schon einmal vor Ort in der Buck Street wohnen konnten. Wir waren noch nicht angekommen, aber wir waren bereits kurz davor.

Es waren erst wenige Wochen ins Land gezogen und doch hatte sich schon so vieles getan. Ich weiß noch, als wir mit dem Filmteam an dieser staubigen Ranch in McKinney standen und Konny gerade dabei war, den Pick-up wieder flottzubekommen. Da hat mich die Redakteurin interviewt

Das Haus in der Buck Street in Gainesville war richtig amerikanisch, mit kleiner Terrasse und Schaukelstühlen drauf.

und gefragt: „Ihr seid jetzt angekommen, ihr habt kein Zuhause, euer altes Zuhause habt ihr verlassen, wie fühlst du dich jetzt?" Ich habe damals in etwa so etwas geantwortet wie: „Wir haben das Alte zurückgelassen und haben jetzt alles noch vor uns. Wir haben noch keine Adresse, wir starten jetzt neu. Ich fühle mich, als wenn wir jetzt im Niemandsland wären."

Wir waren wie die Einwanderer nach Amerika früher, die hatten auch nichts, als sie hier ankamen. Na gut, wir hatten zumindest ein Auto und einen Wohnwagen. Und von dort aus versuchten Janina, Jason und ich jetzt dieses Haus auf Vordermann zu bringen. Doch schon bald merkten wir: „Das ist ein größeres Projekt!"

Wir ließen uns aber natürlich von nichts abschrecken, rissen Teppichböden heraus und putzten die Bude erst mal durch. Da merkte ich schon, dass in den USA vieles anders ist. In Deutschland kannte ich es nur, dass man eine Wohnung oder ein Haus auch ordentlich und geputzt übergibt. In unserem Haus in der Buck Street hatte vorher eine Familie mit Kindern gelebt und die Küche war in einem richtig schmutzigen Zustand. Sie nahmen den Kühlschrank mit und darunter war natürlich unglaublich viel Dreck. Der blieb dann dort. Ein Lächeln, ein „Sorry about that!", und weg waren sie. Am schlimmsten fand ich, dass im Garten ein Hund angebunden war. Der Vorbesitzer fragte mich ernsthaft, ob wir den Hund haben wollen, es sei nämlich ein deutscher Hund. Mir tat der Hund so leid, aber sie haben ihn mitgenommen. Und unser Hund Murphy sollte ja auch bald ankommen. Das ist doch unglaublich! Verkaufen das Haus und wollen einfach ihren Hund zurücklassen.

Das Putzen war natürlich erst mal eine triste Angelegenheit. Darum wollte ich schon bald ein bisschen Farbe reinbringen und die Küche streichen, allein schon, damit es wieder gut roch. Ich hatte damals einen türkisfarbenen Bikini, den ich sehr mochte. Also bin ich kurzerhand mit meinem Bikinioberteil zum Farbenladen und ließ mir den Möbellack nach der Farbe des Bikinis mischen. Die Küchenschränke sahen danach wirklich super aus!

Konny war zu diesem Zeitpunkt immer noch in Hamburg, ein RTL-Team filmte mich und ein anderes Team war bei Konny in Hamburg. Ich erzählte ihm, dass ich die Küche gestrichen hätte. Als Hinweis gab ich ihm nur: „Entweder in Pink, Orange oder Türkis" und das Einzige, was Konny hervorbrachte, war ein: „Oh Gott!"

Als er zurück war, habe ich ihn sogar gefilmt, wie er die Küche zum ersten Mal sieht. Das kam nie im Fernsehen, aber sein Blick war passend zu seiner vorherigen Reaktion einfach nur göttlich.

Unsere Küche in Türkis: Für Konny erst einmal ein Schock.

Sobald Konny aus Deutschland zurück war, konnten wir so richtig mit den Renovierungsarbeiten beginnen. So rückten wir auch der erheblichen Menge an Flöhen auf den Leib, die unser Heim mit uns teilen wollten. Kurzum: Das Haus in der Buck Street brauchte eine Generalsanierung. An allen Ecken und Enden war noch zu tun.

Obwohl wir den Teppichboden im Schlafzimmer entfernt hatten, roch es dort immer noch eigenartig. Erst als Konny Bauplatten verlegte und diese versiegelte, war es ein richtiges Zuhause. Im restlichen Haus kam unter dem hässlichen Teppichboden tatsächlich ein wunderschöner Holzboden zum Vorschein. Konny schliff wie ein Weltmeister den Boden ab und das Ergebnis konnte sich sehen lassen. Etwa fünf Wochen nach der Übergabe zogen wir endlich ins Haus.

Schon bald hatten wir uns dort eingelebt und fühlten uns wohl. Rückblickend war es ein tolles Haus, um unser Leben in den USA zu beginnen. Richtig amerikanisch hatte es vorne raus eine kleine Terrasse, für die wir uns Schaukelstühle kauften. Oft saß ich wie in einem Südstaatenfilm vor der Arbeit im Schaukelstuhl, genoss die frühmorgendliche Ruhe und meinen Kaffee.

NICHT ALLE ENTSCHEIDUNGEN SIND IMMER RICHTIG

Man kann eine solche Auswanderung so akribisch planen, wie man möchte, es gibt trotzdem immer Dinge, die man im Nachhinein anders lösen würde. Da war beispielsweise die Sache mit unserer Umzugsfirma. Leider hatten wir da nicht das große Los gezogen.

Es ging schon damit los, dass wir die kompletten Kosten bereits in Hamburg per Vorkasse bezahlen mussten. Dann entschieden wir uns für einen 20-Fuß-Container, ohne zu wissen, dass ein doppelt so großer Container nur 500 Dollar mehr gekostet hätte. So musste ich vor allem in meiner Werkstatt einiges verkaufen oder zurücklassen, was ich gut in den USA gebrauchen hätte können. Jetzt war das aber nicht so, dass die uns den Container organisieren, wir packen ihn und danach ist für alles gesorgt und das Ding macht sich auf die Reise. Weit gefehlt! Wir mussten uns auch selbst um das Verschiffen des Containers und die Überführung der Autos kümmern. Da gab es natürlich das ein oder andere Hindernis zu bewältigen, die Umzugsfirma fühlte sich dafür nämlich überhaupt nicht zuständig.

Völlig verrückt war, dass es für die Behörden enorm wichtig war, dass der PKW den richtigen Herstellungsort hatte. Mit Logik war das alles nicht zu erklären und wir waren froh, dass wir diese Information überhaupt herausgefunden hatten. Dann kamen sie mit neuen Kapriolen daher. Wir sollten eine Extra-Versicherung für den Ärmelkanal abschließen, da die bereits vorhandene Versicherung hierfür aus einem unbekannten Grund nicht greifen würde. Natürlich bissen wir in den sauren Apfel und schlossen auch noch diese Ärmelkanal-Versicherung ab. Wir hatten weder die Zeit noch die Position, uns zu streiten. Der Umzug war bereits bezahlt, wir waren auf die Firma angewiesen und wenn man schon so weit gekommen ist, dann hängt man sich nicht an solchen Forderungen auf, Abzocke hin oder her.

Das war aber natürlich noch nicht alles! Beim Transport kam unser Schiff in den verheerenden Wirbelsturm „Ivan", bei Ankunft war eine Tür am Pickup kaputt. Von der Versicherung wollte die Firma zu diesem Zeitpunkt schon nichts mehr wissen und wir blieben auf dem Schaden sitzen. Dabei war eines der größten Probleme in Texas überhaupt, an den Container zu kommen.

Der Container kam per Schiff, wurde dann am Hafen abgesetzt und musste innerhalb von nur wenigen Tagen weitertransportiert werden. Passierte das alles nicht rechtzeitig, so musste der Empfänger, also wir, für jeden weiteren Tag sage und schreibe 500 Dollar Standgebühr bezahlen. Das wussten wir natürlich, aber wir brachten die Umzugsfirma dennoch nicht dazu, uns den Container nach Gainesville zu liefern. Täglich rief ich dort an, aber jeden Tag gab es eine neue Ausrede. Es sei noch nicht möglich, der Container bräuchte noch Unterlagen, es gehe nicht, er müsse noch durch den Zoll und so weiter. Auch wenn ich zu diesem Zeitpunkt nur schlecht Englisch sprach, war es glasklar, dass diese Leute uns über den Tisch ziehen wollten. Ich diskutierte ewig herum und fühlte mich überhaupt nicht ernst genommen. Im Gegenteil, ich wurde am Telefon sogar ausgelacht. Irgendwann hatte ich so eine Wut. Ich sagte zu Konny, dass ich kein einziges Mal mehr mit dieser Firma telefonieren werde, weil sie mich dort wie eine Idiotin behandeln.

Also rief Konny selbst dort an und machte so einen Rabatz, dass tatsächlich am nächsten Tag der Container vor der Tür stand. Vielleicht lag es auch daran, dass sie plötzlich einen Mann an der Strippe hatten, auf jeden Fall gab es wie durch Zauberhand plötzlich keine Probleme mehr mit den Unterlagen und auch keinen Zoll.

Aber es ging natürlich noch weiter: Für die Entladung des Containers hatten wir lediglich zwei Stunden Zeit, sonst hätten wir wieder eine Zusatzgebühr bezahlen müssen. Das war natürlich eine knappe Geschichte. Konny und seine Freunde hatten allein zwei Tage gebraucht, um das Ding zu beladen, passgenau, samt Pick-up und bis auf den letzten Zentimeter. Und jetzt sollten wir in zwei Stunden alles ausräumen?

Ich versuchte pragmatisch zu handeln, lief links und rechts zu unseren neuen Nachbarn in der Buck Street, erklärte ihnen mit Händen und Füßen die Situation und los ging's! Jetzt waren wir eine richtig große Gruppe von Leuten, die alle zusammenhalfen, und in zwei Stunden war der Container tatsächlich leer. Der Typ, der uns das Ding gebracht hatte, war sichtlich genervt. Denn erstens kamen wir so um die Zusatzgebühr herum und zweitens hatte er sich in seinem Truck zu einem Nickerchen hingelegt und wurde jetzt jäh geweckt.

ANGEKOMMEN

Bis auf die geliebte Anrichte von Manus Oma und die Betten für die Kinder hatten wir praktisch keine Möbel dabei. Die Küche war drin sowie die in den USA typischen Einbauschränke. Wir besorgten uns eine Wasserbettmatratze, das passende Bett baute ich selbst. Jetzt fehlten uns aber trotzdem noch einige Möbel. Und hier kam schon der erste große Kulturschock.

Wir gingen in ein Möbelgeschäft und konnten es einfach nicht glauben. Vielleicht lag es an Texas, aber das ganze Geschäft war voller Oma-Möbel! Stehlampen mit Rüschenschirmen und lauter dunkle, schwere Ungetüme. Es war grauenhaft. Sachen, die man sich in Deutschland vielleicht vor 40 Jahren angeschafft hatte, aber zu unverschämten Preisen. Manu fand zum Glück irgendwann doch ein Geschäft, das auch ein paar moderne Möbel im Angebot hatte, dort kauften wir dann auch unsere erste Couch.

Als wir dann im September, an Manus Geburtstag, den deutschen Pick-up und den Airstream vom Hafen in Houston abholten, wünschte sich Manu einen Ausflug zu Ikea in Houston. Wir packten Pick-up und Airstream voller Ikea-Schätze und Manu war happy. Jetzt ist uns völlig klar, warum Ikea in den USA so einen anhaltenden Erfolg hat, die Amerikaner haben einfach Nachholbedarf.

Janina und Jason haben die Sprachbarriere schnell überwunden.

Am 16. August 2004 hatten Janina und Jason ihren ersten Tag an der Highschool in Gainesville. Auch immer mit dabei: das Filmteam von RTL. Wenn ein neuer Schüler gleich mit einer eigenen Kameracrew aufschlägt, fällt das natürlich auf. Die Kinder waren zu diesem Zeitpunkt eher schüchtern und mussten sich erst noch daran gewöhnen, so im Fokus zu stehen. Im Nachhinein betrachtet fanden sie es aber wohl eigentlich ganz „cool". Wie wir es uns erhofft hatten, knüpften sie in der Highschool auch schon bald die ersten Kontakte und Freundschaften.

Während wir den Kindern in den ersten Wochen mit dem Englischen noch ein wenig helfen mussten, so halfen sie nach drei Monaten nur noch uns. Eine im Nachhinein sehr lustige Episode ereignete sich gleich an Janinas erstem Schultag in Gainesville. Wie alle deutschen Kinder hatten Janina und Jason in der Schule British English gelernt. Das ist zwar immer noch dieselbe Sprache, aber ein paar andere Ausdrücke gibt es eben doch. So fragte Janina an diesem ersten Tag ihren Lehrer vor der ganzen Klasse, ob er eventuell einen „rubber" für sie hätte. Sie hatte ihn aber nicht, wie angenommen, nach einem Radiergummi gefragt, sondern nach einem Kondom! Das amerikanische Wort für Radiergummi heißt „eraser". Ihre nette Banknachbarin klärte sie gleich auf und Janina versank fast im Erdboden.

Bald nach Schulbeginn meldete auch Robin Wilson in der Klimaanlagenfirma Bedarf an, was hieß, dass auch ich jetzt richtig angekommen war. Schon bald lief unser Leben wieder in geordneten Bahnen, nur bei Manu zeichnete sich noch keine Veränderung ab.

Alle angekommen – jetzt heißt es aber auch für alle wieder: den Alltag bewältigen.

Für mich war es zugegebenermaßen ein wenig frustrierend. Einerseits war es schön zu sehen, wie die Kinder und Konny neue Kontakte knüpften und wieder eine Struktur in ihr Leben bekamen. Andererseits wollte ich das natürlich auch erleben! Ich war einfach die Spätzünderin in der Familie.

Ich bewarb mich auf alle möglichen Arbeitsstellen. Natürlich auch auf viele Jobs, auf die ich mich in Deutschland wohl nicht beworben hätte. Das war aber auch okay und irgendwie Teil des Deals, den Konny und ich mit der Auswanderung eingegangen waren. Jetzt ging es erst mal darum, hier Fuß zu fassen, die Karriere konnte später kommen. Aber selbst im Krankenhaus an der Essensausgabe oder an der Walmart-Tankstelle hatten sie einfach keinen Bedarf für mich.

Weihnachten ist, gerade fern der Heimat, eine hoch emotionale Zeit.

Kurz vor Weihnachten kam dann auch noch ein ganz liebes Weihnachtspäckchen von meiner Freundin Uta aus Deutschland und da war es dann um mich geschehen. Zum ersten und einzigen Mal hatte ich kurz richtiges Heimweh. Man kann so ein Gefühl gar nicht rational begründen, denn natürlich wusste ich in mir drin, dass unser Weg der richtige war. Aber trotzdem wollte mein Leben in den USA einfach noch nicht so anfangen, wie ich mir das erhofft hatte.

Ein Lichtblick war dann aber, dass ich kurz vor Weihnachten als Erste in der Familie meinen amerikanischen Führerschein bestand. Das Lustige ist ja, dass man in den USA zur Fahrprüfung mit dem eigenen Auto kommen muss. Also fuhr ich mit unserem roten Pick-up zur Prüfung – und wurde prompt wieder nach Hause geschickt, weil die Hupe nicht funktionierte. Mit dem von Konny reparierten Auto bestand ich dann wenige Tage später meinen Führerschein. Ich war jetzt offiziell Texanerin, es war Weihnachten, meine Lieben waren um mich herum, wir hatten ein schönes Haus, es gab keinen Grund mehr, traurig zu sein.

ÜBER FREUNDSCHAFT

Mit Jan verband mich über viele Jahre eine sehr enge Freundschaft und doch lernte ich ihn in den USA noch einmal von einer anderen Seite kennen. Bislang waren wir Gefährten auf Augenhöhe, die gemeinsam Pferde beschlugen oder mit unserer guten Laune erst Hamburg und später Hessen unsicher machten. Jetzt aber gab es zum ersten Mal ein Ungleichgewicht. Jan hatte in Texas bereits Kontakte geknüpft, hatte sogar eine amerikanische Freundin, schien in vielerlei Dingen schon Bescheid zu wissen und es wäre natürlich schön gewesen, wenn wir dadurch einen etwas einfacheren Start gehabt hätten.

Denn obwohl Manu und ich bei der Auswanderung sehr nach Unabhängigkeit strebten, so hat man in einem relativ fremden Land am Anfang natürlich viele Fragen und Probleme, die man so zu Hause nicht hätte. So kam es, dass wir uns das ein oder andere Mal am Anfang auf Jans Meinung oder seine Hilfe verlassen haben und damit leider ziemlich reinfielen.

Dass ich Robin Wilson kennengelernt habe, war ein echter Zufall und hat mir meinen beruflichen Einstieg in den USA erleichtert.

Der Gipfel war für mich die Sache mit dem Zaun. Schon bei unserer allerersten dreitägigen Texasreise hatten Manu und ich Werner kennengelernt. Auch Werner war ein deutscher Auswanderer, dem eine große Pferderanch gehörte, auf der auch Jan lebte.

Wir waren gerade erst seit zwei Monaten in Texas, Robin hatte bislang noch keinen Bedarf für meine Arbeitskraft in der Kältefirma angemeldet und Werner bot mir einen Job an. Ein längst fälliger Zaun sollte rund um seine Ranch gezogen werden. Jetzt kann man Werners texanische Ranch natürlich kaum mit einem typisch deutschen Bauernhof vergleichen. Eines war sofort klar: Das wird ein richtig langer Zaun!

Unser erster Familienurlaub in den USA – auch die Kinder fühlen sich in der neuen Heimat wohl.

Da der Auftrag für einen allein sehr viel Arbeit beinhaltete und der Kontakt auch über Jan zustande gekommen war, schien es mir nur fair, die Sache auch gemeinsam mit Jan zu machen. Der war auch sofort dabei.

Also rechnete ich das Projekt erst mal in Ruhe durch. Wie viel Material würden wir brauchen, wie viel Materialkosten würden anfallen und wie viele Arbeitsstunden waren zu veranschlagen. Meiner Kalkulation nach konnten wir es in fleißigen sechs Wochen schaffen.

Mit Jan war vereinbart, dass wir uns am ersten Arbeitstag um sieben Uhr morgens an der Ranch treffen. Als ich überpünktlich dort ankam, war zwar der LKW mit dem gekauften Material da, von Jan aber keine Spur. Der Trucker brachte unter anderem lange Eisenrohre mit insgesamt 25 Tonnen Gewicht. Es war allein unmöglich zu schaffen, die Dinger abzuladen, aber es blieb mir nichts anderes übrig, ich fing einfach an. Der Fahrer musste natürlich weiter zu einem anderen Termin. Also entlud ich den kompletten LKW allein. Um halb neun war Jan immer noch nicht da. Ich rief ihn an und fragte, wo er denn bitte bleibe. Er redete sich heraus, dass er nur noch schnell etwas erledigen müsse. Meine Laune war im Keller, aber ich hatte es Werner ja versprochen. Ich hatte eine Verantwortung, also machte ich allein weiter und begann, die Eisenstangen zu zersägen. Es machte nicht nur keinen Spaß, diese Arbeit alleine durchzuführen, es war eigentlich auch fast nicht machbar. Ein einziges Rohr maß 14 Meter und wog 100 Kilo.

Noch zweimal rief ich bei Jan an und er vertröstete mich erst auf später und dann auf den nächsten Tag. Am zweiten Tag stand um sieben Uhr ein motivierter und fleißiger Arbeiter parat, das war ich selbst. Ich bin eigentlich nicht streng mit meinen Freunden, jedem kann einmal etwas dazwischenkommen. Wir sind alle keine Maschinen. Aber eine derartige Unzuverlässigkeit kann ich nur sehr schwer nachvollziehen. Es war mein erster Job in den USA, natürlich wollte ich ihn richtig gut machen. Und einer meiner längsten Freunde lässt mich dermaßen im Stich.

Der Witz war aber, das war Jan überhaupt nicht klar. Während ich mich alleine abrackerte, in der Hoffnung, dass doch noch ein Wunder geschehe, kam Jan sogar mal vorbei. Er plauderte, als wäre nie etwas gewesen, und war sich offensichtlich keiner Schuld bewusst. Zum Glück hatte auch Werner meinen alten Freund schon von dieser Seite kennengelernt. Mir war die

Eine texanische Ranch kann man nicht mit einem deutschen Bauernhof vergleichen – die Dimensionen sind ganz andere.

Sache unendlich peinlich, aber Werner zeigte Verständnis dafür, dass der Auftrag sich verzögern würde. Ich heuerte jemanden an, der mir half, und wir schafften es am Ende, den Zaun in beeindruckender Zeit doch fertigzustellen. Jan sah ich danach nie wieder. Von Werner hörte ich irgendwann noch, dass er das Land wieder verlassen hat.

Es ist schon ein bisschen verrückt. So viele Jahre waren wir so eng befreundet und jetzt ist jeder von uns seinen Weg schon 20 Jahre ohne den anderen gegangen. Jetzt werdet ihr euch vielleicht denken: Konny ist aber auch nachtragend. Na ja, ich merke mir solche Sachen, auch noch nach 20 Jahren. Natürlich kann man auch verzeihen, die Welt hat sich weitergedreht, die Menschen ändern sich. Ich möchte Jan auch nicht verurteilen, dass er uns mehrfach auflaufen ließ. Er wusste es wohl einfach nicht besser. Die Menschen sind nicht perfekt, wir müssen sie so akzeptieren, wie sie sind. Mir fällt es vielleicht nicht so leicht, einfach zu verzeihen, man muss mir eben Zeit geben.

Und man weiß es ja nie. Vielleicht laufen Jan und ich uns irgendwann mal wieder über den Weg und lachen über legendäre Geschichten von damals, bis die Sonne wieder aufgeht. Das kann gut sein, verlassen würde ich mich auf ihn aber wohl nicht mehr.

Jan ist nicht der einzige Freund, von dem ich mich im Laufe meines Lebens trennen musste. Manchmal passt es einfach nicht mehr. Mit einem anderen Freund war ich auch mehr als 20 Jahre befreundet. Das hat sich am Ende ganz blöd entwickelt. Irgendwie konnte er mit unserer Bekanntheit nicht gut umgehen. Plötzlich waren bei jedem Treffen andere Leute dabei und ich habe mich gefühlt wie ein vorgeführtes Zirkuspferd. Da spürt man sehr schnell: Das ist nicht ehrlich. Und so verliert man den ein oder anderen Weggefährten. Das ist überhaupt ein gutes Wort dafür. Manchmal sind es Freunde fürs Leben und manchmal eben Gefährten, die einen ein Stück des Weges begleiten. Man entwickelt sich vielleicht einfach in eine andere Richtung.

Es gibt zwei Dinge, die für eine gute Freundschaft essenziell sind: Vertrauen und Ehrlichkeit. Heute habe ich vier gute Freunde, auf die ich auch wirklich immer zählen kann. York, Manni, Franz und Bernd. Vier gute Freunde! Da bin ich wirklich gesegnet.

Trotzdem: Wenn sich heute einer meiner verlorenen Freunde melden würde, ich schlage da nicht sofort die Tür zu. Ich glaube, ich würde jedem erst mal die Hand reichen. Nur einem gewissen deutschen Hafensänger nicht. Der hat bei mir für immer verspielt. Aber dazu komme ich später.

Ich glaube, es gibt einen Grund, warum manche Menschen in unser Leben kommen. Genauso hat es auch meistens einen Grund, wenn sie sich wieder verabschieden. Jan hat in unserem bisherigen Leben zweimal eine entscheidende Rolle gespielt. Ohne ihn wäre Konny nie nach Hessen gezogen und wir hätten uns nie kennengelernt. Und ohne ihn wären wir beide nie auf die verrückte Idee gekommen, in die USA auszuwandern. Abgesehen von Konnys Freundschaft zu ihm war er für den Verlauf unseres Lebens also enorm wichtig.

Ich weiß noch, wie ich in Texas auf diesen langen Straßen unterwegs war, aus dem Radio erklang Countrymusik und ich sah diese unglaubliche Weite. In diesen Momenten wusste ich einfach: Hier bin ich richtig. Wir gehören wirklich hierher. Vielleicht war es Jans Bestimmung, da ein wenig mitzuhelfen. Und genauso gibt es wohl einen Grund, dass er nicht mehr in unserem Leben ist. Alles hat seine Zeit.

Auch in mein Leben sind neue Freunde gekommen, aber manche waren eben nur für eine gewisse Strecke an meiner Seite. Egal ob in Hessen, Schenefeld, Texas oder jetzt in Hawaii. Ich bin mit meinen Freundinnen gewandert, habe mit ihnen mitgefiebert, geweint und aufs Leben angestoßen.

Meine längste und liebste Freundin ist aber Sandra. Ich lernte sie damals über unsere Kinder kennen. Ihre Tochter Nina ging mit Jason in den Kindergarten. Weil die beiden sich zum Spielen treffen wollten, haben wir eines Tages miteinander telefoniert. Am Telefon waren wir beide noch ganz förmlich zueinander, wir siezten uns und verabredeten ein Treffen am darauffolgenden Tag. Es kam, wie es kommen musste, beim Abholen nach Kindergartenschluss standen wir uns gegenüber und wussten sofort: Das passt! Seit diesem Tag sind wir die dicksten Freundinnen.

In Sandra habe ich eine Freundin fürs Leben gefunden.

Es gibt immer was zu tun. Und wenn nicht, wird sich was Neues angeschafft

Konny und sein Vater vor unserem neuen Laden während der Renovierung.

WEST
INTERSTATE
40
OLD
ROUTE
66
EAST
INTERSTATE
40
EAST
BUSINESS
LOOP
40
Tucumcari
Amarillo

SPRACHPROBLEME

Wenn einer eine Reise tut – wie die Sprachbarriere zu lustigen Missverständnissen führte und warum es beim Auswandern wichtig ist, sich selbst nicht zu wichtig zu nehmen.

EIN ANDERER MENSCH

Ich habe mal gelesen: Wenn man auswandert, nimmt man sich selbst immer mit. Geht man also bereits mit Problemen ins Ausland, werden sie dort nicht einfach verschwinden. Mir ging es leider am Anfang ganz anders. Es war, als wäre ein großer Teil von mir unsichtbar. Zwar hatte ich diese vielen Fähigkeiten mitgebracht. Ich kannte mich in den verschiedensten Bereichen aus und war gut ausgebildet. Nur konnte ich das mit meinen schlechten

Englischkenntnissen schwer vermitteln. Zum Glück war meine erste Arbeitsstelle bei Robin eine Stelle als Kühltechniker, was mir sehr entgegenkam. Das technische Niveau war ein Klacks, aber obwohl ich mehr Erfahrung hatte und auch mehr Know-how, wurde mir dort nichts zugetraut. Rückblickend hatte ich wahrscheinlich zehnmal mehr Ahnung als irgendeiner meiner Kollegen. Erst viel später, als ich längst nicht mehr bei Robin arbeitete, hat er verstanden, wie viel eigentlich in mir steckte. Besonders beeindruckt war er, als er in Deutschland Urlaub machte und ihn wildfremde Menschen auf der Straße erkannten, weil er durch uns im deutschen Fernsehen zu sehen war.

Dieses Nicht-gesehen-Werden fühlte sich in dem Moment nicht gut an, aber es machte mir nicht viel. Ich bin da zum Glück sehr pragmatisch: Entweder man kommt mit guten Englischkenntnissen oder man muss eben Geduld mitbringen, bis man tatsächlich zeigen kann, was man draufhat. Das gehört zum Auswandern nun mal dazu, dass man wirklich von vorne anfängt. Man darf nicht vergessen: Als wir in die USA kamen, war ich Ende 40. Ich hatte mich schon mehr als einmal in meinem Leben bewiesen. Natürlich ist das knackig, wenn man dann erst mal den Handlanger spielen muss. Wie oft sah

Vom metrischen auf das angloamerikanische Maßsystem zu wechseln, fiel mir anfangs nicht leicht.

ich, dass die Kollegen gepfuscht hatten, dass es eine bedeutend bessere Lösung gegeben hätte. Eine wichtige Disziplin beim Auswandern ist aber auch, sein Ego im Griff zu haben und Dinge hinzunehmen. Man muss sich da einfach durchbeißen. Ja, ich wusste es besser, aber ich hatte aktuell nicht die Position, meine Meinung auszudrücken. Mein Rat: Arbeite dich da nicht ab, nimm es hin. Es is so! Ich wusste, es kommen auch wieder andere Zeiten. Und ich sollte recht behalten. Ganz andere Zeiten warteten noch auf uns.

Es ist auf jeden Fall eine sehr wertvolle Erfahrung, einmal selbst Ausländer zu sein. In unserem bisherigen Leben waren wir zwar durchaus schon gereist, aber wir wurden an diesen Orten als Touristen wahrgenommen. Das ist eine völlig andere Situation. Wenn du schon fünf Jahre in den USA lebst, an der Supermarktkasse etwas gefragt wirst und mit einem schlichten „No" antwortest, bist du nur durch dieses „No" schon enttarnt. Es ist klar, dass wir im Gegensatz zu unseren Kindern mit Akzent sprechen, aber es ist natürlich anstrengend, sich immer und immer wieder erklären zu müssen. Du willst in diesem Land auch einfach nur dein Leben leben und nicht in jeder x-beliebigen Situation erzählen, dass du aus Deutschland kommst.

Es gab in Gainesville eine Eisdiele, die hat es mir nicht leicht gemacht. Es hat Jahre gedauert, bis die Teenager dort meine Bestellung verstanden haben. Das war gar nicht böswillig, die jungen Leute sind nie aus ihrer Kleinstadt rausgekommen. Jede Sprache hat eine eigene Melodie und wenn du Englisch sprichst, manche Silben aber deutsch betonst, ist das für manche Leute schon zu viel. Viele Amerikaner verstehen dich dann einfach nicht.

Aber auch hier habe ich mir immer gedacht: „Es is so", kann ich nicht ändern. Während Manu in der Arbeit viel mit ihren Kolleginnen auf Englisch kommunizieren konnte, war das bei mir ganz anders. Zum einen sprechen Männer vielleicht generell weniger miteinander als Frauen und zum anderen gab es Kollegen, die dermaßen nuschelten, gepaart mit einem starken Südstaatenakzent versteht man dann wirklich nur noch Bahnhof. Es hat Jahre gedauert, bis ich die Kollegen ordentlich verstanden habe, und bei dem ein oder anderen habe ich einfach nie alles verstanden. Da merkt man, dass man gar nicht immer alles hören muss, um trotzdem miteinander zu reden.

Schwierig war anfangs übrigens auch die Umgewöhnung auf die neuen Maßeinheiten. Plötzlich rechnete ich nicht mehr in Millimetern, sondern in zweiundsechzigstel Inches. Obwohl ich mit diesen beiden Systemen seit 20 Jahren arbeite, muss ich heute noch aufpassen, dass ich nicht aus Versehen von einem System ins andere rutsche. Ich verstehe auch nicht, dass sich das metrische System in den USA bis heute nicht durchgesetzt hat.

Mir ging es ähnlich wie Konny. Das Schlimmste für mich war diese Hilflosigkeit. Da bist du einerseits eine gestandene Frau und Mutter, hast schon die ein oder andere Prüfung im Leben bestanden und plötzlich kannst du dich nicht richtig ausdrücken. Es gab eine Situation, da wollte ich im Courthouse mein Gewerbe „Just Kiddies" anmelden. Das dafür vorgesehene Formular gab es auf Englisch und auf Spanisch. Natürlich tat ich mich bei dem Behördenenglisch noch viel schwerer als in einer alltäglichen Situation im Supermarkt. Also bat ich die Angestellte, ob sie mir beim Ausfüllen helfen könnte. Sie antwortete ganz unwirsch: „No!" Damit hatte ich natürlich nicht gerechnet, das war wie ein Schlag ins Gesicht. Bislang war ich meist nur sehr freundlichen Amerikanern begegnet. Ich konnte gerade noch die Tränen zurückhalten und stürmte hinaus. In dem Moment war ich so hilflos. Zu Hause fand ich im Internet eine ehrenamtliche Beratungsstelle, die Bürgern mit sämtlichen Formularen half, und konnte durch deren Hilfe schon bald mein Gewerbe ohne Probleme anmelden. Aber diese Hilflosigkeit möchte ich nie mehr erleben.

Das Schlimme für mich war auch: Ich war nicht mehr ich selbst. Ich bin wirklich ein humorvoller Mensch, der gerne mal einen lockeren Witz einstreut. Aber in der fremden Sprache war mir das natürlich erst mal nicht möglich, das war an der ein oder anderen Stelle wahnsinnig frustrierend. Letzten Endes war es aber auch ein Ansporn, um Englisch richtig gut zu lernen.

Natürlich gab es auch sehr lustige Situationen in dieser Anfangszeit. Mein erster Job war an der Kasse einer riesigen Trucker-Tankstelle. Da hatte ich mir gleich mal was Schwieriges ausgesucht, denn die Trucker kamen aus allen amerikanischen Staaten, hatten die unterschiedlichsten Akzente und waren für mich eine echte Herausforderung. Ohne meine Kollegin Kelly hätte ich die Zeit, in der ich dort arbeitete, auf keinen Fall überstanden. Einmal kam ein kleiner Junge herein, er sagte etwas, was ich nicht verstand, das Wort „car" und machte dazu eine Handbewegung. Das wiederholte er, als ich ihm deutlich machte, dass ich nicht wüsste, was er wollte. Aufgrund seines Alters, der Bewegung und des Worts „car" drückte ich ihm lächelnd ein Matchbox-Auto in die Hand. Nie werde ich diesen Blick vergessen. Der Junge war richtig entsetzt. Ich hatte ihn wohl doch nicht richtig verstanden. Meine Kollegin Kelly konnte Abhilfe schaffen. Er wollte kein Spielzeugauto, sondern eine „fuse", also eine Autosicherung, bei mir kaufen.

Irgendwie hangelte ich mich durch die ersten Wochen, ging aber zeitgleich trotzdem auf die Jobbörse in Gainesville, in der Hoffnung, dass sich noch etwas Besseres auftat. Dort suchte das WinStar Casino im nahen Oklahoma gerade Personal. Das Angebot hörte sich gut an. Nach drei Wochen an der Tankstelle fing ich im Februar 2005 als Cashier im Casino zu arbeiten an. Unser Plan war aufgegangen. Nach nur einem halben Jahr war es uns möglich, in den USA zu leben, ohne weiter an unsere Ersparnisse gehen zu müssen.

Als Cashier hatte ich die Aufgabe, den Casinobesuchern ihre Gewinne auszuzahlen. Anfangs war das eine ziemliche Herausforderung. An einem Tag schaute ich einer Kassiererin über die Schulter, am nächsten Tag war ich schon auf mich allein gestellt. Aufgrund der Sicherheitsmaßnahmen wurde man in eine Art kleine Zelle eingesperrt. Das war einerseits beruhigend, denn in so mancher Schicht hatte ich mehr als 200.000 Dollar in der Kasse. Andererseits konnte ich auch nicht schnell raushüpfen und eine Kollegin um Hilfe fragen, wenn ich mit meinem Wissen am Ende war. Bei jeder Transaktion musste ich vor dem Gast laut das Geld zählen, und das natürlich auf Englisch. Es war ganz schön ungewohnt für mich, beim Zählen fallen ja sogar italienische Restaurantbesitzer noch nach 40 Jahren in ihre Muttersprache.

Der Kundenkontakt beschränkte sich natürlich nicht nur auf Zahlen, Amerikaner plaudern gern und ich musste darauf reagieren. Das war gar nicht so einfach, denn wir waren in den Südstaaten und der ein oder andere sprach, als hätte er einen Ball aus Kaugummi im Mund. Weil es das Leben oft einfacher macht, habe ich die Leute meistens höflich gebeten, ob sie das Gesagte vielleicht noch mal wiederholen könnten. Das haben sie dann auch immer getan, genauso schnell, genauso genuschelt, aber dafür doppelt so laut! Ist das nicht lustig? Diese Reaktion habe ich so oft erlebt und nie verstanden. Meine Ohren waren ja nicht das Problem.

Aber wie alles im Leben war es letzten Endes reine Übungssache und ich kam mit der Zeit ganz gut rein. Natürlich kam es auch im Casino zu dem ein oder anderen Missverständnis. Die lustigste Geschichte passierte im Gespräch mit

In einem Casino in Oklahoma fand ich endlich einen annehmbaren Job.

Mit Tieren zu kommunizieren ist in einem fremden Land einfacher als über sie.

meinen Arbeitskolleginnen. Ich erzählte von unserem Hund Murphy und dass ich am Vortag mit ihm beim Tierarzt war, um ihn impfen zu lassen. Zumindest dachte ich, dass ich das erzählte. Tierarzt heißt im Englischen „veterinarian" und eine Impfung bekommen heißt „to get a shot". Gesagt hatte ich aber: „Our dog was shot by a vegetarian." Also, dass unser Hund von einem Vegetarier erschossen worden war. Erst durch die geschockten Blicke meiner Kolleginnen merkte ich, dass irgendwas nicht stimmte. Ich konnte den Sachverhalt erklären und anschließend lagen wir alle vor Lachen fast unter dem Tisch.

Da wir zu Hause nur Deutsch sprachen, habe ich in der Arbeit immer alle gebeten, mir zu sagen, wenn ich Fehler machte. So wurde ich mit der Zeit auch besser. Parallel dazu lernte ich aber natürlich auch Englisch durch das Fernsehen. In der „Bill Cosby Show" ging es um eine amerikanische Familie, da lernte ich alltägliche Wendungen wie „Tisch decken" oder „Schublade". Bei der Serie „Friends" freute ich mich, wenn ich den Gag verstanden hatte. Überhaupt sahen wir auch alle Filme sofort auf Englisch an. Natürlich verstanden wir den Inhalt am Anfang nur ungefähr, aber es ist schön zu sehen, wie man langsam, aber sicher immer besser wird.

PLÖTZLICH BEKANNT

Durch unsere RTL-Redakteurin Dagmar erfuhren wir, dass die Ausstrahlung unserer Sendung in Deutschland überraschend gut ankam. Manu hatte damals bereits eine eigene kleine Webseite über unsere Auswanderung gebastelt und nach und nach erreichten uns immer mehr Nachrichten über unser Gästebuch. Da es im Fernsehen generell erst mal darum geht, die Highlights zu erzählen, wurde der Fokus vor allem auf unsere mangelnden Englischkenntnisse gelegt. Genau die Stellen, an denen ich beim Job-Interview mit Robin an meine Grenzen kam, wurden ausgewählt. Das bildete natürlich nicht die hundertprozentige Realität ab, war aber auch okay, so wird diese Art von Formaten eben erzählt.

Für uns fühlte es sich natürlich ein wenig komisch an, uns im Fernsehen zu sehen, dennoch fanden wir die erste Folge gelungen, vor allem die Szene, in der wir am ersten Tag in den USA nach der Pick-up-Misere von der Ranch zum Einkaufszentrum fahren. Man sieht unsere müden, aber zufriedenen Gesichter, das Ganze zufällig unterlegt mit einem von Manus Lieblingsliedern: „Turn the Page" von Metallica. Der Staub, der kaputte Pick-up, das offene Fenster, der Wind, der Parkplatz am Einkaufszentrum. Das war echt, das waren wir und genauso authentisch wollten wir auch dargestellt werden.

Wir bekamen viele positive Nachrichten, aber auch Mitteilungen von wildfremden Menschen, die sich über uns regelrecht lustig machten. Wie naiv wir wären, mit diesen schlechten Englischkenntnissen auszuwandern und so weiter. So mancher Hans-Dieter, der in Recklinghausen mehr als ein Jahr Schulenglisch hatte, fühlte sich uns plötzlich maßlos überlegen. Erst waren wir erschrocken, weil wir nicht verstanden, wie uns völlig unbekannte Menschen so verurteilen können. Tief getroffen hat es uns zum Glück aber nicht. Auch wenn das vielleicht im Fernsehen nicht so rüberkam, Manu und ich haben diese Auswanderung gut vorbereitet. Das wussten wir auch. Wir engagierten in Schenefeld sogar noch einen Privatlehrer, um unser Englisch ein wenig aufzufrischen. Letztlich blieb aber einfach zu wenig Zeit. Und jeder, der über uns urteilt, soll es uns erst einmal nachmachen. Da schauen wir dann auch liebend gerne zu.

NICHTS IST SO, WIE ES SCHEINT

In den USA werden den verrücktesten Visionen keine Grenzen gesetzt. Das kam uns natürlich sehr entgegen. Aber so manche Eigenarten der Amerikaner verstehen wir bis heute nicht.

AMERIKA, DAS LAND DER UNBEGRENZTEN MÖGLICHKEITEN

Wir alle waren mit diesem Bild aufgewachsen, dass in den USA alles nur noch größer, schöner und glitzernder ist als bei uns. Wenn man das Land nur vom Reisen kennt, kommt es einem natürlich auch gewaltig vor. Diese atemberaubende Landschaft, die Wolkenkratzer, die riesigen Steaks. Irgendwie fühlt sich das alles am Anfang an wie ein unendlich spannender Ferienpark für Erwachsene. Und natürlich kann Amerika das alles sein, aber manchmal kippt die Fassade und dahinter kommt noch einmal etwas völlig anderes zum Vorschein.

Als wir damals auswanderten, dachte ich, Amerika ist auch technisch viel weiter als Deutschland. High-tech, das ist ja sogar ein englisches Wort! Die Amerikaner waren doch 1969 schon zum Mond geflogen. Aber schon bald wurde ich eines Besseren belehrt. Nicht nur zahlten alle noch mit Schecks, ich musste auch meinen Gehaltsscheck regelmäßig persönlich bei der Bank einzahlen, weil sie mir meinen Lohn nicht einfach als Dauerauftrag überweisen konnten. Amerika war im Jahr 2004 noch nicht im Jahr 2004 angekommen.

Aus deutscher Sicht war auch die Baubranche voller Widersprüche. Einerseits reichte für ein Bauvorhaben eine im Rathaus eilig hingeworfene Skizze, andererseits war die Art des Bauens dermaßen schlecht, dass man den Eindruck hatte, die ganze Branche hing noch im letzten Jahrhundert fest. Und irgendwie stimmte das auch. Früher gab es auch in den USA durchaus ordentliche Häuser. Anfang des 20. Jahrhunderts änderte sich das aber schlagartig.

Ein Grund dafür war die Firma Sears. Sie produzierte ab 1908 Fertighäuser, die sich jeder leisten konnte. Man konnte sich über einen Katalog ein ganzes Haus bestellen. Wie Ikea lieferte sie einen Bausatz, den geschickte Heimwerker mit etwas Hilfe selbst zusammenschrauben konnten. So konnte sich plötzlich jeder Amerikaner ein Haus leisten. Gebaut wurde es in Ständerbauweise aus Holz, es gab praktisch keine Isolierung, was wiederum zu hohen Energiekosten führte, damals aber kostentechnisch ziemlich egal war.

Um ehrlich zu sein, so viel hat sich seit dieser Zeit nicht geändert. Ein Hausbau dauert etwa drei Monate und nach wenigen Jahren sind die Häuser eigentlich durch. Aber die Branche ist nicht müde, Ausreden zu finden. Wenn du jemanden fragst: „Wie kann das sein, dass dieses Haus nach drei Jahren schon gammelt", dann wird derjenige dir antworten: „Wegen des Regens!" Aber dann sagt mir doch mein gesunder Menschenverstand, dass ich ein Haus einfach so bauen muss, dass es diesen Regen aushält.

Nehmen wir mal ein Haus in Texas, die haben drinnen eine Klimaanlage und draußen hat es 40 Grad Celsius. Dazwischen gibt es keine Isolierung, also bildet sich Kondenswasser in den Zwischenräumen, was zu diesem typisch modrigen Geruch führt. Gut, mittlerweile wird selbst in den USA bei Neubauten Isolierung verwendet.

Aber eben leider nicht richtig. Bei einer guten Isolierung brauchst du eine sogenannte Dampfsperre, damit keine Luft von außen in die Isolierung hineingeht. Hier in Amerika wickeln die Handwerker das Haus für die Isolierung mit Plastik ein, dann kommt der Fensterbauer, schneidet durch die Dampfsperre durch und baut sein Fenster ein. Das Fenster ist zwar drin, aber jetzt muss der Fensterrahmen mit dem Plastik verbunden werden, sonst ist das natürlich nicht dicht. Das aber macht kein Mensch in den USA. Kein Wunder, dass alle gegen die Kälte anheizen oder gegen die Hitze kühlen müssen.

Das ist bei den Klimaanlagen nichts anderes. Jetzt möchte man meinen, ein Land wie die USA, in denen Klimaanlagen weit verbreitet sind, hätte mittlerweile eine gewisse Expertise auf diesem Gebiet, aber nein. Es ist ein ungeschriebenes Gesetz, dass das Außenteil der Klimaanlage im Schatten angebracht sein muss, also auf der Nordseite des Hauses, weil sie sonst logischerweise viel zu viel Energie verbraucht. Wenn man aber durch die ganzen heißen US-Staaten fährt, Utah, Nevada, New Mexico, dann sieht man oft, dass die Klimaanlagen auf den Dächern befestigt sind. Da wird es im Sommer natürlich unfassbar heiß. Ich bin der festen Überzeugung, die Amerikaner könnten mehr als die Hälfte der Energie einsparen, wenn sie sich mal Gedanken über ihren Verbrauch machen würden. Und bei den Klimaanlagen fängt das natürlich an.

Aber auch die hohen Energiekosten scheinen die Leute nicht abzuschrecken. Aus irgendeinem Grund sehen die Amerikaner das einfach als festen Bestandteil ihres alltäglichen Budgets. Ein Bekannter aus Gainesville, der mehrere Kinder hatte, klagte irgendwann aber doch bei mir über die hohen Stromkosten. Ich sagte dann, er solle anstatt des Trockners doch einfach die Wäsche im Garten auf der Leine trocknen. In Texas hat es im Sommer bis zu 48 Grad, da braucht man die meiste Zeit des Jahres wirklich keinen Wäschetrockner. Er war direkt erschrocken von dem Vorschlag, denn in seinen Augen verwendeten nur Mexikaner Wäscheleinen. Diese bringen ihre Utensilien vermutlich auch aus der Heimat mit, denn bei Walmart habe ich erst nach langem Suchen eine Leine und Wäscheklammern gefunden.

Für meine ganzen Bauvorhaben war dieses Land allerdings von Anfang an das Land der unbegrenzten Möglichkeiten. Wenn man sich handwerklich auskennt, sind den verrückten Visionen keine Grenzen gesetzt. So kam ich dann auch irgendwann zu dem einzigen Leuchtturm, der nicht am Meer stand. Das erzähle ich euch aber erst später.

ERNÄHRUNG

Wir wussten natürlich bereits zuvor, dass die USA mit Fettleibigkeit zu kämpfen haben und hier viel Fast Food konsumiert wird. Das Ausmaß war uns aber tatsächlich nicht klar.

Am Anfang waren die bunten, ellenlangen Regale im Supermarkt für uns Deutsche in erster Linie aufregend. Wir kannten vielleicht sechs Cornflakes-Sorten, hier gab es plötzlich 49. Natürlich wollten wir uns da erst mal quer durchprobieren. In den USA hat aber alles viel mehr Zucker und auch Fett. Sogar Nutella schmeckt dort viel süßer als in Deutschland. Als wir gerade erst angekommen waren, war uns das alles viel zu süß, aber schon bald hatte man sich daran gewöhnt.

Dann lebten wir zu allem Überfluss auch noch in Texas, das bekannt ist für seine wirklich riesigen Portionen. Aber das reichte noch nicht, in den Restaurants wurde zudem auch noch alles frittiert. Ich glaube tatsächlich, das Einzige, was nicht frittiert war, war der Salat.

Unsere Kinder, Janina und Jason, gingen in Hamburg auf eine Ganztagsschule, dort gab es eine kleine Kantine, in der sehr gesund gekocht wurde. Mit viel Gemüse und Salat. In der Highschool in Gainesville aber gab es ausschließlich Fast Food zu essen, denn statt einer Kantine mit gesundem Essen hatte die Schule hier nur Fast Food wie Pizza, Pommes und Burger zur Auswahl. Das könnte man sich in Deutschland niemals vorstellen. Die Schüler durften zudem tagsüber auch das Schulgelände nicht verlassen, es gab also wirklich keine Alternativen. Natürlich hätten wir ihnen schön deutsch etwas eintuppern können, aber ich wollte sie dazu auch nicht zwingen. Es ist in den USA wirklich untypisch, sein Essen von zu Hause mitzubringen, und wir wollten nicht, dass sie damit gleich am Anfang komisch aus der Reihe fallen.

Da erziehen sich die Fast-Food-Ketten in den Schulen schon die Kunden von morgen. Und für die Kinder ist es irgendwann selbstverständlich, täglich Fast Food zu essen.

Natürlich machte diese Entwicklung auch vor unserer Familie nicht halt. In Gainesville gab es eine Eisdiele, zu der wir regelmäßig gingen. Am Anfang kauften wir uns noch einen großen Becher Eis zu viert. Dann setzten wir uns hinten auf die Ladefläche unseres Pick-ups, holten vier von zu Hause mitgebrachte Schüsselchen und vier Löffel heraus und teilten den Becher unter uns auf. Irgendwann kauften wir dort zwei große Becher. Konny und ich teilten uns einen und der zweite Becher war für Janina und Jason. Aber das steigerte sich noch ein weiteres Mal. Zum Schluss kauften wir für jeden von uns einen großen Becher Eis. Das kann man natürlich nicht mit einem Becher in einer kleinen italienischen Eisdiele in Deutschland vergleichen, das war ein richtig großer Pott. Der Tiefpunkt kam, als wir mal im Supermarkt einen Eimer – und ich übertreibe nicht, einen ganzen Eimer – Eis gekauft hatten. Als ich den dann im Tiefkühlschrank sah, wusste ich: Jetzt ist es gut! Das reicht!

Überhaupt ist das ein Punkt in Amerika, der sowohl Konny als auch mir immer wieder negativ auffällt: die riesigen Portionen, die hier serviert werden, und die damit einhergehende Essensverschwendung. Konny und ich waren mal bei einem All-you-can-eat-Buffet und da habe ich das gar nicht aushalten können, wie viele Leute ihren fast vollen Teller einfach stehen ließen. Vor allem in Texas war das an der Tagesordnung. Wenn es dann auch noch dazu kommt, dass Fleisch weggeworfen wird, macht mich das richtig sauer. Dafür musste schließlich ein Tier sterben, da muss man doch bewusster damit umgehen.

Wir werfen aus Prinzip kein Essen weg. Das haben wir auch bei den Kindern so gehandhabt. Sie sollten sich immer erst ein bisschen nehmen. Es war auch kein Weltuntergang, wenn sie es dann am Ende tatsächlich nicht aufessen konnten. Aber weggeworfen wurde es nicht. Was übrig war, gab es dann einfach am nächsten Tag.

Heute ernähren Konny und ich uns übrigens sehr gesund. Wir essen viel Gemüse, Obst und Salat und gönnen uns nur noch hier und da mal eine kleine Sünde. Vor allem ich habe meine Ernährung vor einigen Jahren ganz bewusst umgestellt. Aus ethischen Gründen verzichte ich auf Fleisch und auf Produkte aus Kuhmilch. Außerdem habe ich irgendwann festgestellt, dass mir Weizen nicht besonders guttut, heute esse ich ihn nur noch in absoluten Ausnahmefällen. In Hawaii ernähre ich mich vor allem von Gemüse, Obst und manchmal auch Fisch. Denn dort weiß ich auch sicher, wie und wo der Fisch gefangen wurde.

➳ Bratkartoffeln à la Konny

DU BRAUCHST:
4 rohe Kartoffeln
2 EL Kokosöl
1 TL Kräuter der Provence
4 Knoblauchzehen
1 TL Knoblauchsalz
1 TL Konny Island RUB
(oder: Paprika + Pfeffer)
½ Zwiebel

Auch wenn wir kein Heimweh haben und mindestens einmal jährlich nach Deutschland kommen, gibt es natürlich Menschen und auch Gerichte, die man manchmal vermisst. Darum macht Konny für mich ab und zu seine leckeren Bratkartoffeln - und der Geschmack von unserer Zeit in Hamburg ist sofort wieder da.

1. Zuerst schält man die Kartoffeln und schneidet sie in dünne Scheiben. Dann gibt man die Kartoffeln mit dem kleingehackten Knoblauch und den Gewürzen in eine Bratpfanne und vermengt alles. Kokosöl dazu, Deckel drauf und etwa 10 Minuten scharf anbraten, zwischendurch mehrmals wenden.

2. Nun eine halbe Zwiebel in kleine Würfel schneiden, diese auch in die Pfanne geben und alles noch mal mit Deckel etwa 5 Minuten anbraten und mehrmals wenden, bis die Kartoffeln schön kross sind.

Variante: Ganz am Schluss 3 Eier dazu geben, wenden und kurz bei offenem Deckel anbraten.

ANDERE LÄNDER, ANDERE SITTEN

Dass die Amerikaner prüde sind, das hatten wir auch in Deutschland schon gehört. Es ist aber natürlich etwas anderes, wenn man es dann wirklich erlebt. Einmal waren wir mit dem Filmteam bei einer Veranstaltung in der Highschool und die Redakteurin aus Deutschland trug eine tief geschnittene Jeans und darunter einen Tanga. Das kleine Dreieck des Tangas guckte im Sitzen aus der Jeans hervor. Da dauerte es nicht lange, bis eine äußerst pikierte Lehrerin auf sie zuging und ihr erklärte, sie solle sich bitte bedecken.

In der Highschool gab es natürlich einen Dresscode. Mädchen durften keine Tops mit Spaghettiträgern anziehen und auch die Röcke mussten eine gewisse Länge haben. Das steht natürlich in einem krassen Gegensatz zu den vielen Teenagerschwangerschaften, die es in Texas gibt. Die meisten Menschen dort sind einfach sehr gläubig, wahrscheinlich lässt sich das in deren Augen nicht mit einer ordentlichen Aufklärung vereinbaren.

Einmal waren wir in einem texanischen Vergnügungspark mit einem riesigen Schwimmbecken und ich trug meine Speedo-Badehose. Da kam tatsächlich nach einer Weile der Bademeister auf mich zu und hielt mich dazu an, Badeshorts zu tragen, weil sich zu viel abzeichnen würde. Neben mir stand Manu im Bikini und wir verstanden die Welt nicht mehr, sie trug schließlich ebenso wenig Stoff.

Selbst die Kinder laufen in den USA im Sommer nicht einfach nackig im Vorgarten herum. Und ich weiß gar nicht, was passieren würde, wenn das die Eltern täten. Wahrscheinlich steht man dann sehr schnell unter Generalverdacht. Das Ganze kommt natürlich daher, dass die Religion in den USA eine zentrale Rolle spielt.

Wir gingen oft am Sonntagvormittag einkaufen, weil zu diesem Zeitpunkt fast alle Leute in der Kirche waren und wir in Ruhe alles besorgen konnten. Das einzige Manko war, dass es aus religiösen Gründen in Texas von Samstagnacht bis Sonntagmittag keinen Alkohol zu kaufen gab. Das muss man sich mal vorstellen! Aus religiösen Gründen. Das hat nicht mal die Katholiken in Bayern je davon abgehalten zu trinken.

Tatsächlich war es für uns aber sogar ein Glücksfall, dass alle so religiös waren. Der Vorbesitzer unseres Hauses in Gainesville erzählte tatsächlich, dass er die Stadt verlässt, um nach Philadelphia zu ziehen, weil ihm Gott das so gesagt hätte. Gut für uns.

Ein anderes Mal drückte uns ein wildfremder Mensch 100 Dollar in die Hand, weil ihm Gott gesagt hätte, dass er eine gute Tat begehen sollte. Ich habe mich natürlich gefreut und erst mal die ganze Familie zum Eisessen eingeladen. Aber verrückt ist das schon!

Da habe ich auch eine Geschichte! Wir waren kaum in Gainesville in unser Haus eingezogen, da stand eine Dame aus der Nachbarschaft vor unserer Tür, um uns willkommen zu heißen. Das war wie in einem amerikanischen Film, sie hatte sogar einen Teller mit Cookies dabei. Aber die erste Frage, die sie mir stellte, war, in welche Kirche wir gingen. Jetzt muss man wissen: Gainesville hatte 16.000 Einwohner, aber 64 Kirchen. Ich war wegen dieser Frage so perplex, ich meinte, wir wüssten es noch nicht, wir seien ja eben erst hergezogen. Als wir elf Jahre später wegzogen, hatten wir keine der 64 von innen gesehen.

Auch die Mentalität der Amerikaner gab uns immer wieder Rätsel auf. Nach wie vor fand ich es schön, wie freundlich einem die Leute hier begegneten, aber ich konnte viele Menschen nicht richtig greifen. In Deutschland hatte ich immer ein Gefühl dafür, wer mein Freund war und wer nur ein Bekannter. Hier war das ein viel schwierigeres Unterfangen. Man sieht jemanden über einen gewissen Zeitraum jeden Tag, versteht sich gut und dann sieht man sich eine Weile nicht und es ist, als ob man sich kaum kennen würde. Der Kontakt bricht wirklich ab, wie eine durchgeschnittene Telefonleitung.

Ich bin von jeher ein sehr verbindlicher und gerader Mensch, für mich war es besonders schwierig zu verstehen, dass Einladungen in den USA einfach oft Höflichkeitsfloskeln sind. Wenn ich in Deutschland zu jemandem sage, er solle einfach abends mal klingeln, dann setzen wir uns in den Garten und plaudern, dann meine ich es genau so, wie ich es auch sage. In den USA ist das nichts als reine Höflichkeit.

Und gerade deshalb weiß man nie so ganz, was jetzt wirklich so gemeint ist und was nicht. Es ist ein Code, den ich auch nach 20 Jahren noch nicht in aller Gänze entschlüsselt habe.

Auch ist den meisten Amerikanern Geselligkeit ziemlich fremd. Am Moss Lake feierten wir viele Grillfeste mit Deutschen und mit Amerikanern. Für die Amerikaner war es nie mehr als ein kurzes Get-together, eine gemeinsame Nahrungsaufnahme, ein netter Smalltalk am Buffet. Kaum war der letzte Bissen heruntergeschluckt, befanden sich die amerikanischen Gäste schon auf dem Weg nach Hause. Das hat aber nichts damit zu tun, dass sie uns als Gastgeber nicht mochten oder ihnen das Essen nicht geschmeckt hätte. Es ist einfach deren Kultur.

Beim Feiern sind wir typisch deutsch: Wir haben – anders als viele Amerikaner – viel Ausdauer.

Wie anders sind wir Deutschen da? In Deutschland ist es beinahe ein Affront, wenn man sich bei einer Essenseinladung vor halb zehn Uhr abends verabschiedet. In Texas hingegen ist es außergewöhnlich, wenn jemand überhaupt so lange bleibt. Da fragt man sich schon beinahe, was los ist. „Was, Steve ist noch da? Ich glaube langsam, er und Shannon lassen sich scheiden!"

Dabei ist Geselligkeit so was Wertvolles. In wie vielen durchquatschten Nächten am Lagerfeuer habe ich mit meinen Freunden gelacht und absurde Pläne geschmiedet. Erst diese intensiven und ausgelassenen Gespräche führen in meinen Augen zu wirklich tiefen Freundschaften.

Dennoch fühlten wir uns in unserer neuen Heimat wohl und wussten die vielen positiven Seiten durchaus zu schätzen. Gerade Hilfsbereitschaft und Höflichkeit werden in den USA großgeschrieben. Obwohl viele Amerikaner zwei Jobs haben, um ihre Lebenshaltungskosten zu bestreiten, betätigt sich eine bedeutende Anzahl auch noch ehrenamtlich. Eines ist klar: Ohne das Ehrenamt würde in den USA vieles zusammenbrechen.

Vielleicht weil ansonsten die Winde rauer wehen würden, gibt es eine höhere Bereitschaft anderen zu helfen als in Deutschland. Auch ist das Land wesentlich freundlicher gegenüber Menschen mit Behinderungen. Praktisch überall gibt es Rampen oder Aufzüge. In diesen Bereichen können wir Deutschen uns wirklich eine Scheibe abschneiden.

Am Anfang muss man vieles einfach erst lernen. Ich hatte ja all die Jahre neben meinen Jobs auch noch meine Firma „Just Kiddies". In der Anfangszeit in Gainesville hatte ich mit meiner Kinderkleidung und meinen selbst genähten Kirschkernkissen einen Stand auf einem Kunsthandwerker-Markt. Eigentlich war ich hier richtig, aber das Geschäft lief einfach nicht. Die Amerikaner konnten mit meinen Kirschkernkissen nichts anfangen und ich musste zusehen, wie sie stattdessen kiloweise Patchworkdecken und altmodisch umhäkelte Klorollen von benachbarten Ständen kauften. Das Konzept eines Kirschkernkissens war so alt wie praktisch, aber es hatte sich eben noch nicht bis nach Texas durchgesprochen.

Aber so schnell lasse ich mich nicht entmutigen. Im darauffolgenden Jahr ging ich mit meinen Produkten wieder auf diesen Markt, nur dieses Mal stellte ich dort eine Mikrowelle unter den Tisch und erwärmte einige der Kirschkernkissen. Das änderte auf einen Schlag alles. Ich präsentierte jetzt ein heißes „Probekissen" und sobald die Leute es in den Händen hielten, waren sie angetan. Am Abend war ich ausverkauft.

WISSEN IST MACHT

Erstaunlich war für mich nicht nur das häufige Fehlen von Wertarbeit, sondern auch die wirklich schlechte Allgemeinbildung. Das hatte man natürlich schon gehört, dass viele Amerikaner geografisch schwach auf der Brust waren und kaum über ihr eigenes Land Bescheid wussten. Tatsächlich wussten sie aber oft auch nichts über den Landstrich, in dem sie lebten. Ich arbeitete als Schweißer in einer Maschinenbaufirma und es gab Kollegen, die lebten und arbeiteten in Gainesville und kannten Lindsay nicht, einen Ort, der fünf Meilen entfernt lag. Das Wort hatten sie noch nie vorher gehört. Dann ist es natürlich nicht erstaunlich, dass man gefragt wird, ob Mozart noch lebt oder ob man aus Deutschland über eine Brücke in die USA gekommen ist.

Jason im roten Talar zur Graduation, dem Abschluss seiner Highschool-Zeit.

In Jasons Highschool kam es diesbezüglich mal zu einem wirklich kuriosen Vorfall. Der Lehrer erzählte der Klasse gerade von der Teilung zwischen Ost- und Westdeutschland und erklärte die deutsche Teilung anhand einer Karte, auf der auch die Mauer eingezeichnet war. Jason wurde bald klar, dass der Lehrer meinte, Deutschland wäre nach wie vor geteilt. Also meldete er sich pflichtbeflissen und klärte die Klasse auf, dass es keine Mauer mehr gebe. Damit hatte er aber unbewusst den Lehrer bloßgestellt. Dieser reagierte mit Angriff und schickte Jason sofort zum Direktor, wo er auch eine Strafe bekam. Wir sind da natürlich angetanzt und haben uns beschwert. Wo kämen wir denn da hin, dass den Kindern falsches Wissen vermittelt wird und der, der das richtigstellt, bekommt am Ende auch noch eines auf den Deckel!

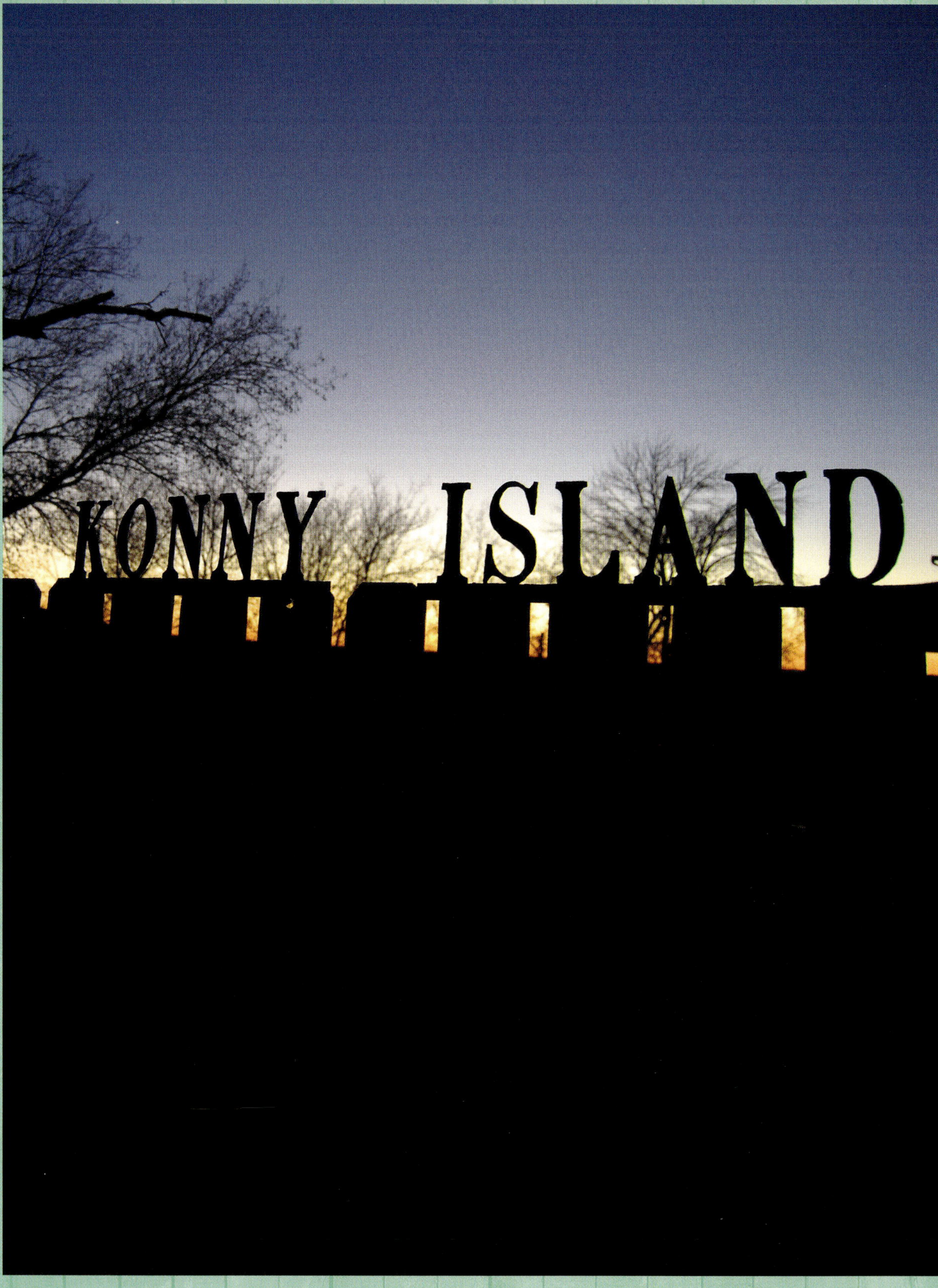
KONNY ISLAND

LEERLAUF IST WAS FÜR ANDERE

Alles lief wie am Schnürchen, das Projekt Auswanderung war geglückt. Aber irgendwie fühlte sich jeder Tag an wie der andere. Es war wieder Zeit für Veränderung, man muss sich nur trauen ...

MOSS LAKE

Wir waren nicht ganz ein Jahr in Gainesville, da waren wir nicht nur angekommen, es gab fast ein Gefühl von Routine. Die Kinder hatten in der Highschool Freundschaften geschlossen, Manu fühlte sich im Casino wohl und hatte guten Kontakt zu ihren Kolleginnen. Ich reparierte für Robin Wilson Klimaanlagen, das Haus war fertig, wir hatten die Umgebung erkundet, es plätscherte alles nett dahin, aber irgendwie fühlte sich fast jeder Tag an wie der vergangene.

Ich bemerkte ein mir bekanntes Kribbeln im Bauch. Es musste Veränderung her. Die kam dann aber fast von selbst in unser Leben. Eines Tages fuhren wir Janinas Freundin nach Hause und entdeckten im Nordosten von Gainesville einen uns bis dato völlig unbekannten See namens Moss Lake. Der See war einst als Wasserreservoir angelegt worden und wurde nach seinem vor dessen Einweihung bereits verstorbenen Initiator Hubert H. Moss benannt.

Das Hamburger Kind in mir stieß natürlich Jubelschreie aus. Die Nähe zum Wasser hatte mir ohnehin schon ein wenig gefehlt. Unsere Redakteurin schlug vor, dort mal nach Immobilien zu sehen. Also rief ich wieder unsere Maklerin Rita an, die lustigerweise selbst am Moss Lake lebte und uns sofort ein paar mögliche Objekte zusammenstellte.

Im Juni 2005 standen wir eines Tages mit der Maklerin auf einem zugewachsenen, unwegsamen Hanggrundstück, auf dem zwei wenig gepflegte Häuser standen. Das obere Haus überzeugte uns schon einmal nicht, es war deutlich mitgenommen. Erst als wir uns durch die Büsche und Bäume weiter hangabwärts gekämpft hatten, bemerkten wir nicht nur das zweite Haus, sondern auch die unglaubliche Schönheit dieses Ortes. Zwar über-

Der Blick auf Konny Island 2 bei einer Fahrt mit dem Heißluftballon.

zeugte das zweite Haus auch nicht auf voller Länge, aber von hier konnte man bereits das Potenzial des Grundstücks erkennen. Meine erste Assoziation war: Südfrankreich. Auf einer langen Treppe stieg man zum See hinunter, der glitzernd in der Abendsonne so viele Abenteuer versprach. Unten gab es einen kleinen Schuppen am Wasser und eine etwa zehn Quadratmeter große hölzerne Plattform. Von ihr sah ich mich schon ins Wasser springen. Mit diesem Grundstück hatte man zahllose Möglichkeiten. Wir waren sofort schockverliebt. Um das Grundstück aber kaufen zu können, mussten wir einen Kredit aufnehmen, wir konnten es nicht wie in Gainesville aus der Portokasse bezahlen. Manu war nicht ganz wohl bei dem Gedanken, aber letztlich konnte ich sie dann doch überzeugen.

Was wir da noch nicht wussten: Wir konnten das Grundstück dann schon in kurzer Zeit abbezahlen. Während Amerikaner dazu neigen, besonders lange Laufzeiten mit besonders niedrigen Raten zu verhandeln, wollten wir exakt das Gegenteil. Wir hatten eine hohe monatliche Tilgung und eine Laufzeit von nur drei Jahren, weil ja auch noch der Erlös des Hauses in Gainesville hinzukommen sollte, sobald wir am Moss Lake auch wohnen konnten. Die drei Jahre haben wir letztlich nicht gebraucht. Schon nach zwei Jahren gehörte das Grundstück uns.

Je öfter wir schon vor dem Kauf zum Grundstück fuhren, desto genauer konnte ich mir unser künftiges Leben am Moss Lake ausmalen. Aber eines war klar, es würde sehr viel Arbeit bedeuten. Zum Glück hatte ich das Ziel bereits vor Augen und hielt mich gedanklich nicht lang mit dem Weg dazwischen auf.

VERÄNDERUNGEN

Nach etwa einem Jahr in Robins Kältefirma fing auch ich an, im WinStar Casino in Oklahoma zu arbeiten. Manu hatte sich dort mittlerweile zur Lead Cashier hochgearbeitet und mitbekommen, dass das Maintenance-Department Leute suchte. Diese Abteilung ist für alle handwerklichen Aufgaben im Casino zuständig. Für eine leitende Position brachte ich zwar die Fähigkeiten mit, aber sprachlich war ich einfach noch nicht gut genug. Ich wurde also auf 39,5 Stunden in Teilzeit angestellt. Zugegeben, das hört sich jetzt eher weniger nach Teilzeit an, war aber ein typischer Trick der Arbeitgeber in Amerika. Erst ab einem Vertrag über 40 Stunden muss der Arbeitgeber in Texas eine Krankenversicherung für seine Angestellten abschließen und Urlaub gewähren. Das ist aus Arbeitgebersicht natürlich ungemein praktisch, sozial ist aber etwas anderes.

Mich hat letztlich die Arbeitszeit überzeugt, denn ich konnte morgens bis 12 Uhr auf dem neu erworbenen Grundstück am See arbeiten und dann von 14 Uhr bis spätabends im Casino. An sich kam mir die Arbeit im Casino also entgegen, aber leider bemerkte ich bald, dass meine Arbeitskollegen IQ-technisch eher am unteren Ende der Leiter zu finden waren. Gespräche waren praktisch nicht möglich, sie hatten nichts gesehen, sie interessierten sich auch für nichts und sie stellten Fragen wie: „Wie miauen eigentlich die Katzen in Deutschland?" Das kannst du nicht erfinden!

Der einzige Lichtblick war ein etwas älterer Kollege, der zwar schon in Rente war, sich aber einfach noch mal eine Beschäftigung suchen wollte. Er hatte viele Jahre auf einer Bohrinsel gearbeitet, war in der Welt herumgekommen und hatte etwas im Kopf. Zum ersten Mal konnte ich mich jetzt in den Pausen wirklich unterhalten. Er gab sich auch Mühe, mich zu verstehen, und war interessiert.

Leider war aber auch ihm die Arbeit im Casino irgendwann zu eintönig und er bekam zeitgleich ein gutes Angebot auf einer Bohrinsel. Er bot mir sogar an, mit ihm zu gehen, weil er merkte, dass ich mich geschickt anstellte und im Casino weit unter meinem Potenzial blieb. Auf einer Bohrinsel hätte ich ohne Weiteres monatlich 10.000 bis 12.000 Dollar verdienen können und es hätten die unterschiedlichsten Aufgaben auf mich gewartet. Außerdem hätte ich etwas von der Welt gesehen.

Aber das war genau das Problem, ich wäre Wochen, ja Monate am Stück weg gewesen. Natürlich habe ich überlegt, das war ja ein wirklich lukratives Angebot. Schließlich schlug ich es aber aus. Ich war mit meiner Familie nicht ausgewandert, um sie dann nur noch sporadisch zu sehen. Manu und die Kinder brauchten mich in Texas und ich hatte eigentlich ohnehin andere Pläne. Am Moss Lake wartete zwar keine Bohrinsel, aber mindestens so viele Herausforderungen.

Im Casino hingegen war die Arbeit wahrlich kein Hexenwerk. Wir wechselten zu dritt eine Glühbirne aus und machten sogar eine

Mir Nordlicht hatte in Texas einfach das Wasser gefehlt, das änderte sich mit dem Haus am Moss Lake.

Der Job im Casino war passé, das passte gut, denn auf dem neuen Grundstück wartete viel Arbeit auf mich und die Familie.

kleine Show für die Leute daraus. Einer stellte die Leiter auf, einer hatte die Glühbirne, einer stieg hoch, das war natürlich ich. Ich steckte die neue Glühbirne in die Fassung und die anderen beiden drehten mich mit der Leiter. Die Gäste fanden das lustig, und das war es auch. Es änderte aber nichts daran, dass es einfach viel zu wenig für uns zu tun gab. Denn „richtige" Reparaturen durften wir nicht machen, wir waren eher als Handlanger eingeteilt. Das Casino war ziemlich groß und wir kannten natürlich die Zwischengeschosse, in denen so schnell niemand vorbeikam. Manchmal legten wir uns dann irgendwo versteckt hin und machten ein kleines Nickerchen. Das war in meinen Augen auch definitiv sinnvoller, als frustriert auf Arbeit zu warten.

Irgendwann bekam aber auch das Management mit, dass wir gelinde gesagt nicht gerade ausgelastet waren. Dann wurden wir dazu verdonnert, mit so einer Müllklammer übers Gelände zu laufen und Müll aufzulesen. Das habe ich einen Tag gemacht und dann beschlossen: Zum Kippen-Aufsammeln bin ich nicht da. Alles hat seine Grenzen. Am zweiten Tag gab ich direkt meine Kündigung ab.

Ich stieg im Casino bald vom Cashier zum Lead Cashier auf und musste nur noch aushilfsweise selbst im Käfig sitzen. Als Cashier hat man keinen Einfluss, wie viel man arbeiten muss, das richtet sich natürlich danach, wie häufig jemand gewann. Schön war, dass man von den Gewinnern dann oft ein Trinkgeld bekam. Das höchste Trinkgeld, das ich einmal von einem Gewinner bekam, waren tatsächlich 300 Dollar.

Als Lead Cashier war ich dann in erster Linie dafür verantwortlich, dass alle Kassiererinnen immer genügend Geld hatten. Ich wusste ja, wie abhängig man war, dass jemand nach einem schaute, wenn man in diesem Käfig saß und nicht wegkonnte. Nach meiner Station als Lead Cashier habe ich mich zum Supervisor hochgearbeitet, war nun in Vollzeit beschäftigt und vom Arbeitgeber krankenversichert.

Jason, Janina und ich im Abendlicht in Texas.

An sich war das ein guter Job. Auch an die besonderen Umstände im Casino gewöhnte ich mich relativ schnell: Den ganzen Tag gab es kein Tageslicht und überall waren die lauten, klingelnden Maschinen. Schlimm waren für mich auch diese Miseren, die man manchmal mitbekam. So mancher Kunde stotterte mit dem letzten Tropfen Benzin auf den Parkplatz, in der Hoffnung, ohnehin gleich den Jackpot zu knacken. Selten habe ich verzweifeltere Menschen gesehen. Aber das nur am Rande.

Wie auch Konny mache ich meine Arbeit immer gründlich. Als Supervisor musste ich mich natürlich um meine Mitarbeiter kümmern. Ich war im ganzen Casino unterwegs und hatte stets ein Walkie-Talkie dabei. Jeder Supervisor hatte eigentlich seinen eigenen Bereich und Verantwortung für seine eigenen Leute. Aber oft kamen Hilferufe übers Walkie-Talkie aus anderen Bereichen, auf die niemand reagierte. Meine Kollegen wussten natürlich, wie pflicht-

Unser erstes gemeinsames Familienfoto am Moss Lake.

bewusst ich war, hatten keine Lust, versteckten sich einfach im Pausenraum und stellten sich tot. Ich hätte das nie gekonnt, ich hatte da ein viel zu großes Verantwortungsgefühl. Ich konnte die Leute doch nicht hängen lassen. Meine Chefs wollten mich dann sogar zur Assistant Managerin befördern, da bin ich dann aber gegangen. Denn bei diesem Job hätte ich jederzeit abrufbereit sein müssen. Ich wusste, was das bedeutet hätte: Da taucht jemand bei der Nachtschicht nicht auf und du musst plötzlich springen.

Ich fand ohne Probleme einen anderen Job. Die Landmark Bank wollte in Lindsay eine neue Filiale eröffnen und suchte dafür Kassierer. Schon fünf Tage nach dem Ende im Casino begann dort mein Training. Ganz anders als in Deutschland, wo Bankkaufleute immer eine Ausbildung durchlaufen haben, waren hier alle Kollegen und auch die Chefin fachfremd. Jeder hatte nur dieses Training und das musste reichen.

Die neue Filiale war jetzt aber kein moderner glänzender Bau mit Marmortischen und dämpfenden Teppichen. Die neue Filiale war ein kleiner Trailer, nur wenig größer als ein Imbisswagen und stand an einem vierspurigen Highway. Die meisten Bewohner Lindsays bemerkten nicht mal, dass es diese Filiale gab. Dabei hatten wir sogar einen Drive-thru-Schalter. In den USA kann man alles im Durchfahren erledigen. Die Post, den Apothekenbesuch, ja sogar heiraten kann man in einer Drive-thru-Kapelle.

Während im Casino den ganzen Tag Dauerbeschallung war, so war hier praktisch nichts zu tun. Wir waren zu viert auf engstem Raum. Das kam meinen Englischkenntnissen allerdings sehr zugute, denn viele Stunden quatschte ich jetzt mit meinen Kolleginnen. Auch selbst gewählte Arbeitsbeschaffungsmaßnahmen waren zeitlich begrenzt. Trotzdem putzte ich die Arbeitsflächen, dekorierte die Filiale um oder sortierte Sachen zum wiederholten Male, um wenigstens irgendetwas zu tun. Man kann es sich vermutlich nicht vorstellen, aber es gab tatsächlich Tage, da hatten wir keinen einzigen Kunden. Wenn sich dann doch jemand hierher verirrte, verstummte das Geschnatter sofort und alle Augen waren voller Spannung auf die Tür gerichtet.

Weil so wenig los war, hatten wir natürlich Angst vor Überfällen. Gerade hier am Highway, am Stadtrand, in diesem windigen Trailer wäre es ein Leichtes gewesen, uns auszurauben. Zum Glück übersahen uns aber wohl sogar die Bankräuber. In meinem Jahr in der Landmark Bank hatte ich drei sehr eindrückliche Erlebnisse und alle drei hatten nichts mit Kunden zu tun. Es gab ja auch kaum welche. Einmal tauchte in der Filiale eine schwarze Witwe auf! Zum Glück war meine Kollegin Texanerin und hat das Tier sofort erkannt. Diese Spinnen sehen eigentlich nicht bedrohlich aus, sind aber hochgiftig. Sie sind kaum zwei Zentimeter groß, aber ein Biss kann für einen Menschen tödlich enden. Eine Spezialfirma kümmerte sich dann zum Glück um den Besucher.

Das zweite Erlebnis hatte eigentlich mehr mit Konny zu tun. Er hatte einen Arbeitskollegen, der viele Jahre im Gefängnis und durchaus ein wenig vom Leben gebeutelt war. Als wir in der Bank ein Fest feierten, bei dem es kostenlose Verpflegung gab, schlug Konny seinem Kollegen vor, doch mit ihm mitzukommen. Der fühlte sich aber sichtlich unwohl und flüsterte ihm irgendwann zu, es sei das erste Mal, dass er in einer Bank sei, ohne sie auszurauben. Ich war ganz froh, dass er sich bei diesem Besuch nur am Buffet bediente.

Das dritte Erlebnis ließ mich einfach nur ratlos zurück. Ich wollte meiner Chefin ausrechnen, wie viele Euro 150 Dollar ergeben. Diese war ein wenig irritiert, denn sie dachte, dass das Ergebnis selbstverständlich auch 150 sein müsste. Die Filialleiterin der Landmark Bank in Lindsay hatte anscheinend noch nie etwas von Wechselkursen oder anderen Währungen gehört.

Neues Haus, noch mehr Glück – wir finden ein Seegrundstück in Texas, wer hätte das gedacht?

DER WEG IST DAS ZIEL

Aber was tun, wenn der Weg schließlich ein Ende findet? Wie man nicht nur ein, sondern viele Häuser baut, sich in einem neuen Leben einrichtet – und schon wieder ein Urlaub alles ins Wanken bringt.

ERST MAL ANFANGEN

Sobald im November 2005 der Kaufvertrag für das Grundstück am Moss Lake unterzeichnet war, begann ich als Erstes, das kleine Bootshaus unten am See herzurichten. Es war wie geschaffen für eine eigene kleine Hafenkneipe, die ich unbedingt realisieren wollte. Bereits zu Silvester konnten wir darin ins neue Jahr hinüberfeiern. Ein Jahr, das uns noch viele neue Herausforderungen bescheren sollte.

LUMUMBA

In unserer Hafenkneipe haben wir über die Jahre viel gefeiert. Vor allem im Winter tranken wir dort am liebsten einen heißen Lumumba.

ZUTATEN FÜR 4 GLÄSER:
800 ml heißer Kakao
(oder alternativ: Mandelschokomilch)
8 EL Rum
8 EL Amaretto (Mandellikör)
Schlagsahne
(oder alternativ: Soja-Schlagrahm)
etwas Kakao zum Verzieren

Den Kakao auf vier hitzebeständige Gläser oder Tassen verteilen, mit Rum und Amaretto abschmecken, umrühren und anschließend mit Sahne und Kakaopulver servieren.

Auch wenn ich am Anfang noch dachte, das obere der beiden Häuser am Moss Lake wäre noch zu retten, besann ich mich bald eines Besseren. Was wir auch machten, wir bekamen den Gestank nicht heraus. Die Bude war einfach hinüber. Alles, was man daraus noch gebrauchen konnte, holte ich noch raus und beschloss, es dann abzureißen. Im Juni 2006 legte ich ein langes Tau um die maroden Wände und befestigte es anschließend an meinem Pick-up. Es reichte aus, ein einziges Mal ruckartig loszufahren, und das Haus war Geschichte. Übrig blieb ein Haufen mit acht auf drei Metern und einer Höhe von fünf Metern. Den habe ich dann angezündet.

Liebe Leser aus Deutschland, bloß nicht nachmachen! Erstens weil das so hoch brannte, dass fast einer der Bäume dran glauben musste, und zweitens, weil so was zwar in Texas kein Problem ist, in Deutschland aber sehr wohl. Der Haufen brannte übrigens auch eine ganze Woche lang.

Inzwischen arbeitete ich bei einer Firma für Schweißzubehör und war dort für den Verkauf von technischen Gasen und Schweißzubehör zuständig. Ich hatte also viel Kundenkontakt, was meinem Englisch durchaus zugutekam. Im Grunde war die Arbeit dort in Ordnung, aber wie Robin war der Chef nicht an Verbesserungsvorschlägen meinerseits interessiert. Ich konnte es nicht verstehen, aber fügte mich meinem Schicksal. Zumindest für eine gewisse Zeit. Dann wurde ich nämlich von einer Maschinenbaufirma abgeworben. Dort arbeitete ich als Schlosser und Schweißer. An sich war das ein guter Job, aber auch hier kam ich an meine Grenzen. Hier brauchten sie vier Leute, um die Arbeit eines Schlossers auszuführen. Und weil es keine fundierten Ausbildungen gab, schauten die Angestellten nicht links oder rechts. Sie mochten es aber auch nicht, wenn es jemand anderer tat.

Es gab dort eine alte Drehbank, die niemand verwendete. Einmal brauchte ich für ein Projekt ein be-

Ein Ruck mit dem Pick-up und das obere der beiden Häuser am Moss Lake war Geschichte.

stimmtes Teil und nutzte die Drehbank, um es herzustellen. Damit konnten meine Arbeitskollegen nicht umgehen, dass ich jetzt auch noch drehen konnte. Dann überzeugte ich meinen Chef irgendwann davon, dass wir für die Firma eine gute Metallsäge benötigen würden. Tatsächlich wurde eine angeschafft und ich sägte dort wie ein Weltmeister, alles ging jetzt viel schneller vonstatten, nur mein ursprünglicher Arbeitsplatz war verwaist. Mein Chef fand das einerseits super, wusste aber, ich konnte mich nicht zweiteilen. Also bat er mich, jemanden an der Metallsäge anzulernen, damit ich mich wieder um meine eigentlichen Angelegenheiten kümmern konnte. Ich hatte da bereits meine Bedenken, denn der Hilfsarbeiter, der mir hierfür zugeteilt wurde, war natürlich völlig grün hinter den Ohren. Er hatte noch nie an so einer Säge gestanden, geschweige denn mit Metall gearbeitet. Metall kann eine Diva sein, man muss wirklich ein Gefühl dafür entwickeln. Ich versuchte das dem jungen Mann auch zu erklären, aber er nickte nur wissend und ich merkte da schon: Da wächst nicht viel hin. Ich sollte leider recht behalten. Mein Praktikant hatte es geschafft, das 800-Dollar-Sägeblatt in nur fünf Minuten zu zerstören.

Tatsächlich wollte mich mein Supervisor dann dafür auch noch verantwortlich machen. Aber wie soll ich jemandem denn in fünf Tagen etwas erklären, wofür andere dreieinhalb Jahre in die Ausbildung gehen? Irgendwann machte ich dort vor allem Dienst nach Vorschrift, meine Innovationen wurden einfach nicht geschätzt.

So angenehm der Job ansonsten war, ich musste mich zwischen dem Zuhause in Gainesville und dem Grundstück am Moss Lake eigentlich zweiteilen. Ich verlor einfach zu viel Zeit auf der Straße, weshalb ich Ende 2006 dann mit dem Airstream an den Moss Lake zog. Ich sollte über ein Jahr alleine dort leben, bis sich alles wieder veränderte. Jeden Tag arbeitete ich bis halb vier Uhr nachmittags in der Firma, fuhr anschließend zum See und arbeitete dort noch bis neun oder zehn Uhr abends. Die Tage waren lang, aber effektiv. Manu und die Kinder kamen am Wochenende und halfen mit, wo sie konnten. Mit jedem Tag kamen wir unserem Ziel ein Stück weit näher.

Der Airstream am Moss Lake bekam bald Gesellschaft von einem echten amerikanischen Schulbus. Schon in Hamburg hatten Manu und ich uns überlegt, einen zu kaufen, und jetzt in Texas war ja alles dafür gegeben. Am

Von einem ausrangierten Schulbus träumten wir schon in Hamburg. Hier konnte das Projekt endlich Wirklichkeit werden.

Moss Lake hatten wir vor allem auch Platz dafür. Beim Kauf kam mir ausgerechnet mein früherer Arbeitgeber Robin zu Hilfe, der selbst einen solchen Bus besaß. Hierfür musste man sich für eine Art Auktion anmelden und dann online mitbieten. Robin meldete sich für uns an und ersteigerte uns für 700 Dollar unser neues Gefährt. Wir waren begeistert!

Der Bus war natürlich schon ein wenig in die Jahre gekommen und hatte hier und da ein paar kleinere Macken. Am schlimmsten war ein Vorfall, als mir kurz hinter Gainesville das Getriebe kaputtging. Ich konnte den Schaden unterwegs nur notdürftig flicken und machte mich auf den Weg zurück zum Moss Lake. Das bedeutete aber, ich fuhr jetzt mit zehn Stundenkilometern und Warnblinkanlage die Landstraße entlang. Dabei fiel mir auf: Mit zehn Stundenkilometern ist man ganz schön lang unterwegs. Und: In Amerika darf man Schulbusse mit laufender Warnblinkanlage nicht überholen. Bald hatte ich einen ewigen Rattenschwanz an genervten Autofahrern hinter mir. Wie viele es tatsächlich waren, bemerkte ich aber erst, als ich zu Hause in die Einfahrt abbog.

Das untere der beiden Häuser, das sich an einem Steilhang befand, wollten wir auf jeden Fall erhalten, es war auch in einem viel besseren Zustand, außerdem hatte dort einmal ein bekannter Wrestler namens „Jake the Snake" gelebt. Ein Haus also mit Geschichte! Ich musste es aber dennoch entkernen, riss Teppiche und Verkleidungen raus und machte wieder ein Feuer. Für uns selbst wäre das Haus zu klein gewesen, aber unsere Redakteurin brachte uns drauf, doch einfach ein Gästehaus daraus zu machen. Und so kam es. Es wartete unglaublich viel Arbeit auf uns, denn die Hütte hatte schon bessere Tage gesehen, aber im April 2007 konnten tatsächlich die ersten Gäste einziehen.

Vor der Eröffnung des ersten Gästehauses arbeitete ich etwa 90 Stunden pro Woche, Manu und die Kinder halfen auch jede Minute mit. Es war ein Wettlauf gegen die Zeit. Zwei Tage bevor die ersten Gäste eintrafen, hatte das Gästehaus noch keine Terrasse. Ich wusste, jetzt musste es schnell gehen. Ich holte gerade Werkzeug von oben, als mir ein Mann am Gartenzaun etwas zurief. Zu diesem Zeitpunkt kam das immer häufiger vor, es gab einfach viele Deutsche, die unser Leben mittlerweile im Fernsehen verfolgten, und auch viele, die in ihrem Urlaub mal bei uns vorbeischauen wollten. Jetzt hatte ich gerade an diesem Tag wirklich überhaupt keine Zeit und sagte ihm das auch. Kurzerhand fragte er mich, ob ich denn Hilfe bräuchte. Nie kam mir diese Frage gelegener. Und auch wenn ich sonst immer gern alles selbst mache, sagte ich: „Ja!"

Im April 2007, nach eineinhalb Jahren, konnten die ersten Gäste das „Haus Blankenese“ beziehen.

Der Mann stellte sich als Franz vor, er war Deutscher, hatte bereits ein Haus in der Gegend und überlegte, auf lange Sicht ganz hierherzuziehen. Wir verstanden uns auf Anhieb und unsere Zusammenarbeit trug bald Früchte. Innerhalb von 48 Stunden war die Veranda fertig. Franz und ich, das passte einfach von Anfang an. Franz und seine Partnerin zogen dann tatsächlich an den 45 Minuten entfernten Lake Nocona und es entstand eine tiefe Freundschaft. Selbst jetzt auf die Ferne konsultieren wir uns regelmäßig, geben uns handwerkliche Ratschläge und können stundenlang plaudern, wenn wir zusammenkommen. Wäre Franz damals nicht aufgetaucht, ich weiß nicht, wie ich es mit der Veranda hätte schaffen sollen. Aber das Gästehaus war fertig. Wegen seiner Lage am Steilhang nannte ich es „Blankenese" nach seinen Vorbildern im fernen Hamburg.

Die Fernsehsendung bescherte uns die unterschiedlichsten Bekanntschaften. Mal waren es deutsche Airbus-Mitarbeiter, die wir besser kennenlernten und die auch das ein oder andere Mal mithalfen, mal war es ein Deutscher, der mir einen verrückten Schießlehrer für meine Gäste vermittelte. Und es kamen viele Hundert Postkarten aus aller Welt, die wir von den zahlreichen Zuschauern erhielten und in der Hafenkneipe verewigten.

Wir entschieden uns bald, noch ein zweites Gästehaus zu errichten. Der Bau wäre aber natürlich schneller und einfacher, wenn mir ein paar Leute zur Hand gingen. Also machten wir einen Aufruf in der Sendung. Wir suchten fleißige Menschen, die Lust hatten, ein wenig mitzuhelfen, und dafür am Moss Lake kostenlos urlauben konnten. Der Rücklauf war immens. Wir suchten am Ende vier Männer aus Dithmarschen aus, die einen guten Eindruck machten. Ich wollte natürlich, dass die Leute eine gute Zeit bei mir hatten, also ließen wir es locker angehen und verbrachten die ersten Tage erst mal unten in der Hafenkneipe und am See.

Als wir uns dann an die Arbeit machten, merkte ich, dass ich die Richtigen ausgesucht hatte. Sie waren zuverlässig, fleißig und sahen sofort, welche Arbeiten anfielen. Für den Bau des Gästehauses mussten wir auch einige Bäume fällen. Eines der wenigen Dinge, die ich bei Blohm & Voss nicht gelernt hatte. Auch die anderen hatten darin keinerlei Erfahrung. Wir ließen uns auf das Abenteuer ein und schafften es ganz gut, bis auf den einen Baum, der um ein Haar meine Hafenkneipe durchschlagen hätte. Als die Männer wieder abreisten, stand bereits das Rohgerippe des Gästehauses. Als es irgendwann fertig war, taufte ich es auf den Namen „Dithmarschen", wie sollte es auch anders sein.

Über die Jahre gab es immer wieder Gäste, die Lust hatten, freiwillig mitzuarbeiten, und mir damit wirklich zur Hand gingen. Auch sonst hatten wir im ganzen ersten Jahr nur gute Erfahrungen mit unseren Besuchern und waren froh, diesen Weg eingeschlagen zu haben. So wuchs das Anwesen nach und nach immer weiter. Mein Kopf war voller Pläne und Möglichkeiten und es war kein Ende in Sicht.

Ende 2007 lebten Manu und ich nun schon ein Jahr unfreiwillig getrennt und wir wollten auf keinen Fall, dass das so weiterging. Also kam

Haus Dithmarschen war unser zweites Gästehaus.

Ein echtes Konny-Projekt: Mit nur einem Foto als Vorlage und der Unterstützung meiner Familie errichtete ich das »Haus Hamburg« – Bauzeit: fünf Jahre.

Manu auf die Idee, dass wir uns statt des Airstreams ein Fertighaus auf das Grundstück stellen könnten, das groß genug für uns alle war. Also kauften wir uns kurz entschlossen einen solchen Trailer, denn das war eine schnelle Lösung. Für etwas über 30.000 Dollar suchte man sich nur noch die Küche und den Bodenbelag aus und schon zwei Wochen später wurde das Haus bereits geliefert. Ich stabilisierte noch den Unterbau, damit wir nicht gleich mit dem ersten Tornado mitfliegen würden, und Manu und die Kinder zogen kurz vor Weihnachten endlich auch an den See. Zwar hatten wir es uns in der Buck Street in Gainesville auch schön gemacht und ich hatte das Haus zuvor nach und nach um eine Werkstatt und ein Atelier für Manu erweitert. Aber das war schon wieder Geschichte. Das Rad drehte sich schnell und das Leben hatte uns längst in eine andere Richtung katapultiert.

Unser Heim in Gainesville verkauften wir dann ein halbes Jahr später. Wir lebten zwar nur drei Jahre darin, aber das Haus in der Buck Street hat viel mit uns erlebt. Alles wisst ihr noch gar nicht, aber wir waren wahrlich aufregende Besitzer: Erst wäre ich bei einem Tornado fast von einem Dachteil des Nachbarn erschlagen worden, später wurde eingebrochen und dann auch noch diese türkisene Küche! Ich wette, das Haus sehnte sich längst nach einer gemächlichen texanischen Familie.

HAUS HAMBURG

Zwar war das Leben in unserem Fertighaus völlig in Ordnung, aber ich hatte schon den Ehrgeiz, mich mit dem Bau eines eigenen großen Hauses zu verwirklichen. Manu und ich hatten den Film „Deine, meine & unsere" gesehen. Er handelt von einer Patchworkfamilie mit sehr vielen Kindern. Der Film war okay, aber was uns wirklich nachhaltig beeindruckte, war das Haus, in dem die Filmfamilie lebte. Es war ein riesiges Haus mit einem Leuchtturm in der Mitte. Manu und ich brauchten uns nur kurz anzusehen und wir wussten: Das ist es! Also ging Manu am nächsten Tag in die Videothek, lieh sich den Film aus und wir machten zwei Fotos von diesem Haus, die wir vom Fernseher abfotografierten.

Es klingt vielleicht unglaublich, aber diese beiden Fotos waren meine Bauanleitung für „Haus Hamburg". Ein Haus mit einer Etagen-Grundfläche von 200 Quadratmetern, insgesamt drei Stockwerken und einem Leuchtturm mit vier Stockwerken. Dem ersten Leuchtturm, der nicht am Meer steht. Also fing ich am 8.8.2008 mit dem ungewöhnlichen Bau an. Ein Foto im Kopf und mit viel Mut in der Brust.

ANLEITUNG BAU HAUS HAMBURG

Wie baut man alleine ein überdimensionales **Haus in Ständerbauweise**? Das Leuchtturmhaus am Moss Lake war definitiv das größte, aufwendigste Bauwerk meines Lebens. Wie bei fast allen Dingen habe ich mir im Vorfeld nicht ausgemalt, wie viel Arbeit auf mich zukommt. Ich habe mir immer nur den nächsten Schritt überlegt, von Tag zu Tag und Woche zu Woche.

Ein Haus in Ständerbauweise, wo fängt man da an? Ganz klar, man braucht ein **Fundament**, für das ich etwa zwei Monate benötigte. Erst musste ich den perfekten Platz finden und steckte die Grundfläche von 10 x 20 Metern ab. Danach ging's ans Buddeln. Für die 200 Quadratmeter Grundfläche hob ich 40 Löcher aus und betonierte 40 Eisenrohre ein, die in einer Flucht ausgerichtet waren. Die musste ich in Level auf einer Höhe abschneiden, denn darauf sollten jetzt Stahlträger kommen. Ich hatte Glück! Als ich das obere Haus abgerissen habe, blieben zwei Doppel-T-Stahlträger übrig. Über einen ehemaligen Arbeitskollegen kam ich an weitere Stahlträger aus einem Schrotthandel. Am Ende hatte ich vier Träger, die ich erst zusammen- und dann auf die Eisenrohre schweißte. Darauf schraubte ich im 90-Grad-Winkel eine enorme Menge Latten, jeweils zwei Latten gegenüber, sodass sie aneinanderstießen. Das Ganze stabilisierte ich mit einer Latte am Übergang *(siehe Abb. Skizze)*. Nun legte ich darauf Holzplatten und verschraubte sie sauber. Tada! Das Fundament war fertig!

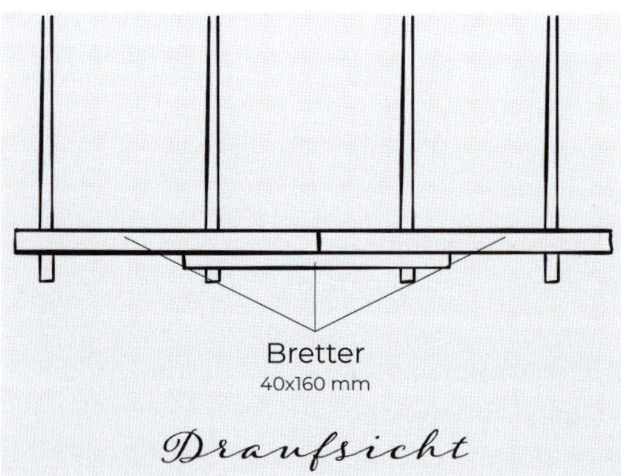

Mit dieser Skizze können sich vielleicht auch die Nicht-Heimwerker unter euch vorstellen, wie ich beim Bau des Fundaments vorgegangen bin.

Jetzt sah man allerdings noch die einbetonierten Eisenständer, darum verkleidete ich – aus Schönheitsgründen – das Fundament irgendwann mit einer Steinmauer. Benötigt hätten wir das nicht. Auch so hielt meine Eisenkonstruktion bombenfest. Als wir 2015 auszogen, hatte sich das 2008 gebaute Fundament an einer einzigen Seite nur um zwei Millimeter gesenkt.

Jetzt waren die **Wände** dran. Hierfür baute ich aus Brettern am Boden nach und nach zwölf Rahmen à fünf Meter Länge. In die Rahmen zog ich alle 32 Zentimeter ein Brett ein, sodass am Ende jeder Rahmen über 15 Längsstreben ver-

Die Außenwände ließen sich erstaunlich schnell aufstellen – tatsächlich habe ich pro Stockwerk nur vier Tage gebraucht.

Den zweiten Stock krönt eine (hier noch lichtdurchflutete) Dachkonstruktion aus Holz.

Auch wenn man es ihm hier noch nicht ansieht: Der Vorbau sollte Platz für den Eingang und Manus Nähatelier bieten.

fügte. Dann konnte ich den Rahmen aufstellen und verschrauben. Nun hatte ich das Skelett der Außenwände. Diese Arbeit ging am schnellsten, ich benötigte pro Stockwerk nur etwa vier Tage *(siehe Abb. 1)*.

Jetzt wiederholte ich den obigen Vorgang. Die **Decke des Erdgeschosses** baute ich wie beim Fundament aus Latten und Holzplatten. Nun machte ich die Raumaufteilung und fügte weitere Ständer ein. Für das **erste Stockwerk** baute ich erneut zwölf Rahmen, die ich aufstellte und in denen ich je 15 Längsstreben hochzog. So machte ich das Stockwerk für Stockwerk. Am Ende hatte das Haus ein Erdgeschoss, sowie ein erstes und ein zweites Obergeschoss. Im **zweiten Stock** legte ich die Außenwände ein wenig niedriger an und baute mir aus den Latten eine **Dachkonstruktion** *(siehe Abb. 2)*. Hierbei musste ich aufpassen, dass ich ausreichend Platz für den geplanten Leuchtturm lasse. Zusätzlich baute ich noch eine Art **Vorbau für den Eingang** und einen Teil von **Manus Nähatelier** *(siehe Abb. 3)*. Das Ganze wurde dann natürlich noch gedämmt und verkleidet, aber ich wollte euch vor allem erzählen, wie ein solches Haus von Grund auf entsteht.

Von der Spitze des Leuchtturms hat man einen fabelhaften Ausblick auf den Moss Lake!

Bis dieser fertig war, musste ich in schwindelerregender Höhe waghalsige Manöver vollbringen.

Von unten sieht man erst richtig, wie viel Abstand ich dabei vom Boden hatte.

Der **Bau des Leuchtturms** *(siehe Abb. 4)* war dann tatsächlich ziemlich komplex. Ich habe mich an Kirchturmkonstruktionen orientiert. Wer findig ist, kann gern versuchen einen Leuchtturm nach Fotos nachzubauen. Aber seid vorsichtig! Das war nicht ganz ohne, oft musste ich in schwindelnder Höhe verrückte Bauarbeiten leisten. Manu bekam nicht nur einmal Gänsehaut *(siehe Abb. 5)*. Das Dach des Leuchtturms war aus Kupfer und glänzte schon von Weitem in der Sonne. Als ich dann die Spitze montierte, war auch mir ein wenig flau. Schließlich stand ich in 25 Metern Höhe *(siehe Abb. 6)*.

Jetzt brauchte unser Leuchtturm natürlich noch Licht. Ich konnte doch als Hamburger keinen finsteren Leuchtturm bauen! Das war aber ganz schön knifflig. Ich überlegte hin und her und probierte manches aus. Das Problem war, ein richtiger Spiegel für das Leuchtfeuer hätte unser Budget gesprengt. Meine wunderbare Frau Manu kam dann auf die zündende Idee, doch einfach eine große Metallschüssel von IKEA zu verwenden. Gesagt, getan! Ich baute im obersten Stock eine feste Lampe ein, die einen Lichtstrahl in die halbrunde Ikea-Metallschüssel warf. Für die Schüssel bastelte ich mit einem ausrangierten Zwölf-Volt-Scheibenwischermotor eine regelmäßige Drehvorrichtung, so entstand der typische Leuchtturmeffekt. Das war ein Hochgefühl, als wir den Lichtstrahl unseres Leuchtturms zum ersten Mal sahen! Bis zum Casino in Oklahoma konnte man unser Haus sehen. Nach einem Jahr aufwendiger Bauzeit war er endlich fertig! Der erste Leuchtturm, der nicht am Meer stand.

Für ein so aufwendiges Projekt braucht man, vor allem wenn man es fast völlig alleine verwirklicht, viel Zeit! Auch die Kosten sind nicht unerheblich. So mussten wir ein paar Pausen einlegen. Auch die strengen Wintermonate legten uns Hürden in den Weg. Mehrfach hatten wir (in den noch nicht ausgebauten Zimmern) meterhoch Schnee. Da kann man schlecht weiterbauen. Zumal unsere Vollzeitjobs die ganze Zeit neben der Baustelle weiterliefen. Insgesamt benötigte ich für das 700-Quadratmeter-Haus mit Leuchtturm fünf Jahre Bauzeit. Es war eine wirklich ambitionierte Mission. Die eingeplanten Kinderzimmer haben Janina und Jason tatsächlich gar nicht mehr bezogen.

Beim Bau war noch die ganze Familie vertreten. Die Kinder sind allerdings flügge geworden, bevor ihre Zimmer einzugsbereit waren.

Auf dieser Karte seht ihr unser Grundstück in Texas mit allen Gebäuden und Ferienhäusern.

WIE MAN EINE EINFACHE GARTENBANK BAUT

Auch wenn ich es schön fände, wenn jetzt überall 700-Quadratmeter-Leuchtturmhäuser gebaut würden. Ich bin auch Realist. Die wenigsten werden den Platz, die Zeit und die Lust für ein derartiges Projekt haben. Auch ein Poolbau wird viele nicht interessieren, es sind eben immer echte Konny-Projekte und das bedeutet meist: ausufernd. Ich gebe euch deshalb eine Bauanleitung an die Hand, die einfach umsetzbar ist und bei der man schon bald ein Ergebnis sieht. Sie ist ein kleines, aber trotzdem ein echtes Konny-Projekt.

Hierfür braucht man nur etwas Geschick und folgende Zutaten:

- *6 Bretter mit 4 x 14 cm, Länge: 180 cm*
- *mehrere Dachlatten 4 x 6 cm*
- *Säge*
- *5 x 70 Senkkopfschrauben*
- *evtl. 120er Schleifpapier*
- *evtl. Winkelmesser*

Als Erstes braucht man gute Bretter, drei für die Sitzfläche, drei für die Lehne! Ich arbeite mit einer Stärke von 4 x 14 cm. Jetzt muss man auf den richtigen Winkel achten. 90 Grad ist natürlich zu steil, wir wollen ja bequem sitzen, daher sollte man mindestens zehn Grad zugeben, sodass man bei einem 100-Grad-Winkel herauskommt. Wie hoch die Gartenbank wird? Ich bin kein langer Lulatsch und baue eine Höhe von 40 cm. Wer an der Zwei-Meter-Marke kratzt, sollte einfach mal im Sitzen nachmessen. Meine Gartenbank hier hat eine Länge von 180 cm. Hierfür brauchen wir lediglich ein paar Bretter für die Sitzfläche sowie die Rückenlehne, die wir auf zwei Stützen montieren. Letztere muss man sich jetzt erst mal bauen.

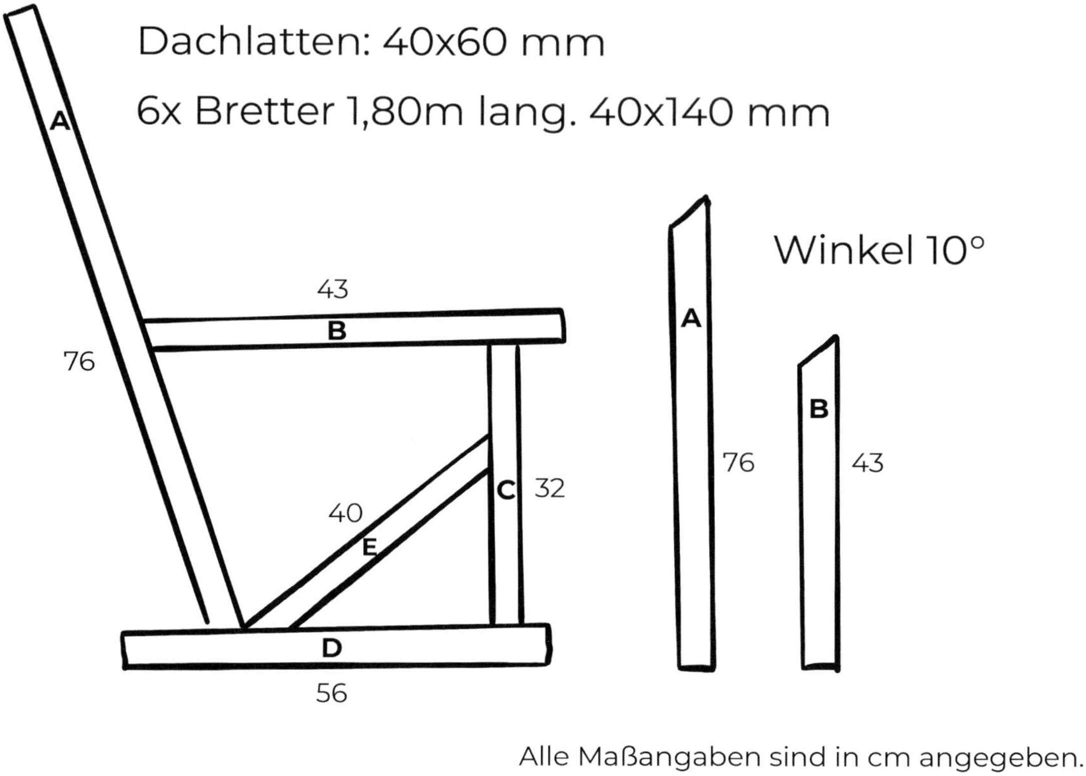

Die Buchstaben in der Anleitung beziehen sich auf die Einzelteile in dieser Skizze.

Für die Vorderseite **(C)** säge ich aus einer Dachlatte zwei Latten à 32 cm. Auch für die Sitzfläche brauche ich Latten, worauf sollte ich die Bretter sonst schrauben? Hierfür säge ich mir zwei Latten à 43 cm zurecht **(B)**. Hier darf ich die Zehn-Grad-Neigung der Rückenlehne nicht vergessen. Wir müssen die Latten also im Zehn-Grad-Winkel schräg schneiden. Nun fehlen noch die Rückenstützen, ich brauche zwei Latten à 76 cm, auch hier muss ich auf die Zehn-Grad-Gehrung achten **(A)**. Nun brauchen wir noch Latten für die Unterseite der Bank **(D)**. Hierfür säge ich mir zwei Latten à 56 cm zurecht. Zuletzt benötigt die Bank noch zwei Querstützen mit 40 cm Länge und einem Winkel von 45 Grad **(E)**. Diese Querstreben werden je an **(C)** und **(D)** verschraubt und geben der Bank Stabilität. Wenn wir mit dem Sägen fertig sind, haben wir fünf Stapel mit je zwei Latten, drei Stapel haben Latten mit angeschrägten Seiten, zwei Stapel Latten, die gerade geschnitten sind.

Jetzt nehmen wir von jedem Stapel eine Latte und legen das Ganze zur Probe aus. Die Rückwand **(A)** mit der Gehrung auf die Unterseite **(D)**, auf Letztere die vordere Latte **(C)** und darauf die Latte der Sitzfläche **(B)**, die mit Neigung an die Rückwand **(A)** anschließt. Und natürlich noch die Querstrebe **(E)**, die eine Stütze zwischen Vorderteil **(C)** und Unterteil **(D)** ist. Wenn alles stimmt, schrauben wir den ersten „Fuß" mit 5,0 x 70 mm Senkkopfschrauben zusammen. Pro Anschluss braucht ihr je zwei Schrauben. Es ist wichtig, dass die Bank gut verschraubt ist.

Mit dem anderen Fuß ebenso verfahren, die Latten vorher auf den ersten Fuß legen, um kleine Unsauberkeiten zu justieren. Nun stellen wir die fertigen Füße auf und legen die 180 cm langen Bretter so auf, dass die Sitzfläche vorne etwa 3 cm und an den beiden Seiten etwa 40 cm übersteht. Erst verschraubt ihr das vordere Brett der Sitzfläche, danach das mittlere, am Ende das hintere Brett. Achtet auf einen Zwischenraum von 3–4 mm. Außerdem ist wichtig, dass sich die Sitzfläche im 90-Grad-Winkel zu den Füßen befindet. Voilà, die Sitzfläche ist fertig!

Jetzt fehlt nur noch die Rückenlehne. Hierfür beginne ich mit dem untersten Brett, dieses lege ich in den Spalt zwischen Sitzfläche und Rückenstütze und schraube es fest. Nun folgen das mittlere und das obere Brett. Auch hier beträgt der Zwischenraum 3–4 mm. Sobald alles fest verschraubt ist, ist die Bank fertig!

Je nach Holz, könnt ihr die Bank mit einem 120er Schleifpapier bearbeiten. Ich bin ein Fan von Naturholz, aber wer es ein bisschen verrückter will, kann sie auch jederzeit mit seiner Bikinifarbe streichen.

So sollten die Füße der Bank aussehen, damit ihr später eine stabile Sitzgelegenheit habt.

Die fertige Bank kann noch abgeschliffen und – falls euch das gefällt – bunt gestrichen werden.

LICHT- UND SCHATTENSEITEN

Eigentlich war alles wunderbar: Manu und ich hatten ein schönes Haus, ein Grundstück genau nach unseren Vorstellungen und durchs Fernsehen hatten wir viele treue Fans. Und doch war es natürlich für uns neu, so im Fokus zu stehen. Als ich Anfang 2008 zum ersten Mal wieder nach Deutschland kam, konnte ich gar nicht glauben, wie anders sich die Menschen mir gegenüber verhielten. Ich weiß noch, ich stand am Bahnhof in Frankfurt und merkte, dass mein Handy in Deutschland nicht funktionierte. Also fragte ich einen Passanten, ob ich kurz sein Telefon benutzen könnte, und der lachte nur und sagte: „Na klar, Konny!"

An jeder Ecke wollte jemand ein Foto mit mir machen und ich kam mit vielen sehr netten Menschen ins Gespräch. Je bekannter wir aber wurden, desto stärker wirkte sich das auf unser Leben aus. Nicht unbedingt, wenn wir in Deutschland waren, hier hatten wir fast immer sehr freundliche Begegnungen. Und wenn wir in Deutschland unterwegs sind, freuen wir uns auch, wenn uns jemand höflich anspricht und um ein Foto bittet.

Damals am Moss Lake aber wollten plötzlich Horden von Menschen unser Grundstück sehen. Vielen waren wir zu Hause auf ihrem Sofa ans Herz gewachsen. Sie kamen, weil sie uns sympathisch fanden, weil sie mit mir mal ein Bier trinken wollten, ich weiß es nicht genau. Was am Anfang meistens noch recht lustig war, wurde irgendwann einfach zu viel. Wir mussten handeln. Also stellten wir deutsche Schilder auf, mit „Privatweg" oder „Zutritt verboten". Das haben manche respektiert, aber viele leider auch nicht.

Einmal kam tatsächlich ein ganzer Reisebus! Stellt euch das mal vor, ihr geht aus eurem Haus raus und da wartet ein Reisebus voller fremder Menschen, die ihr nicht kennt, aber die euch besuchen wollen. Wir haben dort ja gelebt, das war kein Freizeitpark. Ich sagte zu denen, ob sie die Schilder nicht gesehen hätten. Da wäre es doch sogar auf Deutsch draufgestanden, dass das ein Privatweg wäre. Dann

Unsere kleine private Hafenkneipe am Moss Lake.

sagte dieses eine Mädchen auch noch: Deutsch hätten sie leider nicht lesen können, sie seien nämlich aus der Schweiz.

Diese ungebetenen Besuche nahmen dermaßen überhand, dass sie irgendwann wirklich unser Leben beeinflussten. Jedes Mal, wenn wir das Haus verließen, checkten wir erst mal heimlich am Fenster, ob fremde Leute vor der Tür standen. Oft warteten wir dann wirklich, bis sie weg waren. Manchmal dauerte das über eine halbe Stunde.

Natürlich waren wir im Fernsehen, aber man möchte trotzdem gern ungestört seinen Müll rausbringen, ohne dabei fotografiert zu werden. Natürlich haben wir da auch mal unwirsch reagiert, weil das einfach nicht okay war. Ich stelle mich auch nicht in Darmstadt vor die Doppelhaushälfte von Hans und Renate, zertrete die Petunien und fotografiere, wie sie zum Edeka fahren.

Es war unglaublich, was sich manche herausnahmen. Einmal war ich gerade dabei, die Hühner zu füttern, da spürte ich, dass ich beobachtet wurde. Und tatsächlich! Ich sah auf dem Grundstück unseres Nachbarn einen Mann stehen, der mit der Videokamera auf mich hielt. Ich bat ihn höflich, die Kamera herunterzunehmen. Er machte keine Anstalten. Also sagte ich es erneut, aber sehr deutlich. Er drehte sich um und ging hoch zum Weg, um weiterzufilmen. Als ich dort ankam, bat ich ihn und seine dort wartende Frau, unser Grundstück zu verlassen. Da schrie mich diese Frau plötzlich an, dass wir ohne sie jetzt nicht dort wären, wo wir jetzt sind. Wie dreist!

Ein anderes Mal kam ich gerade von der Arbeit nach Hause und wollte mit dem Pick-up in den Carport einbiegen, das konnte ich aber nicht, weil dort schon zwei fremde Menschen saßen. In unserem Carport. Auf den Stühlen eines der Gästehäuser, die sie sich selbst von der Terrasse geholt hatten. Und als ob das nicht schon genügen würde, sagt die Frau auch noch zu mir: „Frau Reimann, gucken Sie doch nicht so böse!" Da bin ich dann auch sehr deutlich geworden.

Zwar war das Haus wunderschön, aber leider war es so groß und durch den Leuchtturm auch so prominent, dass man es schon von Weitem sehen konnte. Die Leute mussten überhaupt nicht lange suchen. Tatsächlich ließen wir uns von unseren Gästen im Vorfeld Fotos schicken, damit wir sie unter den vielen Zaungästen auch erkannten.

Aber natürlich haben wir auch mit den vielen Urlaubern in unseren Gästehäusern einiges erlebt. Bereits unsere allerersten Gäste kamen damals beim Frühstück auf unsere Terrasse und fingen an, ungefragt Fotos von uns zu machen. Wir fühlten uns wie Tiere im Zoo, waren aber zu geschockt, um angemessen zu reagieren. Die Gäste bekamen ohnehin am Ende ein Abschlussfoto mit uns! Von da an legten wir in alle Gästehäuser eine Liste mit Hausregeln, die sich von Vorfall zu Vorfall verlängerte.

Wenn man Gästehäuser vermietet, dann geht man am Anfang in erster Linie von sich selbst aus. Wie würde ich fremdes Eigentum behandeln? Und da gibt es für mich eigentlich nur eine Antwort: gut und sorgsam! Unsere Gäste aber machten teilweise die unglaublichsten Sachen: Sie fingen an, irgendwas zu reparieren, und zerstörten es dadurch. Sie stapelten einfach Möbel aufeinander, um einen Lautsprecher oben draufzustellen. Sie schnitten ihr Gemüse ohne Brett auf der nagelneuen Arbeitsplatte. Sie verstopften die Abflüsse und spielten anschließend die Unschuldigen – oder sie gingen um unser Wohnhaus herum und fotografierten in die Fenster.

Aber der Gipfel war: Einer ging sogar einmal einfach in unser Haus! Angeblich hatte er geklopft, da ich aber im ersten Stock war, konnte ich das nicht hören. Und weil niemand öffnete, folgerte er daraus, dass er dann natürlich das Recht hätte, einfach mal hineinzugehen. Da war ich echt sauer. Wir haben uns wirklich immer sehr um unsere Gäste bemüht. Bis auf Weihnachten konnte man die Gästehäuser jederzeit buchen, wir machten für alle Gäste ein Barbecue, wir trafen uns mit ihnen in der Hafenkneipe, wir nahmen sie mit in der Stretch-Limousine, wir überlegten uns besondere Sachen für Gäste auf Hochzeitsreise, wir fuhren mit den Leuten Jetski oder mit dem Boot raus, wir dekorierten die Häuser vor Weihnachten mit einem Weihnachtsbaum, wir beantworteten ihnen Fragen zur Region und wir organisierten Schießkurse auf einer Ranch. Das heißt: Wir öffneten diesen Gästen unser schönes Anwesen und ein Stück weit auch unser Leben und es war manchmal immer noch nicht genug.

Nicht falsch verstehen, mit den vier Gästehäusern waren über die Jahre an die 500 Leute bei uns. Wir haben da vor allem tolle Menschen kennengelernt. Die meisten von ihnen waren absolut in Ordnung, wir hatten extrem schöne Abende miteinander unten am See und in der Hafenkneipe und manche sind sogar enge Freunde geworden. Aber es gibt leider immer Menschen, die wissen nicht, was Anstand und Abstand bedeutet, und das fühlt sich dann nicht mehr leicht und lustig an, sondern einfach nur noch anstrengend.

Natürlich waren die vielen Veränderungen auf dem Grundstück am Moss Lake auch finanziell eine ganz schöne Aufgabe. Wir hatten nie besonders viel Geld auf dem Konto. Sobald mehr Geld da war, haben wir sofort wieder investiert. Ein riesiges Haus, eine Werkstatthalle, vier Gästehäuser und diverse Nebengebäude standen am Ende auf unserem Grundstück. Auch wenn ich alles selbst bauen konnte, verschlangen allein die Materialkosten jede Menge Geld.

Zugegeben, zweimal wurde es finanziell auch mal ein wenig enger, da haben wir vorher einfach sehr viel investiert. Dann mussten wir eben erst wieder Heu einfahren, um weiterbauen zu können. Das wird aber jeder kennen, der nicht Rockefeller heißt und sich schon mal an ein größeres Bauvorhaben gewagt hat.

Aus dem Trailer-Haus als Übergangs-Domizil wurde das Gästehaus »Schenefeld«.

TIERISCHES

Manu und mich verbindet natürlich vieles, aber eine Sache ganz besonders: unsere große Liebe für die Natur. Bereits in Schenefeld hatten wir die unterschiedlichsten Mitbewohner und hier am Moss Lake war erst recht Platz dafür. Irgendwie hatten wir ein Händchen für die merkwürdigsten Tiere. Unsere Ente Daggi war zum Beispiel gar kein Weibchen, sondern ein Erpel. Das haben wir irgendwann daran gemerkt, weil er alles und jeden ständig begatten wollte. Er hat mich besprungen, meinen Fuß, den Hund, einen Stein. Es gab fast nichts, was ihn nicht antörnte.

Hier in Texas konnte man viele Tiere einfach auf dem Flohmarkt kaufen. Die Tiere dort taten uns oft leid. Wie unwürdig, auf dem Flohmarkt! Da haben wir fast nach jedem Besuch Zuwachs mit nach Hause gebracht. Unter anderem hatten wir mehrere Pfauen, die aber leider nicht lange lebten. Später hatten wir noch mal drei zahme Enten. Die sind immer in einer Reihe gewatschelt. Abends holten sie mich tatsächlich regelmäßig an meiner Werkstatt ab. Das war ein Bild für Götter! Natürlich war das nicht ganz uneigennützig von ihnen, es war einfach an der Zeit, sie zu füttern. Als sie noch klein waren, schwammen wir auch mit ihnen im See, sie sind da auch immer noch goldig hinter uns hergewatschelt.

Die Enten blieben aber nicht für immer putzig, sie wurden mit der Zeit immer größer und waghalsiger. Oft waren wir oder unsere Gäste unten am Wasser. Leider hatten es sich die Vögel irgendwann angewöhnt, die 500 Meter bis zum See mit Karacho hinunterzufliegen und dann in den See hinein. Blöd nur, wenn da gerade jemand stand. Eine dieser Enten wurde irgendwann sogar ziemlich aggressiv, ich packte sie kurzerhand auf den Jetski, fuhr mit ihr quer über den See und setzte sie dort aus. Zwei Tage später war sie wieder da.

Ich glaube, allein über all unsere Tiere könnten wir schon ein Buch schreiben. Auf unseren Schäferhund Murphy folgte eine ziemlich extravagante Dogge namens Phoebie, die wir aufgrund einer meiner Lieblingsserien, „Friends", so tauften. Phoebie war wirklich herrlich. Sie war erst drei Tage alt, als wir durch einen Zufall von ihr hörten. Der Wurf hatte drei kleine

Dogge Phoebie hatte kein Gefühl dafür, wie groß sie war, und räumte manchmal den ganzen Tisch ab.

Doggen hervorgebracht und die Besitzerin wollte zwei der Tiere abgeben, aber nur in gute Hände. Sie hat sich auch im Vorfeld im Internet über uns erkundigt. Als wir bei ihr ankamen, um uns die beiden verfügbaren Welpen anzusehen, hatte ich kurz darauf Phoebie bereits auf dem Arm, damals wurde sie noch „Hazel" genannt. Ganz ruhig kuschelte sie sich zwei Stunden lang an mich. Die Besitzerin konnte es gar nicht glauben, war sie doch eigentlich ein äußerst quirliger Charakter. Ich wusste da schon, wir sind füreinander bestimmt.

Es war schön, dass es der Besitzerin so um das Tierwohl ging, wir mussten ihr in die Hand hinein versprechen, dass wir Phoebie niemals weggeben würden. Wenn es Probleme gäbe, sollten wir sie einfach wieder zurückbringen. Der Anfang mit ihr war eine kleine Herausforderung, denn sie war unser erstes Weibchen und ganz schön durchtrieben. Dabei konnte man sich das am Anfang wirklich nicht vorstellen, dieses kleine Geschöpf war einfach unglaublich niedlich. Es war so lustig, wie plötzlich in Rekordgeschwindigkeit ihre Beine zu wachsen begannen. Man sah, der Rest vom Körper kommt gar nicht nach.

Dogge Phoebie im Damensitz hinter Konny auf dem Jetski – ihre Lieblingsbeschäftigung.

Je mehr Phoebie wuchs, desto schwerer wurde sie natürlich auch. Das Problem war aber, sie hatte überhaupt kein Gefühl dafür, wie groß sie war. Im Herzen war sie ein putziger Chihuahua und wollte auch so behandelt werden. Nicht nur einmal sprang sie einem mit Karacho auf den Schoß und räumte dabei den halben Tisch ab. Am liebsten fuhr Phoebie am Moss Lake aber mit Konny auf dem Jetski. Sie saß mondän im Damensitz wie eine ältere Lady hinter ihm und die Ohren flatterten unaufhörlich im Wind.

Aber wie bei netten älteren Ladys, die irgendwann heimlich ihren Mann ins Jenseits befördern, dauerte es auch bei Phoebie nicht lange, bis wir ihre dunkle Seite kennenlernten. Eines Tages kamen wir nach Hause, da war ein Opossum im Garten. Konny wollte schon die Flinte holen, diese Tiere können enorm aggressiv werden, da bemerkte ich, dass es nicht nur tot war, sondern auch zur Hälfte eingebuddelt. Das ging aber noch weiter, irgendwann fanden wir auch ein totes Huhn, wie ein kleines Mahnmal eingebuddelt im Garten. Nur der Kopf und die Füße guckten heraus. Das war vielleicht ein gruseliger Anblick, vor allem, wenn man nicht damit rechnet! Wir mussten es uns eingestehen: Phoebie war eine Serienmörderin.

Dabei machte sie auch vor der Totenruhe nicht halt. Nachdem eine unserer Enten gestorben war und wir sie im Garten beerdigt hatten, war sie plötzlich wieder da! Phoebie hatte sie wieder ausgebuddelt und auf ihre Weise eingebuddelt, Kopf und Füße nach oben.

Als wir später schon in Hawaii lebten, kamen wir eines Tages wieder nach Hause und Phoebie verhielt sich ein wenig komisch. Da hatte ich schon ein wenig Angst, was ich vorfinden würde. Jetzt gibt es in Hawaii natürlich keine Opossums und anfangs hatten wir dort auch noch keine Hühner. Ich wusste nicht, was mir jetzt bevorstand. Dann sah ich, dass Phoebie tatsächlich wieder zugeschlagen hatte. Sie hatte ein kleines Grab gebuddelt, wie immer nach ihrem Ritual gestaltet, das Opfer war nur zur Hälfte zu sehen. Es war eine Kokosnuss.

Da wir nun auf dem Grundstück am Moss Lake genügend Platz hatten, habe ich mir immer ein Schwein gewünscht. Über eine Arbeitskollegin erfuhr ich von einem drei Monate alten Schweinchen. Wir nannten es Molly May. Als wir sie bekamen, war sie noch richtig klein. Wir hätten sie gern auch auf den Schoß genommen, aber das mochte sie leider nicht. Die Vorbesitzer erzählten uns aber, dass sie immer mit einer Decke schlief, und sie hatten uns auch eine mitgegeben. Das konnten wir gar nicht glauben. Ein Schwein schläft mit einer Decke? Aber tatsächlich!

Einmal habe ich die Decke gewaschen und auf der Wäscheleine aufgehängt, die holte sich Molly dann direkt von der Leine runter und zog sie hinter sich her in ihr Häuschen. Dort baute sie sich dann daraus wieder ein kleines Nestchen, in dem sie schlief.

Sie hatte es wirklich gut bei uns. Sie rannte den ganzen Tag mit den anderen Tieren herum und Konny machte ihr sogar extra eine Schlammkuhle, in der sie baden konnte. Sie hatte aber auch keine Scheu herumzustreunern. Die Nachbarn kannten sie schon. Da klingelte nicht nur einmal das Telefon und der Nachbar war dran: „Könnt ihr bitte euer Schwein holen, das ist bei mir im Teich!"

Als wir schließlich nach Hawaii umzogen, haben wir natürlich ein gutes Zuhause für Molly gesucht. Sie siedelte dann über auf eine Lavendelfarm mit Freigehege. Dort war sie die Attraktion und die Leute konnten sie streicheln. Auch wir haben sie dort besucht, um zu sehen, ob sie es auch gut hatte. Aber so ganz hat sie mich nicht losgelassen. Weil ihre Decken meistens nur ein Jahr hielten, habe ich ihr jedes Jahr zu Weihnachten eine neue Decke geschickt, bis wir irgendwann die Nachricht bekamen, dass sie gestorben ist.

WETTLAUF

2011 erfuhr ich, dass eine enge Freundin in Deutschland an Brustkrebs erkrankt war. Ich war zutiefst erschüttert über die Nachricht. Zumal ich mich aufgrund der großen Entfernung wahnsinnig hilflos fühlte und mich nicht persönlich um sie kümmern konnte.

Durch Zufall hörte ich in den Medien eines Tages von einem Aufruf zu einem Halbmarathon zugunsten einer amerikanischen Brustkrebsstiftung. Ich war Feuer und Flamme, denn nun konnte ich doch etwas für meine Freundin tun! Ich war zwar noch nie gelaufen und hatte es auch immer als blöd und langweilig empfunden. Außerdem fand der Halbmarathon bereits vier Monate später statt. Aber ich war mir sicher: Ich würde einen Halbmarathon laufen! Das verkündete ich dann auch kurz darauf und mit voller Überzeugung meiner Familie am Frühstückstisch.

Diese war leider wenig euphorisch und Jason guckte mich nur ungläubig an und sagte: „Dir ist schon klar, dass du dann 21 Kilometer laufen musst?" So hatte ich das noch gar nicht gesehen, ich hielt kurz überrascht inne und sagte dann: „Oh! Stimmt. Aber das ist egal, ich mach das jetzt." Gesagt, getan.

Janina war mir zum Glück eine großartige Laufpartnerin. Sie hatte schon einige Zeit früher mit dem Joggen begonnen, war extrem fit und überließ mir auch ihr Laufband für regnerische Tage. Schon bald meldeten wir uns, zu Trainingszwecken, bei einem Fünf-Kilometer-Lauf an. Natürlich hatte ich die ganze Zeit Panik, dass ich als Letzte durchs Ziel laufen würde. Ich war jetzt nicht unbedingt schnell unterwegs, aber ich kam ganz gut durch. Im Ziel wartete Janina auf mich, und was soll ich sagen? Ich war auf keinen Fall die Letzte.

Das gab mir Aufwind, ich trainierte immer weiter und lief irgendwann sogar die knapp 14 Kilometer nachmittags von der Arbeit nach Hause. In den sozialen Medien rief ich parallel Menschen dazu auf, für meinen Halbmarathon zu spenden, was ganz gut funktionierte.

Und irgendwann war dann der besagte Tag gekommen. Vier Monate hatte ich mich auf den Lauf vorbereitet – und ich war nicht allein! Janina war an meiner Seite. Wir trugen Trikots, auf der Vorderseite war unsere

Startnummer und auf der Rückseite prangte das Bild meiner Freundin, zu deren Ehren wir liefen. Unter ihrem Bild standen dann alle Namen jener Personen, die für meinen Lauf gespendet hatten.

Ich musste nicht einmal anhalten, ich nahm mir nicht einmal Gehpausen, in zwei Stunden und 30 Minuten lief ich den ersten Halbmarathon meines Lebens. Es war ein sehr emotionaler Tag für mich, nicht nur wegen der langen Vorbereitung und der vielen jubelnden Menschen am Wegesrand. Mit mir liefen auch viele Leute, auf deren Rücken Fotos von Menschen abgebildet waren, die an Brustkrebs gestorben waren. Auf den Bildern waren freundliche, lachende Gesichter und darüber der Schriftzug: „In Erinnerung an …"

Eine der Trainingseinheiten: Teilnahme am 5-Kilometer-Lauf mit Janina.

Das berührte mich natürlich, denn zu diesem Zeitpunkt war der Kampf meiner Freundin gegen den Krebs noch lange nicht vorbei, sie steckte noch mittendrin. Ich weiß noch, wie mir beim Laufen die Tränen kamen.

Beim Zieleinlauf standen dann schon etliche meiner Freunde, um mich anzufeuern. Es fühlte sich gut an zu laufen, zum ersten Mal konnte ich mich aktiv für meine Freundin einsetzen. Die erzielten Spenden habe ich am Ende aufgeteilt und zu je einer Hälfte an eine deutsche und an eine amerikanische Brustkrebsstiftung überwiesen.

Die Sache mit dem Halbmarathon sollte eigentlich eine einmalige Sache sein. Aber ich bin danach tatsächlich noch acht Stück gelaufen. Außerdem unzählige Fünf-, Zehn- und 15-Kilometer-Läufe. Und ich nahm an ein paar ganz verrückten Sachen teil: In Texas gab es einen „Hot Chocolate Run", da wurde man am Ende mit heißer Schokolade belohnt. Oder es gab auch einen „Color Run", da wurde man mit verschiedenen Farben besprüht. Es gab für einige Jahre keinen Lauf, den ich ausließ. Aber der wichtigste war der erste.

Ich weiß nicht, ob mein Engagement nun etwas dazu beigetragen hat, aber gut angefühlt hat es sich und das Schicksal meinte es gut mit meiner Freundin. Sie wurde wieder völlig gesund.

SICH NEU ERFINDEN

Um die Zeit am Moss Lake besser zu verstehen, muss man wissen, dass wir viele Jahre neben den Gästehäusern beide Vollzeit arbeiteten. Zählt man jetzt die Gästebetreuung, die stetige Arbeit am Grundstück, die regelmäßigen Dreharbeiten und den letzten Rest Familienleben dazu: Es waren lange Tage! Ich arbeitete damals in der Maschinenbaufirma und schaffte es irgendwann, meinen Chef zu überzeugen, auf drei Tage die Woche zu reduzieren. Dass er mir das erlaubte, ist ein Wunder. Amerikaner versuchen für gewöhnlich eher, mehr Stunden zu arbeiten. Und ich war plötzlich ein Schweißer, der nur drei Tage zur Arbeit ging. Wohl der einzige in den USA. Mein Chef hatte eingesehen, dass es nur zwei Optionen gab: mich verlieren oder für drei Tage beschäftigen. Zum Glück entschied er sich für Letzteres und ich hatte mehr Zeit.

Das Haupthaus und vier Gästehäuser, die Werkstatthalle und Nebengebäude, die vielen Fahrzeuge – die Arbeit am Moss Lake ging nie aus.

Auch meine Zeit in der Landmark Bank in Lindsay war nach einem Jahr vorbei. Da ich zusätzlich die ganze Wäsche am Moss Lake machte, die Gästehäuser putzte und sie für die neuen Besucher wieder herrichtete, war der Job in der Bank manchmal ein Drahtseilakt. Denn dort musste ich auch am Samstag arbeiten. Also wechselte ich nach etwa einem Jahr wieder zurück ins Casino, wo ich fortan als Betreuerin all jene Gäste unterstützte, die einen Jackpot gewonnen hatten. Das war an sich ein sehr schöner Job, weil ich natürlich nur mit begeisterten und glücklichen Kunden zu tun hatte. Ich musste mich nicht mehr um Kassen oder defekte Maschinen kümmern und konnte die Arbeit durch genaues Planen ganz gut mit der Arbeit in den Gästehäusern abstimmen.

Aber die Dinge ändern sich in den USA schnell und irgendwann habe ich mich dort nicht mehr richtig wohlgefühlt. Weil es in der ersten Schicht meistens noch nicht so viel für uns zu tun gab, entschied das Management, wir sollten zusätzlich Aufgaben des Reinigungsteams übernehmen, wie das Ausleeren der Aschenbecher. Das stand so überhaupt nicht in meiner Jobbeschreibung, also machte ich einen All-American-Abgang. Ich hatte mich im Casino stets bemüht, eine vorbildliche Arbeitnehmerin zu sein, kniete mich immer voll rein, und das war der Dank? Ich musste nicht lange überlegen, rupfte mir meinen Arbeitsausweis, mein Badge, vom Oberteil, knallte es auf den Tisch und ging. Auf der Heimfahrt stoppte ich am Einkaufszentrum, bewarb mich bei GAP, einer bekannten Klamottenmarke in den USA, und einer weiteren Boutique und hätte letztlich beide Jobs bekommen. Ich entschied mich für GAP, wo ich bis zu unserem Umzug nach Hawaii sieben Jahre lang blieb.

Natürlich war das eine anstrengende Zeit für mich, allein, weil ich auch die Arbeit für unsere Übernachtungsgäste unter einen Hut bringen musste. Ich habe das aber zu diesem Zeitpunkt gar nicht als so anstrengend empfunden. Konny und ich waren es gewohnt, vieles zu machen, und wir waren tatsächlich genau das: Macher, die nicht lange überlegten, sondern einfach anfingen. Als wir damals eine Webseite brauchten, habe ich beispielsweise auch nicht bei einer teuren Agentur angefragt, sondern mich am örtlichen College für ein Semester im Webdesign eingeschrieben. Danach machte ich unsere Webseite einfach selbst.

Im Jahr 2010 spielte ich langsam mit dem Gedanken, ganz zu kündigen. Mit dem Filmen und der Arbeit am Moss Lake war ich eigentlich ausgelastet. Die Filmleute wollten ja auch was zum Filmen haben. Und ich wollte, dass es am Moss Lake weitergeht, also steckte ich ohnehin immer in einem Projekt. Jetzt hatte ich aber mein ganzes Leben lang immer gearbeitet. Einerseits war es ein logischer Schritt ohne großes Risiko, andererseits war ich aber auch so geprägt, dass es mir schwerfiel, wirklich zu kündigen. Ich hatte es als Kind kennengelernt, wie es war, wenn die finanzielle Lage keine Sicherheit bot, und ich wollte das auf keinen Fall noch mal erleben. Aber man lebt ja, damit man sich weiterentwickelt und Ängste auch mal überwindet. Ich kündigte also und hatte anfangs schon noch daran zu knapsen. Denn es gab durchaus auch Einschränkungen.

Ohne Job hat man in den USA keine Kreditkarte. Und ohne Kreditkarte ist man fast nicht existent. Die Kündigung gab mir aber die Freiheit, endlich am Moss Lake Vollgas zu geben. Es war eine riesige Freude zuzusehen, wie alles jetzt bedeutend schneller ging. Im Nachhinein war es die einzig richtige Entscheidung und ich bin froh, dass ich mich damals überwinden konnte.

Aber wie das immer so ist, wenn Konny Reimann keine Arbeit mehr hat, dann sucht er sich eine. Während Manu immer schon den Traum von einem eigenen Laden hatte, hatte ich große Lust, eine Karateschule zu eröffnen. Wir kauften kurzerhand ein leer stehendes Gebäude im Zentrum von Gainesville und begannen, es ein Jahr lang liebevoll auszubauen.

Das hat Geld, aber vor allem sehr viel Zeit gekostet, denn natürlich machen Manu und ich keine halben Sachen. Für die Karateschule kaufte ich sogar Bambus aus Kalifornien. Der größte Aufwand war aber Manus Laden. Die Halle hatte ein großes Tor, durch das man sogar mit dem Auto in den Laden hineinfahren konnte. An einer Seite in Manus Laden habe ich dann den Putz runtergeklopft, damit eine schöne rote Klinkerwand zum Vorschein kam, die sich Manu gewünscht hatte. Mit einer großen, sich drehenden Drahtbürste habe ich anschließend die Wand gereinigt. Im Tor habe ich dafür einen Lüfter aufgestellt, der den ganzen roten Staub nach draußen blies. Als ich fertig war, guckte ich nicht schlecht, denn draußen war alles rot. Die Autos waren rot und der Gehsteig war rot. Aber zum Glück hat niemand etwas gesagt. Die Mauer habe ich anschließend nur noch versiegelt und der Raum war fertig.

Vorbei war es mit dem Nähen zu Hause! Endlich hatte ich einen eigenen Laden mit Schneideratelier im Zentrum von Gainesville. Ein Traum wurde wahr.

Endlich ging mein großer Traum in Erfüllung! 2014 wurde mein Laden eröffnet. Zusammen mit den Gästehäusern war ich jetzt völlig ausgelastet, also versuchte ich, bei GAP zu kündigen. „Versuchte" deshalb, weil sie mich einfach nicht gehen ließen. Ich stand vor der Assistant Managerin mit meiner Kündigung, sie sah mich eine Sekunde lang an, meinte nur: „Ist es das, was ich glaube, dass es ist?", ich nickte und sie antwortete darauf nur lapidar: „Akzeptiere ich nicht!"

Ich erklärte ihr, dass ich das zeitlich mit dem Laden nicht mehr stemmen könnte, und sie fragte mich geradeheraus, wie viele Stunden ich denn arbeiten könnte. Also antwortete ich wahrheitsgetreu: einen Vormittag in der Woche, donnerstags von acht bis zwölf Uhr. Und dann war das vereinbart. Donnerstags war ich vier Stunden bei GAP und den Rest der Zeit kümmerte ich mich um die Gästehäuser und meinen schönen neuen Laden.

Hatte ich bislang für mein kleines Unternehmen immer von zu Hause aus gearbeitet, hatte ich plötzlich einen richtig schönen Laden dafür, mit einem abgeteilten Schneiderbereich. Dort konnte ich in Ruhe nähen, wenn gerade keine Kunden da waren. Es war alles perfekt! Nebenan war die Post, ich konnte also auch Bestellungen bequem verschicken und der Verkaufsraum war wirklich ein Schmuckstück. Die Möbel kaufte ich teilweise günstig auf Flohmärkten und mit ein bisschen Farbe hatte ich diesen schönen Shabby-Chic-Look. Konny baute mir einen wunderbar großen Zuschneidetisch und einen riesigen Tisch, um die Ware auszulegen, ich hatte ein großes Schild über dem Laden mit dem Namen „Just Kiddies" und dekorierte das Schaufenster je nach Jahreszeit.

Leider gab es in Gainesville allerdings nur wenig Laufkundschaft, da das mit Laufen zu tun hat und die Amerikaner bekannterweise generell viel lieber fahren. Trotzdem bin ich der Überzeugung, ich hätte zwei weitere Jahre gebraucht und der Laden hätte Gewinn gemacht. Die Zeit hatte ich nur leider nicht, denn zwei Jahre später befanden wir uns bereits viele Tausend Kilometer weit entfernt.

Die rote Backsteinwand hatte ich unter dem Putz entdeckt und musste sie in stundenlanger Arbeit freilegen.

Im Laden konnte ich endlich meine „Just Kiddies"-Kollektion angemessen präsentieren.

Meine Karateschule war überhaupt nicht wirtschaftlich angelegt, für mich war es einfach ein großer Spaß. Darum habe ich auch nichts verlangt. Es war auch lustig, wer sich in Gainesville für Kampfsport interessierte. Eine Amerikanerin fragte sogar, ob ich ihren dreijährigen Spross trainieren könnte. Einen Dreijährigen! In Karate!

Das alles lief zwar nur ein halbes Jahr, aber es war eine wirklich schöne Zeit. Manu ließ an meinen Trainingsabenden ihren Laden offen, damit die Leute noch einkaufen konnten und wir fuhren am Ende gemeinsam nach Hause. Natürlich fragt ihr euch jetzt wahrscheinlich: So viel Aufwand? Und dann nur ein halbes Jahr geöffnet? Zugegeben, der Kosten-Nutzen-Plan ging bei diesem Projekt nicht unbedingt auf, aber manchmal muss er das auch nicht. Vielleicht hätten wir es nicht durchgezogen, hätten wir damals schon gewusst, dass die Tage in Texas gezählt sind. Aber vielleicht macht uns genau das auch aus, dass wir nicht nur Dinge anpacken, wenn sie sich lohnen und für uns ein maximaler Gewinn herausspringt. Wir packen Dinge an, weil wir einfach Lust darauf haben.

Es gab außerdem auch noch große Pläne für unser Grundstück am Moss Lake. Ich hatte bereits Hunderte kleine Bäume für einen RV-Campingplatz gepflanzt. Wir hatten ein ausrangiertes Flugzeug in Aussicht, das wir als Gästehaus umbauen wollten, außerdem planten wir ein Gästehaus in einem ehemaligen Schulbus.

Es ist schade, dass wir diese Ideen nicht umgesetzt haben, aber der Wind drehte sich und wir fühlten, es war langsam an der Zeit, an einer anderen Stelle mit neuen Projekten weiterzumachen.

Ich weiß noch, dass mir das Herz blutete, als der Tag kam, an dem wir das Ladenschild abhängten. Ich wusste, dass ein wunderschöner Neuanfang auf uns wartete, aber ich wusste auch, dass ich so einen Laden nie mehr haben würde. Es war also nur ein kurzer Traum, aber immerhin, ich habe ihn nicht nur geträumt, ich habe ihn verwirklicht. Und man weiß nie, was noch kommt.

Die Geschichte in Texas war auserzählt und die Sehnsucht nach Neuem noch immer groß. Uns zog es mal wieder in die Ferne.

ES BEGANN MIT EINER IDEE

Unsere zahlreichen Aufgaben und Verpflichtungen in Texas waren natürlich auch sehr anstrengend und Manu und ich wollten endlich mal wieder in den Urlaub fahren. Das Filmteam sollte uns dabei für ein paar Tage begleiten. Wir hatten keine große Vorstellung, wohin es gehen sollte. Also fragte uns unser neuer Redakteur Christian nach unseren Wünschen. Manu antwortete gleich: „Strand", und ich antwortete: „Vulkan." Also buchten wir Flüge nach Hawaii.

Wie das beim Fernsehen manchmal so ist, überlegten wir, was für eine Geschichte wir neben dem Urlaub noch erzählen sollten. Das Filmteam schlug vor, dass wir uns pro forma ein paar Häuser ansehen könnten. Zu diesem Zeitpunkt hatten wir aber noch überhaupt nicht vor, uns in Hawaii niederzulassen. Aber wie das im Leben manchmal so ist, wenn man ein wenig schwindelt, am Ende kann sich das Ganze doch noch als Wahrheit herausstellen.

Hawaii war für uns wie eine Offenbarung. Wir waren elektrisiert. Zwar konnten wir uns die in der Sendung besichtigten Häuser bei Weitem nicht leisten, sie lagen teilweise bei fünf Millionen Dollar, aber das Feuer war entfacht. Nach dem Dreh beschlossen Manu und ich, dort tatsächlich nach einem Ferienhaus zu suchen.

Dass wir aber später einmal in Texas alles auflösen und mit Sack und Pack in die Mitte des Pazifiks ziehen würden, darauf wären wir damals noch nicht gekommen. Aber oft ist so ein Gedanke ja erst mal eine kleine Saat und nach und nach gewöhnt man sich daran, der Gedanke gedeiht weiter und irgendwann war die Idee, sich in Hawaii etwas aufzubauen, gar nicht mehr so weit hergeholt. Darum, wenn ihr mal einen auf den ersten Blick absurden Gedanken habt, lasst ihn ruhig erst mal ein bisschen reifen, man weiß vorher nie, was mal draus wird!

Wir wollten also anfangs noch gar nicht nach Hawaii ziehen. Wir interessierten uns nur für ein Ferienhaus. Also haben wir begonnen, uns verschiedene Häuser anzusehen. Und was wir da gesehen haben! Da war wirklich viel Schrott dabei, aber eben Schrott mit einem stolzen Preis. Einmal wollten die Besitzer für eine sogenannte Traumimmobilie ernsthaft eine Million Dollar. Ein anderes Mal sind wir bei der Besichtigung sogar durch den Fußboden gebrochen.

Da ist uns dann schon bald gedämmert: Hawaii ist erheblich teurer als Texas. Wir können nicht beides haben, Ferienhaus dort und Lebensmittelpunkt hier, wir müssen eine Entscheidung treffen: Texas oder Hawaii. Wie wir es auch drehten und wendeten, wir hatten in Hawaii das Paradies gesehen und irgendwie war Texas für uns auch auserzählt. Wir hatten alles gesehen und alles erlebt. Wir hatten ein Traumhaus auf einem Traumgrundstück. Der einzige Haken war nur: Es lag nicht im Pazifik.

Kapitel

3

Neustart in Hawaii

Immer vor, nie zurück!

Vor allem, wenn vor einem das Paradies wartet

WAS FÜR EIN AUFWAND

Wie man eine unmögliche Sache wie diesen Umzug nach Hawaii schafft? Step by step und mit einer gehörigen Portion Wahnsinn. Aber die Grenzen der Belastbarkeit waren bei allen überschritten.

ABSCHIED VON TEXAS

Elf Jahre lang war Texas unsere Heimat gewesen. Was waren wir in dieser Zeit gewachsen. Wir hatten eine neue Sprache richtig gut gelernt, wir hatten uns in einem ursprünglich fremden Land bewiesen und nebenbei noch eine Karriere im Fernsehen gemacht. Aber nicht nur Manu und ich: Janina und Jason hatten sich in dieser Zeit von schüchternen Kindern zu selbstbewussten, zweisprachig aufgewachsenen Erwachsenen entwickelt. Beide lebten und arbeiteten zu dieser Zeit in Texas. Janina hatte mittlerweile erfolgreich im Filmbusiness Fuß gefasst und Jason arbeitete damals bereits in einer Firma für Solaranlagen. Er hatte uns auch bereits zum ersten Mal zu glücklichen Großeltern gemacht. Auch diese Herausforderung hatten wir geschafft: Janina und Jason führten längst ein eigenes Leben und waren in dem neuen Land sowohl beruflich als auch privat angekommen. Für Mama und Papa aber war es jetzt an der Zeit weiterzuziehen.

Es war viel passiert in den vergangenen elf Jahren. Wir durften Hunderte deutsche Gäste und jede Menge Amerikaner kennenlernen, wir lauschten ihren Lebensgeschichten, tranken gemeinsam in der Hafenkneipe, den Blick auf den im Mondlicht glitzernden See gerichtet. Wir fanden viele neue Freunde und manche alten mussten gehen.

Aber es gab auch viele gute Gründe, warum wir nach Hawaii gingen. Wir hatten uns in die Inselgruppe verliebt und wir waren auch müde von den vielen ungebetenen Besuchern auf unserem Grundstück am Moss Lake. Wir wollten wieder ein bisschen mehr Privatsphäre und auch nicht mehr die Verantwortung für so viele Gäste tragen. Es war eine wirklich schöne Zeit und wir genossen es auch, unseren Besuchern einen schönen Aufenthalt zu be-

Farewell, kleine Hafenkneipe am Moss Lake. Viele schöne Erinnerungen bleiben hier zurück.

reiten und alle Register zu ziehen. Aber wir wollten aufhören, solange es uns noch Spaß machte und nicht erst, wenn es zu spät war.

Natürlich gingen wir auch mit einem weinenden Auge weg. Wegen der guten Freundschaft zu Franz hat es mir zum Beispiel leidgetan und auch Manu musste sich von ihren Freundinnen und Arbeitskolleginnen wieder verabschieden. Hinzu kam, dass sich das Klima in Texas bereits in dieser Zeit spürbar verändert hatte. Allein unsere Hafenkneipe wurde ganze drei Mal überschwemmt. Ich glaube, jeder, der sagt, dass es den Klimawandel nicht gibt, hat den Schuss nicht gehört. Als wir 2004 auswanderten, suchten wir in Badehosen unsere Ostereier und in den letzten fünf Jahren am Moss Lake hatten wir so strenge Winter, dass die Straßen vereist waren und die Wasserleitungen platzten. Der Moss Lake, der noch nie zugefroren war, hatte plötzlich eine Eisdecke am Rand. Das war nicht mehr das Texas, das uns damals so gut gefallen hatte.

DER UMZUG

Bevor es jetzt aber so richtig losgehen konnte, stand noch ein enormer Umzug an. Ihr kennt uns mittlerweile, man kann uns bestimmt nicht nachsagen, dass Manu und ich irgendeinen Aufwand scheuen. Denke ich an die vielen Herausforderungen, die wir seit 2004 in den USA gemeinsam gestemmt haben, dann fällt mir tatsächlich nur eine ein, die uns wirklich an unsere persönlichen Grenzen gebracht hat. Der Umzug nach Hawaii.

Bevor wir aber umziehen konnten, brauchten wir erst noch die geeignete Immobilie. Wir flogen erneut nach Hawaii, um gezielt das richtige Haus zu finden. Das war leider überhaupt nicht einfach. Tatsächlich sollte es dann die allerletzte Besichtigung nach vielen erfolglosen Besichtigungen sein, der Rückflug schon in Sichtweite. Zu diesem Zeitpunkt hatten wir schon so viele olle und unpassende Hütten besichtigt, ich habe da schon fast nicht mehr dran geglaubt.

Und plötzlich standen wir in diesem wunderschönen Anwesen. Wir hatten das Haus sogar schon mal auf unserer Favoritenliste, es aber im Vorfeld bereits aussortiert, weil uns der Boden nicht gefiel. Von nah sah der aber plötzlich ganz anders aus. Manu war von Anfang an Feuer und Flamme und wusste einfach, dass es das jetzt ist. Wir beschlossen ziemlich schnell, dass wir ein Angebot abgeben.

Weil manchmal aber auch ein bisschen Energie aus dem Universum nicht schaden kann, haben wir vor unserem Abflug noch eine kleine Sache erledigt. Wir sind direkt von der Hausbesichtigung in eine Gärtnerei gefahren und haben unsere beiden Lieblingspflanzen, eine Plumeria und eine Monstera, gekauft. Aber natürlich nicht, um sie im Flieger mitzuschleppen und in Texas wieder einzupflanzen. Nein, wir sind direkt wieder zurück und haben die Pflanzen unter dem irritierten Blick unserer Maklerin direkt in den Garten von unserem Traumhaus gepflanzt. In dem Moment hat niemand dort gelebt und wir wollten einfach, dass die Pflanzen uns Glück bringen. Das haben sie auch, denn wir haben das Haus am Ende auch bekommen, aber der Weg dorthin war gar nicht so einfach.

Wir konnten unser Traumhaus natürlich nicht einfach cash bezahlen und in unserem Anwesen in Texas haben wir noch gewohnt. Erst mussten wir uns also mit der Bank und den Behörden auseinandersetzen, was sich als gar nicht so einfach herausstellte. Zwar reden wir hier von einem Umzug innerhalb der USA, aber die beiden Orte liegen 6000 Kilometer voneinander entfernt! Das ist in etwa dieselbe Entfernung wie von Hamburg nach Jaipur in Indien. Nach Indien sind wir zwar noch nicht gezogen, aber der Aufwand kann fast nicht größer sein als der, den wir in den kommenden Monaten betrieben haben. Denn wir konnten jetzt nicht einfach den nächstbesten Makler in Texas anrufen, damit der unser Haus verkauft. Das Haus war ja noch gar nicht ganz fertig!

Das klingt jetzt vielleicht verwunderlich. Wie kann man in einem halb fertigen Haus wohnen? Wie soll ich sagen, wenn man zu zweit auf 700 Quadratmetern wohnt, fällt das ein oder andere Zimmer nicht so sehr ins Gewicht. Wir hatten so viele andere Projekte zwischenzeitlich gestemmt und Zimmer, die man nicht brauchte, hatten da natürlich eine eher niedrige Priorität. Manches war noch im Rohbau und musste verkleidet werden, wir wollten schließlich kein halb fertiges Haus verkaufen. Drum habe ich im ersten Schritt erst mal Geld in das alte Haus investiert, habe monatelang gewerkelt, Fußböden eingezogen, Zimmer isoliert und verkleidet, und das alles gar nicht mehr für uns, sondern bereits für den nächsten Besitzer.

Manu hatte sogar noch einen persönlichen Brief an die Bank geschrieben, auf jeden Fall bekamen wir tatsächlich den Zuschlag. Im April 2015 machten wir zum ersten Mal Urlaub in unserem neuen Haus an der North Shore in Hawaii. Der Vorbesitzer hatte ein paar Möbel für uns dagelassen, ansonsten hatten wir für diese erste Woche nur zwei Teller, zwei Gläser, Besteck, eine Kaffeemaschine und zwei IKEA-Nachttischlampen aus Papier, die Manu vorausschauend im Koffer mitgenommen hatte. Es war richtig romantisch, wie zwei Studenten.

Endlich wieder Sand zwischen den Zehen. Voller Vorfreude wird der Ausbau des neuen Hauses an O'ahus North Shore geplant.

Dieser Urlaub stand bereits ganz im Zeichen unserer Aufbruchstimmung. Wir legten erste Listen an: Welches Werkzeug brauchen wir für den Umbau? Welche Möbel können wir mitnehmen? Und natürlich sind wir wieder in die Gärtnerei gefahren und haben viele Pflanzen gekauft.

Zurück in Texas ging es dann aber erst richtig los. Acht Monate akribischer Planung lagen vor uns, das wussten wir. Was wir damals aber noch nicht wussten, war, dass uns diese acht Monate an die Grenzen unserer Belastbarkeit bringen sollten.

Jetzt sind wir natürlich nicht mit dem Inhalt einer 50-Quadratmeter-Wohnung umgezogen und auch nicht mit dem Hausstand einer typisch deutschen Doppelhaushälfte. Nein, wir hatten über die Jahre so viel Kram angehäuft, dass wir am Ende mit drei knackig vollen 40-Fuß-Überseecontainern umgezogen sind. 40 Fuß entsprechen ein wenig mehr als zwölf Metern Länge. Und da hatten wir vorher noch ordentlich ausgemistet.

Meine Werkstatt in Texas war zwar sehr gut sortiert, hatte aber auch eine beachtliche Größe. Drei Greyhound-Busse hätte ich in meinen drei Garagen parken können, was da an Maschinen stand, gar nicht eingerechnet.

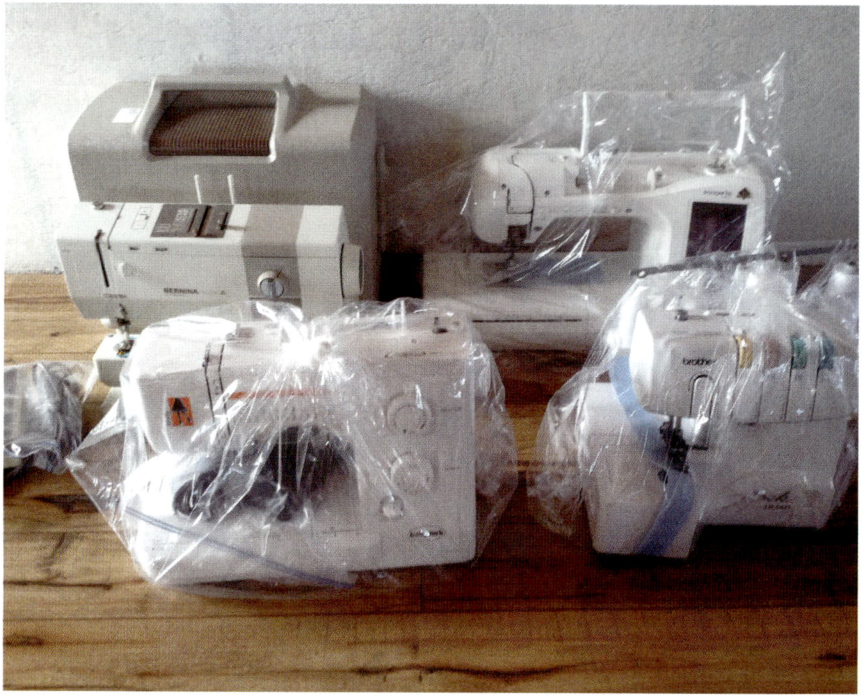

Auch Manus Laden und Schneideratelier wurden aufgelöst – die Nähmaschinen warten schon auf das Verpacken.

Wir wollten alles trotzdem alleine stemmen, ohne eine Umzugsfirma zu engagieren, und mussten erst mal eine Containerfirma auftreiben, die uns drei Container zur Verfügung stellte und bereit war, alles über den Pazifik nach Hawaii zu transportieren.

Als das gebongt war, begann ich nach und nach, mich von einigen Dingen zu trennen. Ich habe in den darauffolgenden Wochen Ladungen an Motoren, Antriebswellen und anderem Zeug zum Schrottplatz gefahren. Alles Dinge, die man eben als Autoschrauber über die Jahre so braucht und einlagert. Aber ich wusste, die Werkstatt in Hawaii war größentechnisch eher eine Garage und ich konnte nur das Notwendigste mitnehmen.

Gut, was wie notwendig ist, liegt natürlich immer im Auge des Betrachters. Ich habe nämlich auch Sachen mitgenommen, bei denen mich der ein oder andere vielleicht für verrückt erklärt hätte: Mit nach Hawaii umgezogen haben wir unter anderem fünf Notstromgeneratoren, drei Hänge-WCs von Max Bahr in Deutschland, eine Badewanne, tonnenweise Fliesen von Fliesen-Harry in Hamburg, vier Kilometer Raufasertapete, 30 Eimer und elf Sofas. Das klingt jetzt vielleicht nach viel und die Raufasertapete habe ich auch erst kürzlich hier in Hawaii entsorgt, aber den Rest habe ich wirklich nach und nach gebraucht. Es klingt unglaublich, aber auch jedes der elf Sofas hat seinen Platz gefunden. Die Fliesen aus Hamburg, die ich mir extra mal nach Texas hatte schicken lassen, habe ich hier in unserem Spa endlich verbaut. Dasselbe passierte mit der Badewanne und den WCs. Ich habe hier in Hawaii noch Toiletten von Max Bahr in die Bäder geschraubt, da gab es die Firma längst nicht mehr.

Unser Filmteam hat sich vor allem darüber amüsiert, dass ich so viele leere Eimer mitnahm. 30 Eimer waren in ihren Augen deutlich mehr als unnötig. Jahre später hat unser Kameramann Flo dann selbst ein Haus umgebaut und gab zu, dass ich recht hatte. Man kann eben einfach nie genügend Eimer haben.

Der Umfang des Umzugs war aber natürlich noch lange nicht alles. Es war gar nicht so einfach zu koordinieren, wann was wo verladen wurde, und wir brauchten stabile Kisten. Hierfür habe ich Euro-Paletten gesammelt und daraus eine immense Anzahl an Kisten selbst gebaut. Nach und nach wanderte da jetzt meine ganze Werkstatt hinein. Kiste um Kiste stapelte ich alles deckenhoch in eine der drei Garagen. Für gewöhnlich braucht man für so was das passende Gerät, zum Beispiel einen Gabelstapler. So was hatte ich leider nicht vorrätig, drum habe ich mir einfach einen konstruiert. Hierfür habe ich eine Vorrichtung gebaut, die ich dann auf der Traktorschaufel anbringen konnte, und fertig war mein Hubwagen. Sechs Monate lang habe ich so alles peu à peu verpackt.

Dann sollte es langsam ernst werden. Für das Beladen der Container hatten wir nämlich pro Container nur eine Woche Zeit. Das klingt jetzt vielleicht nach viel, aber in der Realität muss man sich da schon ordentlich ranhalten. Es mussten beispielsweise auch die Fahrzeuge verladen werden. Cadillac, Pick-up, Traktor, Rasenmäher. Der Schulbus kam nicht in einen Container, das wäre dann platzmäßig schon knapp geworden. Mit dem haben wir am Ende noch einen Roadtrip gemacht, aber dazu komme ich später.

Der Schulbus hätte in keinen Container gepasst und war sowieso noch für einen Roadtrip eingeplant.

Natürlich galt es da, eine bestimmte Reihenfolge einzuhalten. Den Pick-up mussten wir beispielsweise als letztes Fahrzeug verladen, wir brauchten ihn aber als Erstes wieder vor Ort. Und dabei war die größte Frage aber noch gar nicht geklärt. Die lautete nämlich: Wie sollten wir die ganzen Fahrzeuge in die Container bekommen?

Ich habe mir also im Baumarkt sechs Acht-Meter-Bretter besorgt und mir erst mal eine Rampe gebaut. Wie ein H aus je drei Brettern habe ich sie provisorisch an den Container geschraubt. Wichtig war, dass die Rampe leicht zu verändern war. Die anderen Fahrzeuge mussten ja auch noch alle in die Container, hatten aber ganz unterschiedliche Spurbreiten. Jetzt ist es das eine, mit einem sieben Meter langen Cadillac über einen amerikanischen Highway zu brausen. Etwas völlig anderes ist es, wenn man damit Zentimeter für Zentimeter vorsichtig versucht, über eine provisorische Holzrampe in einen Überseecontainer zu fahren, immer kurz davor, das ganze Auto zu schrotten.

Kaum hatten wir dieses Abenteuer gemeistert, wartete bereits die nächste Herausforderung. Es war Vorschrift, dass wir von allen Autos die Batterien abklemmen mussten. Was an sich kein großes Thema ist, wird durchaus kompliziert, wenn das Auto ganz vorn in einem engen Container steht. Ich konnte nur übers vorher schlauerweise geöffnete Capriodach aussteigen, denn die Türen konnte man natürlich nicht mehr öffnen. Richtig abenteuerlich wurde dann das Abklemmen der Batterie, denn um dies durchzuführen, musste ich ja die Motorhaube öffnen, auf der saß ich aber schlicht und ergreifend drauf, um überhaupt hinzukommen.

Bei manchen Geschichten ist es mir heute noch ein Rätsel, wie sie dann am Ende doch noch geklappt haben. Platztechnisch war es beispielsweise am klügsten, den Rasenmäher einfach auf den Pick-up zu fahren. Hier hat das mit der Rampenkonstruktion nur leider nicht so gut geklappt und ich bin beim Hochfahren umgekippt, der Rasenmäher lag dann plötzlich auf mir drauf. Kein Wunder, dass es heißt, die meisten Unfälle passieren im Haushalt. Oder in unserem Fall eben, wenn man diesen auflöst.

Über dem Cadillac war dank des geöffneten Cabriodachs viel leerer Raum frei geblieben. Also habe ich kurzerhand noch eine zweite Ebene eingezogen. Hierfür habe ich eine Nacht wie in Trance durchgearbeitet, denn wir mussten ja fertig werden. Das Filmteam fuhr abends zurück zum Hotel und freute sich am nächsten Morgen über meine getane Arbeit. Ich war da schon körperlich am Limit, aber es half alles nichts, wir hatten pro Container nun mal nur eine Woche Zeit und wir mussten fertig werden. Auch Manu war bereits an ihrem Limit und schlief einmal sogar in meiner Werkstatt im Sitzen ein, als sie nur eine kurze Pause machen wollte, da war es bereits zwei Uhr nachts. Aufwendig war vor allem, dass wir nicht einfach alles irgendwie reinstellen konnten, denn es musste natürlich durchdacht sein und kein Platz durfte verschwendet werden. So entfernte ich beispielsweise die Türen von den beiden großen Kühlschränken und füllte sie mit Kisten auf.

Selbst Manus Heiligtum, der Schrank ihrer geliebten Oma aus Bruchsal, wurde innen mit Kisten beladen. Es war klar, wenn der Schrank nicht mitkommt, kommt Manu nicht mit. Sie ist mit ihm aufgewachsen und hütet ihn wie ihren Augapfel. Dank Manus unzähligen Mengen an Stoffen haben wir ihn auch einigermaßen weich lagern können. Die Stoffe wurden alle in Müllsäcke gepackt, denn sie waren ideal zum Stopfen in die Zwischenräume. Es war ja auch in unserem Sinne, dass alles heil ankommt.

Am Ende, als schon alles verpackt war, sind wir trotzdem aus allen Wolken gefallen, als jemand vom Filmteam meinte, dass drinnen noch ein Zimmer voll mit Stoffen in Müllsäcken sei. Diese Säcke hatten wir in den ganzen Vorbereitungen wohl einfach vergessen. Zusammen mit dem Filmteam

Der Abschied naht. Einer der letzten Sonnenuntergänge, den wir zusammen auf unserer Badeterrasse am Moss Lake zu sehen bekamen.

haben wir dann eine Kette gebildet und damit mit aller Kraft die letzten verbliebenen Ritzen gestopft, wat mutt, dat mutt.

Am Ende waren die drei Container dermaßen dicht bepackt, ich habe mich gefühlt wie der König von Tetris! Als wir zum Beispiel in Hawaii den Container mit dem Traktor öffneten, wussten wir, dass direkt am Anfang der Traktor stehen musste, aber wir haben ihn überhaupt nicht erkennen können, so viel anderes Zeug war drüber und drunter eingefügt.

Das Filmteam hat uns in dieser Phase tageweise begleitet, es wurde die Rampe gefilmt, auch wie der Rasenmäher auf mich drauffällt, aber eines sieht man im Fernsehen nicht: die unglaublichen Ausmaße dieses Monsterumzugs und wie nah Manu und ich nach acht Monaten der Vorbereitung der Erschöpfung waren. Nachdem der Pick-up in den dritten und letzten Container verladen war, habe ich mit letzter Kraft noch die Rampe auseinandergebaut und die Bretter mit in den Container geschoben, denn wir mussten das Ganze in Hawaii schließlich auch wieder ausladen. Hier war das Spiel ein ganz anderes, denn wir hatten zum Ausladen pro Container nur einen Tag Zeit. Zum Glück haben wir da aber viel Unterstützung bekommen, aber Moment! First things first! Wir mussten ja erst noch nach Hawaii kommen.

Die Container wurden von Lastwagen abgeholt, um dann erst mit dem Zug zur Westküste der USA und dann mit dem Schiff weiter nach Hawaii transportiert zu werden. Das heißt, für unser ganzes Zeug war gesorgt und wir mussten vorerst nur noch uns, Phoebie und den Schulbus nach L.A. bringen. Die perfekte Gelegenheit für einen Roadtrip, dachten wir uns. Gut, es war schon Ende November, aber das Wetter in Texas war mild und außerdem ging es auf eine Pazifikinsel, da waren wir natürlich in Ferienstimmung. Wir waren uns sicher, wir kommen mit dem Schulbus ohne Probleme und bei trockenem Wetter nach L.A. Da hatten wir uns allerdings ordentlich getäuscht!

Kaum sind wir nämlich losgefahren und hatten im ersten Hotel in Texas übernachtet, sind wir frühmorgens bei krisseligem Schneefall aufgewacht. Für unseren Bus war das zum Glück kein größeres Problem, da sind wir einfach vorsichtiger gefahren. Was aber ein wenig ungemütlich war: Wir hatten nur unsere Sommerklamotten dabei! So sind wir also in kurzer Hose und T-Shirt, die Heizung im Bus am Anschlag auf rutschigen Straßen gen Los Angeles gefahren, immer das Ziel vor Augen: Unser neues Haus in Hawaii und unsere beiden Glückspflänzchen, die schon so lange auf uns warten mussten.

Auf diesem Roadtrip nach Los Angeles hatten wir einen ziemlich verrückten Moment! Wir waren erst ein paar Tage unterwegs und fuhren gemütlich eine der ellenlangen Straßen Amerikas entlang, als ich zufällig nach rechts aus dem Fenster guckte und einen spitzen Schrei ausstieß. Denn dort fuhr gerade ein langer Güterzug an uns vorbei und darauf befestigt waren: unsere drei Container! Was haben wir gejohlt! Unser Filmteam, also Christian, Flo und Felix, jagten dem Zug mit der Kamera noch filmreif hinterher und schafften es tatsächlich, noch ein paar Bilder davon einzufangen. Wir und unser gesamter Hausstand, alle waren wir im Flow in Richtung Neuanfang.

Das Filmteam hatte uns für unterwegs noch eine ganz besondere Unterkunft rausgesucht. Wir schliefen in einer 70 Meter tiefen Höhle, der Grand Canyon Caverns Suite, in die man nur über einen Aufzug gelangen konnte. Es war dort unten so still, dass man sein eigenes Blut rauschen hören konnte. Dort unten gab es ein Telefon, das uns mit einem Mann verband, der zur Sicherheit oben am Fahrstuhl auf einem Feldbett übernachtete. Aber ich konnte einfach nicht einschlafen. Ich schlafe immer in abgedunkelten Räumen, aber ich habe noch nie irgendwo geschlafen, wo es sooooo dunkel war. Also ließen wir ein kleines Licht an, dann war es weniger unheimlich. Aber ich schlief dennoch mit meiner Augenmaske, denn sonst wäre es jetzt natürlich viel zu hell für mich gewesen.

Das Filmteam war zur selben Zeit oben in einem Motel untergebracht, sie hatten auch Phoebie dabei, für die die Höhle nichts gewesen wäre. Leider gab es wohl ein Problem mit der Heizung, auf jeden Fall war es in dem Motelzimmer so kalt, dass Phoebie kurzerhand zu unserem Redakteur Christian ins Bett kroch und selig schlummerte.

Der komplette Haushalt auf Schienen: Die Container rumpeln zum Verladen an die Westküste.

AUSSERGEWÖHNLICHE UNTERKÜNFTE

Hotels gibt es ja wie Sand am Meer, aber wir lieben es, immer mal wieder außergewöhnliche Unterkünfte zu testen. Hier sind einige der verrücktesten Hotels, in denen wir schon waren:

- *in einer Höhle (Grand Canyon Caverns Suite, Arizona)*
- *im „The Standard“-Hotel in Los Angeles, mit der besten Mini-Bar ever*
- *in einer Hotel-Suite in Auckland, Neuseeland, in der auch Bono schon mal geschlafen hat*
- *im Tipi-Hotel in Arizona (Sleep in a Wigwam, Holbrook)*
- *in einer mongolischen Jurte in Whitehorse, Kanada*

Wir leben lieber ungewöhnlich, das trifft auch auf die Wahl unserer Schlafplätze zu

In Los Angeles angekommen wussten wir dann nur, dass wir den Schulbus am nächsten Tag zum Verladen an den Hafen fahren mussten. Wir hatten aber nicht mehr genau auf dem Schirm, um welche Uhrzeit. Morgens erledigten wir noch seelenruhig ein paar Sachen, bis uns dann doch mal einfiel nachzusehen, um wie viel Uhr genau der Bus am Hafen eigentlich verladen wird. Um zehn Uhr sollten wir dort sein. Das Problem war: Es war zehn Minuten vor zehn und wir waren noch ordentlich weit entfernt. Es war eigentlich nicht mehr zu schaffen!

Versuchen aber wollten wir's! Wir also rein in den Bus und richtig Gas gegeben, hoch auf die Autobahn! In L.A. sind das zum Glück ja auch immer so kleine Autobahnen, mit sieben Spuren und dazu einem Höllenverkehr! Ich weiß nicht mehr, wie das ging, aber wir haben es wirklich geschafft. In allerletzter Sekunde sind wir am Hafen an diesem Schuppen angerollt, haben den Bus abgegeben, den Schlüssel zugeworfen und hatten mal wieder mehr Glück als Verstand. Nach dieser letzten Aufregung war jetzt wirklich der ganze Ballast abgeworfen und wir stiegen endlich mit kleinem Gepäck in L.A. in den Flieger.

Als wir gerade ins Flugzeug einsteigen wollten, sah ich, dass draußen Phoebie in ihrer Transportbox immer noch direkt am Flugzeug auf dem Boden stand. Da erklärte ich dem Filmteam: „Ich steige nicht in diesen Flieger, solange mein Hund nicht an Bord ist." Phoebie war wirklich ein toller, liebenswerter und hübscher Hund und es war witzig zu sehen, wie liebevoll auch das Bodenpersonal mit ihr umging. Sie machten sogar Selfies mit ihr! Als sie endlich auch verladen wurde, war ich beruhigt und konnte ebenfalls einsteigen!

Und dann waren wir einfach da! Der Umzug nach Hawaii war so anstrengend gewesen, die vergangenen Monate hatten wirklich an uns gezehrt. Auch wenn wir noch einiges zu erledigen hatten, wir waren heilfroh, endlich hier zu sein.

Hier war Dogge Phoebie noch ganz klein. Auch sie hat den Flug nach Hawaii überstanden und sich inzwischen gut eingelebt.

Jetzt gibt es natürlich verschiedene Prioritäten, was man zuerst anpackt, wenn man einen Neuanfang wagt. Das Erste, was wir nach unserer Ankunft auf O'ahu, einer der acht Hauptinseln Hawaiis, organisierten – die Container waren natürlich noch nicht da –, war die Segnung unseres neuen Hauses durch einen Hawaiianer. Nur mithilfe von Salz, Wasser und einem Palmwedel fand die Zeremonie statt und war doch für uns so unglaublich berührend und emotional. Hier wollten wir Wurzeln schlagen und das war der würdige erste Schritt!

Man kann so eine Segnung vielleicht ein bisschen mit dem in Deutschland bekannten „Ausräuchern" vergleichen. Die alten Energien des Vorbesitzers, seine Sorgen, alles wird rausgeschickt. Frische, neue Energie kommt rein. Ab jetzt waren wir mit dem Haus und der Insel verbunden. Geht es um einen Neuanfang, gibt es für uns keinen schöneren Gedanken.

Die Arbeit kam häppchenweise ... Große Häppchen: Drei Tage lang wurde morgens ein Container geliefert.

Die harte Realität unseres Neuanfangs in Hawaii kam dann ein paar Tage später mit dem ersten angelieferten Container. Und hier muss ich mal eine Lanze für unser Filmteam brechen! Klar müssen die filmen, wenn wir unter kiloweise Stoffsäcken und Hausrat unseren Pick-up ausgraben, aber das haben sie nur wenige Minuten gemacht. Vor allem haben die Jungs unglaublich viel mitgeholfen. Ohne sie und unsere Kinder Janina und Jason, die inzwischen auch eingetroffen waren, um mitzuhelfen, wäre es vielleicht auch zeitlich ein wenig schwierig geworden.

Der Pick-up musste als Erstes „befreit" werden, denn der Container stand jetzt ja nicht bequem in unserem Vorgarten, sondern oben an der Straße. Für den Transfer zwischen Straße und Haus brauchten wir dringend das Fahrzeug. So haben wir stundenlang auf- und abgeladen, sind auf und ab gefahren, um schrittweise unsere ganzen Sachen hinunter zum Haus zu bringen. Der nächste anstrengende Ritt: Drei Tage hintereinander wurde morgens ein neuer voller Container an der Straße abgestellt.

Aber jetzt hatten wir all unsere schönen Sachen endlich da, die Möbel, auch die elf Sofas, wurden reibungslos integriert, wir waren schnell wieder eingerichtet. Nur mein Tanzbereich, die Werkstatt, war noch ein ganzes Stück Arbeit. Es gab vorerst ja nur diese eine Garage, ich habe erst nach und nach alle Räumlichkeiten angebaut, die ich mir vorstellte. So musste ich einen Teil meiner Sachen anfangs unter mehreren Planen vor dem Haus lagern, bis alles fertig war. Es dauerte wohl an die fünf Wochen, bis wirklich alles seinen Platz hatte, auch die 30 Eimer und die vielen Fliesen von Fliesen-Harry aus Hamburg.

Dieser Umzug mitten in den Pazifik, die achtmonatige Planung, die Summe der Herausforderungen waren wohl der größte Kraftakt, den Manu und ich je gestemmt haben. Aber es war trotzdem die beste Entscheidung, hierher ins Paradies zu ziehen. Natürlich ist in Hawaii vieles teurer, erst neulich habe ich wieder eine Avocado gekauft, die hat vier Dollar gekostet. Eine Avocado! Aber so darf man nicht rechnen. Es ist ein großes Privileg, hier an diesem wunderschönen Fleckchen Erde zu leben, und man spart eben an anderer Stelle. Wir haben zum Beispiel überhaupt keine Heizkosten und ich habe mir auch schon ewig keine langen Hosen mehr kaufen müssen.

Natürlich bleibt heute die Frage, warum man sich so einen aufwendigen Umzug überhaupt antut. Zugegeben, vielleicht würde ich heute nicht mehr mit vier Kilometern Raufasertapete umziehen. Aber im Grunde halte ich es für den richtigen Ansatz, nicht immer alles wegzuschmeißen. Warum sollte ich ein Ding, das vollkommen in Ordnung ist und funktioniert, einfach wegwerfen? Irgendwann kommt seine Zeit und es wird für irgendein Projekt gebraucht.

Und trotzdem: Wie schafft man es, so eine Mammutaufgabe durchzuziehen? Unser Geheimnis ist da, glaube ich, ganz einfach. Step by step. Es hätte mich total fertiggemacht, hätte ich mir im Detail vorher ausgemalt, was auf uns zukommt. Ich wäre vor einer riesigen Wand gestanden und hätte nicht gewusst, wie ich das bewältigen soll.

Es hilft einem ungemein, wenn man immer nur den nächsten Schritt im Blick hat. So groß kann eine Aufgabe gar nicht sein, als dass man sie nicht Schritt für Schritt bewältigen kann. Und ein kleines bisschen hilft es auch, wenn man noch die Unterstützung von zwei kleinen Pflänzchen hat, die in einem hawaiianischen Garten auf einen warten.

Konny Island Drink

Wir haben in unserer Dschungelbar mittlerweile sogar einen sogenannten Signature Drink. Bevor Janina ihren Mann Coleman heiratete, brauchten beide natürlich noch einen traditionellen Junggesellen- bzw. Junggesellinnenabschied. Für Colemans Party setzte ich also schon Monate vorher einen Rumtopf aus Früchten und verschiedenen Rumsorten an. Das war die Basis unseres ersten Konny Island Drinks. Nun fügte ich nur noch ein paar typisch hawaiianische Zutaten hinzu. Et voilà, fertig ist der Konny Island Drink!

DU BRAUCHST FÜR 1 GLAS:

15 ml selbst gemachten Rumtopf
(oder einen guten Rum)
150 ml Ananassaft
150 ml Kokosmilch
2 Eiswürfel

SO KANN MAN SICH TÄUSCHEN

Mit dem Umzug nach Hawaii hatten wir uns vor allem enorm verkleinert. Wir wollten nicht mehr so viel Arbeit haben. Wir wollten unser Leben mehr genießen können. Was soll ich sagen? Der Plan ist schon mal nicht aufgegangen.

Denn Haus und Grundstück schrien geradezu nach Konny Reimann. Erst einmal mussten wir das Haus innen streichen. Dann musste eine ordentliche Veranda gebaut werden, in Hawaiianisch heißt das „Lanai". Und was ist denn ein Haus in Hawaii ohne ordentliche Lanai. Eben. Nichts.

Aber sobald man eine ordentliche Lanai hat, stellt man fest, dass es in den Tropen schlau wäre, dafür auch eine passende Überdachung zu haben. Zwar ist es hier das ganze Jahr über warm, aber es kommt auch zu unvorhergesehenen Schauern. Da ist es natürlich viel gemütlicher, wenn man auch bei Regen draußen sitzen kann, während über einem die Regentropfen prasseln. Diese Veranda wurde schon bald zu unserem Lieblingsplatz. Hier sitzen wir täglich und genießen die Aussicht in unser persönliches kleines Paradies.

Nach und nach kam dann noch eine Erweiterung der Terrasse und eine Treppe in den Garten dazu. Wie am Moss Lake haben wir uns hier für ein Hanggrundstück entschieden, nur dass am unteren Ende kein See wartet, sondern ein wilder Dschungel. Auf verschiedenen Terrassen findet sich unser ganzes Leben. Ein Leben, das zu großen Teilen natürlich erst gebaut oder umgebaut werden musste. Die Werkstatt, das Wohnhaus, der Pool, der Spa-Bereich, das Kino, die Hühnerställe, die endlosen Beete und Sträucher, der Lagerfeuerplatz und ganz unten thronend über dem verwilderten Dschungel: die Dschungelbar.

Das ist definitiv einer meiner Lieblingsorte. Schon 2016 eingeweiht und danach noch deutlich erweitert. Was haben wir dort schon ausgelassen gefeiert. Viele Relikte aus der alten Hafenkneipe haben hier einen neuen Unterschlupf gefunden. Die Bar ist ein teilweiser Pfahlbau mit Hängebrücke, einer großen Terrasse, Musik aus vergangenen Zeiten und vielen Lichterketten. So wird sie in den Abendstunden zu einem wahrlich magischen Ort. Verschlungene, beleuchtete Wege und Treppen führen dorthin, eingebettet zwischen rankenden, mannshohen tropischen Stauden. Dieser verzauberte Dschungelgarten ist jetzt unser Zuhause. Ganze 1000 Pflanzen wachsen auf unserem gesamten Grundstück, da steckt natürlich viel Arbeit dahinter, allein die Ernte der vielen, vielen Früchte.

Wenn ich heute über das Anwesen laufe, habe ich immer mehr den Eindruck, dass es schön langsam genau so ist, wie ich es mir ursprünglich mal vorgestellt hatte.

Das Haus in Hawaii erstreckt sich über mehrere Terrassen den Hang hinab bis zum Dschungel.

IMMER VOR, NIE ZURÜCK

Obwohl wir Deutsche sind und das nie so stark gemerkt haben wie seit unserer Auswanderung, sind wir in manchen Bereichen wohl auch sehr „undeutsch". In Deutschland steht zum Beispiel Sicherheit an oberster Stelle. Mit diesem Gedanken hätten wir uns hier in den USA in einigen Bereichen aber sehr schwer getan. Wir hatten zum Beispiel über viele Jahre keine Krankenversicherung und haben stattdessen alles bar bezahlt. Schlecht wäre es gewesen, wären wir tatsächlich schwer erkrankt, die Kosten für medizinische Leistungen in den USA sind extrem hoch. Selbst wenn man gut verdient, was auf der hohen Kante hat, aber beispielsweise an Krebs erkrankt, muss man damit rechnen, dass man sich deshalb verschuldet. Es war also ein Risiko, das wir aber bereit waren einzugehen.

Manu und ich, ein bisschen deutsch, ein bisschen amerikanisch, mit einer Portion Wahnsinn. Denn sonst täte man sich so einen Umzug doch nicht an.

Auch ist es in Deutschland eher üblich, dass man sich etwas aufbaut und das Erreichte dann bewahrt, große Veränderungen sind eher selten. Die meisten Menschen lassen sich irgendwo nieder und bleiben dann ihr Leben lang dort. Und auch wenn ich das Konzept grundsätzlich verstehen kann, man findet einen wirklich schönen Ort und genießt ihn dann auch, so wenig ist es unser Leben. Ich glaube, wenn man stets zurückschaut, dann blockiert man sich für das Neue.

Ich war früh auf mich selbst gestellt und ein ewiges Lamentieren, warum die Dinge sind, wie sie sind, hätte mich am Ende nur todunglücklich gemacht. Denn die Zukunft kann ich gestalten, wie ich möchte, ist das nicht eine herrliche Freiheit?

Ich habe mein Haus in Schenefeld wirklich geliebt und mein Freund Manni, der es gekauft hat, hat es später völlig verändert. Musste ich da auch mal schlucken? Aber natürlich! Aber man muss so etwas wieder gehen lassen können. Ich hatte meine Chance, das Grundstück nach meinen Vorstellungen zu gestalten, jetzt ist er dran.

Einige Jahre nachdem wir Texas verlassen hatten, fuhren Manu und ich noch mal zum Leuchtturmhaus. Das Haus war noch da, aber der Leuchtturm war weg. Da sind wir natürlich erschrocken, denn es war damals eine enorme Anstrengung, diesen Leuchtturm zu bauen. Wir haben es einfach nicht verstanden, aber wir müssen es auch nicht verstehen. Denn wir sind ja längst weitergezogen.

Ich glaube, auch hier hat man die Entscheidung, sich darüber zu ärgern oder klar zu verstehen: Ich wohne da überhaupt nicht mehr, ich bin freiwillig gegangen und habe jetzt die aufregende Freiheit, etwas Neues zu gestalten.

Konny und ich sind in diesem Punkt sehr amerikanisch. Die Amerikaner sind nicht so tief verwurzelt, sie ziehen wegen eines Jobs schon mal über 4000 Kilometer von New York nach San Francisco. Es ist normal, dass man ein Haus zum Beispiel nach fünf Jahren wieder verlässt. Gut, die wenigsten Amerikaner würden wohl dann so viel Aufwand und Arbeit in eine Immobilie stecken wie wir. Aber das ist dann vielleicht wieder sehr deutsch: Wenn schon, denn schon. Wir sind wahrscheinlich eine ganz gute Mischung mit einer kleinen Portion Wahnsinn. Sonst täte man sich doch das alles gar nicht an.

ERST MAL EINLEBEN

Reif für die Insel? Aber ja! Doch so einiges ist hier anders als auf dem Festland. Ein lässiger Lifestyle, die üppige Vegetation, ein ungewohnter Lebensrhythmus – vieles muss neu entdeckt werden.

GROSSE UNTERSCHIEDE

Auch wenn Hawaii ein Bundesstaat der USA ist, so fühlte sich unser Umzug doch an, als wären wir ein zweites Mal ausgewandert. Das bemerkten wir schon beim Umzug, denn wieder war das Umziehen mit den Tieren eine gewaltige Herausforderung. Da merkte man nicht, dass man innerhalb eines Landes umzieht. Sowohl unsere Dogge Phoebie als auch Papagei Erwin mussten wieder in Quarantäne. Zum Glück waren wir aber dieses Mal schon

Die Preise in Hawaii sind eine andere Hausnummer als in Texas. Aber der Wert des Hauses ist seit dem Kauf nur gestiegen.

Profis. Auch den Führerschein mussten wir hier erneut machen. Dabei hatten wir die USA doch nie verlassen.

Aber auch die Mentalität der Menschen hier ist eine ganz andere als auf dem Festland und vor allem eine andere als in Texas. In Texas haben die Menschen einen viel engeren Blick als hier. Ich liebe die Lässigkeit, diesen entspannten Lifestyle und fühle mich dieser Lebenseinstellung tatsächlich viel näher als der der Menschen in Texas.

Wenn ich morgens am Strand vorbeifahre und die Surfer sehe, das ist eine ganz andere Art zu leben. Denn natürlich müssen auch die Leute in Hawaii in die Arbeit gehen. Aber sie springen eben vorher noch schnell aufs Surfbrett. Dieser Luxus kommt, zugegeben, zu einem relativ hohen Preis. Hawaii war immer schon teuer, in den vergangenen Jahren sind die Preise aber geradezu explodiert. Eine Hotelübernachtung am North Shore, wo wir leben, kostet mittlerweile mindestens 400 Dollar. Wer soll sich das denn leisten können? Wir haben aber auch finanziell alles richtig gemacht, indem wir hierherkamen, denn der Wert unseres Hauses ist, seit wir hier sind, nur gestiegen.

Auch die Vegetation in Hawaii zeigt einem ganz andere Möglichkeiten auf. In Texas hatten wir Apfel- und Pflaumenbäume, hier haben wir Bananenpflanzen. Und zwar 180 Stück. Außerdem Ananas, Soursop (auch Stachelannonen oder Sauersack genannt), Passionsfrucht, Litschibäume, Mandarinenbäume, Jackfrucht, Mango und Avocado.

Stachelannonen sind wirklich verrückte Früchte, man muss sie genau an dem Tag ernten, an dem sie reif sind. Ansonsten fallen sie auf den Boden und werden sofort von Ameisenhorden verspeist. Sie sind kleiner als Jackfrüchte und schmecken wie eine Mischung aus Banane und Ananas. Jackfrüchte kannten wir vorher auch nicht wirklich. Höchstens aus der Konservendose beim Chinesen aus unserer Hamburger Zeit.

Wir haben auch einen großen Mangobaum, der bisher nur ein einziges Mal Früchte getragen hat, und da auch nur drei Stück. Ich gebe aber die Hoffnung nicht auf, dass das noch was wird.

Und man lernt so viel dazu! Neben unserer Außendusche habe ich jede Menge Passionsfruchtbäume gepflanzt, da wusste ich aber noch nicht, dass die jeden Tag ganze 30 Zentimeter wachsen. Die Pflanzen haben alles zugewuchert und dabei sogar die Dusche ruiniert. Dabei schmecken die Passionsfrüchte ohnehin nur gut, wenn sie wirklich reif sind, sonst sind sie sauer.

Es gibt auf dem Grundstück aber auch Bäume, bei denen ich bis heute nicht weiß, was es ist. Aber ich liebe es einfach, Sachen zu pflanzen. Was hat Manu schon Avocados aus Avocadokernen großgezogen. Und ich buddle in einer Tour Ableger ein! Wir hatten ursprünglich zwei Yuccapalmen, von denen habe ich so viele Ableger eingegraben, dass die jetzt in unserem Garten einen Weg mit 100 Metern säumen.

Was hier alles wächst und in welcher Geschwindigkeit! Das wussten wir natürlich vorher auch nicht. In Texas hatten wir auch schon viele Pflanzen, aber durch das Klima hier wächst alles so schnell, dass man kaum mit der Pflege hinterherkommt.

Weil es hier wieder völlig andere Pflanzen gibt, gab es natürlich so viele Dinge, die wir erst lernen mussten. Konny hatte schon vorher viel Ahnung von Botanik. Aber du kannst dich ein Leben lang mit deinem Garten befassen, wenn du plötzlich die Vegetationszone wechselst, fängst du natürlich fast wieder von vorne an.

Da war zum Beispiel die Sache mit den Bananenpflanzen. Uns wurde gesagt, wir müssten unsere Bananenstaude, nachdem sie Früchte getragen hat, einfach abhacken. Da waren wir ganz entsetzt. Eine Staude, die schon so groß gewachsen war, konnte man doch nicht einfach wieder abhacken! Also ignorierten wir den Rat und die Staude starb. Später haben wir dann erfahren, das liegt daran, dass Bananen botanisch zur Familie der Gräser gezählt werden. Normalerweise fällt eine Bananenstaude nach getaner Arbeit wieder in sich zusammen und im darauffolgenden Jahr wächst daraus wieder eine herrschaftliche Staude hervor.

Wenn man nach Hawaii zieht, muss man sich auch darauf einlassen, dass Dinge hier anders sind, als man es gewohnt ist. An Weihnachten werden beispielsweise jede Menge Tannen vom Festland der USA nach Hawaii

180 Bananenstauden haben wir in unserem Garten. Da ist reiche Ernte vorprogrammiert.

gebracht, um auch hier das echte Weihnachtsgefühl zu vermitteln. Wir waren von Anfang an keine großen Fans davon, Tannen aus Kalifornien in Hawaii aufzustellen, wo es zwar eine andere, aber eben eine sehr reichhaltige Vegetation gibt. Darum entschieden wir uns gleich für eine hawaiianische Lösung à la Konny und Manu. Wir kaufen jetzt jedes Jahr im Dezember eine Palme in einem Topf, die stellen wir dann zum Fest auf, schmücken sie und nach Weihnachten pflanzen wir sie in den Garten. Aktuell stehen auf einem Abschnitt des Gartens sieben ehemalige Weihnachtspalmen und wiegen sich im hawaiianischen Wind.

Als wir hierherkamen, mussten wir vieles neu lernen. Einige der Gesetze sind anders und es ist auch etwas völlig anderes, auf einer Insel zu leben. Zum Beispiel muss man für alles plötzlich hohe Versandkosten bezahlen. Das ist an sich ja auch kein Wunder, wir sind wirklich weit vom Festland entfernt. Aber dennoch war das für uns eine ziemliche Umstellung. Früher wurden Manus Stoffe zum Beispiel kostenlos geschickt, jetzt muss sie darauf einen Inselzuschlag zahlen.

Auch die Erhöhung der Energiekosten spüren wir hier viel stärker als woanders. Als wir nach Hawaii kamen, waren die Preise im Baumarkt ähnlich hoch wie in Texas, mittlerweile haben sie sich aber für Baumaterialien verdoppelt oder gar verdreifacht.

Außerdem gibt es gewisse Beschränkungen, zum Beispiel kann man online keine Lithium-Akkus bestellen. Denn Lithium darf nicht in einem Flugzeug transportiert werden. Natürlich kann man sie hier teuer im Laden kaufen, aber du bekommst online nicht einmal schnell einen kleinen neuen Akku für dein Telefon.

Bald bemerkten wir auch, dass in Hawaii die Uhren anders gehen. Hier am North Shore stehen die Menschen sehr früh auf, nutzen den Tag und gehen dann auch wieder früh zu Bett. Das liegt vor allem daran, dass Hawaii relativ nah am Äquator liegt, das heißt, es wird nach einer nur kurzen Dämmerung schon recht früh dunkel. Auch die Restaurants schließen hier bereits um 21 Uhr, manche sogar schon früher. Der Coffeeshop macht um 15 Uhr dicht, dafür kann man nach seinem Morgensport bereits um sechs Uhr im Supermarkt einkaufen.

94 dB

UNSER ARBEITSLEBEN IN HAWAII

Fast schon klassisch: Der eine ist fürs Handwerk und den Garten zuständig, die andere für das Haus und Büro. Aber Hauptsache, wir beide sind ein gutes Team!

JUST KIDDIES

Natürlich sollte meine Firma „Just Kiddies" auch hier in Hawaii wieder ein Teil von mir sein, schließlich gibt es sie schon seit 2002. Mittlerweile habe ich in Hawaii sogar zwei Boutiquen gefunden, die meine Ware verkaufen. Da mein Traum vom eigenen Geschäft ja fürs Erste ausgeträumt war, überlegte ich mir, wieder verstärkt auf Märkte zu gehen. Aber der ein oder andere tropische Regenguss kann einem so ein Marktstand-Leben ganz schön

vermiesen. Also kam ich auf die Idee, doch einfach wieder einen alten amerikanischen Schulbus zu besorgen und ihn als mobilen Laden auszubauen. Konny fand auch tatsächlich einen geeigneten Bus vor Ort und machte sich gleich an die Arbeit.

Zwei Wochen lang baute er mein neues Ladenmobil nach meinen Wünschen und Vorstellungen aus. Die pinkfarbenen Seiten gingen allerdings mal wieder auf mein Konto. Als er fertig war, war ich richtig verliebt! Ich taufte den Bus „Emma" und war fortan donnerstags und samstags auf verschiedenen Märkten auf O'ahu unterwegs. Die Nähe zur Kundschaft war wirklich wunderbar, aber natürlich kostete das alles eine Menge Zeit. Zeit, die ich leider irgendwann nicht mehr hatte.

Lustigerweise wollten wir uns hier in Hawaii ja eigentlich ein wenig zur Ruhe setzen, haben jetzt aber in einem ruhigen Moment festgestellt, dass sich unser Arbeitspensum eigentlich eher verdoppelt hat. Wir arbeiten jetzt noch mehr als früher und sind auch viel mehr involviert in die Entstehung der unterschiedlichsten TV-Formate.

So war mein eigenes Business nun eben vor allem ein Online-Business, aber zum Glück ein recht erfolgreiches. Weil ich gern von diesem Erfolg etwas zurückgeben möchte und Tiere über alles liebe, spende ich beim Verkauf von verschiedenen Designs einen Betrag an verschiedene Tierwohl-Organisationen. Dabei setze ich mich für Delfine, Kängurus, Elefanten, Seepferdchen, Wale und Schildkröten ein.

„Just Kiddies" ist wirklich mein Herzensprojekt und ich investiere viel Zeit in die Produkte und die Vermarktung, aber das ist bei Weitem nicht alles, was ich tue. Im Fernsehen kommt es manchmal fast so rüber, als wäre ich nur beim Joggen oder am Strand zu sehen. Das wäre natürlich schön, aber entspricht leider überhaupt nicht der Realität. Im Gegenteil!

Konny und ich sind ein wunderbares Team und jeder hat seine Aufgaben. Während er sich vorrangig um das Handwerkliche und den Garten kümmert, bin ich für fast alles zuständig, was im Haus gemacht werden muss. Dazu gehört natürlich der Haushalt, aber vor allem auch das Büro. Denn, das wissen alle Selbstständigen, das macht sich nicht von allein. Auch wir müssen die Steuer machen oder jede Menge organisieren. Auch wir hängen stundenlang in Videocalls fest, müssen die Webseite aktualisieren und Social Media pflegen oder Rechnungen schreiben. Und diese vielen Aufgaben fallen ganz klar in meinen Bereich. Gut, das liegt mir vermutlich auch mehr, als Hängebrücken oder Poolterrassen zu bauen, aber gemacht werden muss es eben auch.

Mit dem neuen Bus „Emma“ war ich donnerstags und samstags auf den Märkten O'ahus unterwegs und verkaufte meine Designs von „Just Kiddies“.

Wie man aus einem T-Shirt eine Tragetasche macht

Natürlich kann niemand von heute auf morgen lernen, wie man näht. Aber manchmal geht es sogar ganz ohne Nadel und Faden. Hier habe ich eine Anleitung für euch, mit der ihr euch mit den einfachsten Mitteln eine Tasche machen könnt. Und ich wette, ihr habt alle Dinge, die ihr dafür braucht, bereits zu Hause! Hier sind die Schritte, um euer tolles T-Shirt in eine Tragetasche zu verwandeln, ganz ohne nähen:

WAS IHR BRAUCHT:

T-Shirt
Schere
Lineal

1. Besorgt euch zunächst ein T-Shirt, ein Lineal und eine gute Schere. Je größer das T-Shirt, desto größer wird die Tasche! Ich habe ausschließlich T-Shirts aus 100 % Baumwolle verwendet und sie funktionieren großartig.

2. Schneidet die Ärmel, den Ausschnitt und die untere Naht eures T-Shirts ab. Am Ende habe ich den Ausschnitt entlang der Rückseite des T-Shirts abgeschnitten, sodass er auch mit der Vorderseite bündig abschließt.

3. Als Nächstes schneidet ihr mit einem Lineal ca. 2,5 cm breite Streifen in einer Höhe von 13–25 cm entlang der Unterseite eures T-Shirts ab. Ich wollte, dass mein Beutel ziemlich tief ist, also schneide ich meine Streifen nur 13 cm hoch. Je länger ihr die Streifen schneidet, desto länger werden die Fransen und desto weniger tief wird eure Tasche.

4. Haltet dann die Oberseite jedes Streifens mit dem Finger fest (wo sie am T-Shirt befestigt sind) und zieht jeden Streifen nach unten, bis er sich ausdehnt. Die Streifen kräuseln sich und das ist genau das, was wir wollen. (Ja, ich habe hier vergessen, die untere Naht abzutrennen.)

5. Zum Schluss bindet ihr in die Streifen Knoten. Nehmt die passenden Streifen der Vorder- und Rückseite und bindet sie zusammen, bis alle Streifen verbunden sind. Die beiden äußeren Streifen müsst ihr dafür nochmals in zwei Streifen aufschneiden.

6. Veränderung: Wenn ihr das Ganze von der „falschen“ Seite eures T-Shirts (also der Innenseite) aus verknotet, halten die Knoten die Tasche zusammen, wendet ihr sie, habt ihr einen Tragebeutel ohne Fransen! Dafür könnt ihr entweder von Anfang an die Streifen kurz oder die überschüssige Länge abschneiden.

7. Fertig!

ALOHA
HAWAII
the Aloha State

WAS NOCH ALLES KAM

Der letzte Feinschliff für unser Leben in Hawaii? Natürlich ein Beach House, Hühner und Papageien und ein Swimmingpool, der schon lange versprochen war. Was auch sonst?

BEACH HOUSE

Im Sommer 2020 kam die Idee auf, noch ein Ferienhaus am Strand zu suchen. Wir kontaktierten hierfür wieder die uns bereits bekannte Maklerin Heidi und gingen mit ihr auf die Suche. Da mussten wir uns wieder Häuser ansehen, die in einem ganz schlimmen Zustand waren. Wir wollten damals das Vorhaben eigentlich schon wieder abbrechen, aber die Maklerin meinte, da wäre noch ein Haus ganz in der Nähe – und wir ließen uns darauf ein. Als wir dann auf unser späteres Grundstück kamen, war das wie ein Aha-Moment. Das Haus war für uns eigentlich eher nebensächlich, aber der Blick hat uns einfach umgehauen. Ich weiß noch, dass ich schon rief „Wir nehmen es", da nestelte die Maklerin noch mit dem Schlüssel an der Eingangstür herum. Wir hatten das Haus also noch gar nicht von innen gesehen! Es war einfach dieser unfassbar schöne Blick auf das Meer dort. Wie bei unserem anderen Haus hatten wir es bereits im Vorfeld aussortiert. Aber ich habe manchmal den Eindruck, nicht wir suchen uns die Häuser, es sind die Häuser, die uns finden.

Hier kann ich stundenlang sitzen und einfach nur aufs Meer hinausschauen. Das Wasser ist einfach mein Element! Wenn wir dort sind, springe ich oft mit dem Kajak ins Wasser und gehe kurz ein wenig paddeln. Als Hamburger war es immer ein heimlicher Traum von mir, so nah am Meer zu leben. Und jetzt kann ich das einfach jederzeit haben. Hier bin ich dem Meer so nah und das Haus doch so weit erhöht, dass es nicht gleich bei einem kleinen Sturm in Mitleidenschaft gezogen wird. Das Beach House zu kaufen, war definitiv eine unserer guten Entscheidungen.

Das Strandhaus hatten wir noch gar nicht von innen gesehen, da wussten wir schon, das ist es.

Es ist bei einem Hauskauf in den USA mehr als unüblich, dass man tatsächlich die Besitzer kennenlernt. Für gewöhnlich wird das alles über einen Makler abgewickelt. In diesem Fall wollten wir das Haus aber unbedingt haben und ich wusste, dass die Besitzer ein älteres Ehepaar waren, denen das Häuschen schon viele Jahre gehörte. Also setzte ich spontan einen persönlichen Brief auf, in dem ich uns beschrieb und erzählte, warum wir so verliebt in diesen Flecken Erde waren. Ich weiß nicht, ob es an diesem persönlichen Kontakt lag, aber wir haben letztlich den Zuschlag bekommen.

Bei der Schlüsselübergabe kam das Ehepaar dann sogar persönlich vorbei und übergab uns mit unserem Schlüssel zwei typisch hawaiianische Blumenketten, da auch ihre Vorbesitzer vor 20 Jahren bereits dasselbe bei ihnen getan hatten. Das hat uns wirklich sehr berührt und wir wussten einfach, dies ist der richtige Ort für uns.

Stundenlang können wir im Garten am Meer zubringen und einfach nur den Blick genießen.

Das Haus hat inzwischen sogar einen Namen. Als wir es kauften, habe ich zu Konny gesagt: „Das ist mein happy place!" Und dann habe ich einfach nachgesehen, was das in Hawaiianisch heißt, und glücklich bedeutet: „hau'oli", Haus heißt: „hale", darum heißt unser Haus: „hale hau'oli". Happy place.

Die Bevölkerung in Hawaii war über die Jahrhunderte den verschiedensten Einflüssen ausgesetzt, vor allem aus Asien und vom amerikanischen Festland. Aber es gibt natürlich auch die Hawaiianer, das sind die polynesischen Ureinwohner Hawaiis, sie stellen etwa ein Viertel der Bevölkerung. Alle anderen Menschen, die in Hawaii leben, werden Locals genannt. Egal, ob sie bereits dort geboren wurden oder nicht. Die Hawaiianer selbst bleiben eher unter sich, haben aber viele interessante polynesische Rituale und Traditionen.

Aber das ist noch lange nicht alles! Das Alphabet der Hawaiianer hat nur 13 Buchstaben und die Worte werden wie im Deutschen ausgesprochen: A, E, H, I, K, L, M, N, O, P, U, W und das 'Okina. Das 'Okina hat die Funktion einer Trennung. Gerade aufgrund der wenigen Buchstaben können an sich gleich geschriebene Wörter so voneinander unterschieden werden.

Auch unser Beach House ließen wir nach hawaiianischer Tradition segnen.

Kaum waren wir die neuen Besitzer, ließen wir auch dieses Haus vom gleichen Hawaiianer segnen, der unser erstes Haus gesegnet hatte. Dabei erzählten wir ihm ein bisschen von unserer Geschichte, woraufhin er uns sogar hawaiianische Namen gab. Manu bedeutet nämlich „Vogel" in Hawaiianisch. Aus „Manu" machte er „Manulele", was der Vogel der Berge bedeutet.

Konny war in seinen Augen ein Manta, das ist nicht nur ein Opelmodell aus den 80ern, sondern vor allem ein majestätisch schöner Rochen. Sein hawaiianischer Name ist daher: „Hihimanu". Der Vogel des Meeres.

Besser hätte dieser weise Mann es nicht treffen können. Konny hat es als Hamburger von jeher zum Meer gezogen, mich ein Leben lang zu den Bergen. Darum fühlte sich auch Hawaii so stimmig für uns beide an, dank der vielseitigen Landschaft können wir beide uns hier heimisch fühlen. Sowohl der Vogel der Berge als auch der des Meeres.

Gleich nach der Haussegnung machte ich mich auch schon ans Werk. Der Garten am Beach House war mir viel zu stark bepflanzt. Ich habe wahrscheinlich die Hälfte der Pflanzen dort ausgegraben und auf unserem anderen Grundstück wieder eingebuddelt. Ich wollte so wenig Arbeit wie möglich dort haben. Was bringt mir ein schönes Strandhaus, wenn ich auch noch am Wochenende mit dem Garten beschäftigt bin. Es reichte schon, dass das Haus an allen Ecken und Enden eine Sanierung brauchte. Ich richtete mir kurzerhand vor Ort eine kleine Werkstatt ein und so repariere und saniere ich nach und nach alles, was nötig ist.

Das meiste hier ist mittlerweile schon wirklich sehr schön geworden. Auch der Außenbereich, den wir unsere „Laube" nennen, musste noch ein wenig ansprechender gestaltet werden. Hier waren Manu und ich in unserem Element. Dort draußen sitzen wir nun und essen Poke-Bowl an einem schönen gemütlichen Holztisch und unter einem Kronleuchter aus hawaiianischen Muscheln.

Wir nutzen das Beach House regelmäßig und bleiben meistens für mehrere Tage. Die Papageien nehmen wir dann einfach mit, denn hier gibt es natürlich auch eine Volière und Erwin kann uns morgens mit einem „Moin, moin!" oder „Aloha!" begrüßen.

MISS ELLIE

Eines Tages saß ich im Büro, Konny war gerade mit dem Filmteam unterwegs, und ich hörte ständig ein eigenartiges Pfeifen. Irgendwann ging ich raus, um nachzusehen, woher es kommt, das Pfeifgeräusch war aber vorbei. Kaum saß ich wieder vor meinem Computer, hörte ich es erneut. Also setzte ich mich jetzt raus auf die Treppe und lauschte. Irgendwann hörte ich das Pfeifen erneut. Ich sah nach links und da saß ein Graupapagei, direkt in der

Familienzuwachs: Die Papageiendame Miss Ellie lebt mit Erwin in einer WG – aber er hat bei den beiden das Sagen.

Pflanze neben unserer Haustür. Also stellte ich eine kleine Schüssel Nüsse und eine kleine Schüssel Wasser in die Nähe und streckte meinen Finger aus. So konnte ich ihn tatsächlich anlocken.

Bald stellte sich heraus: Es war eine Sie und wir nannten sie „Miss Ellie". Leider bemerkten wir sofort, dass sie wahrscheinlich aus keiner guten Haltung kam. Sie konnte nicht sprechen und auch nicht fliegen. Wir schätzen ihr Alter auf ca. 15 bis 20 Jahre und es ist schon sehr außergewöhnlich, dass ein Papagei in diesem Alter nichts spricht oder nicht wenigstens ein Geräusch wie beispielsweise ein Telefonklingeln imitiert.

Erwin ist da dagegen die reinste Sabbeltasche. Er kann nicht nur viel sprechen und macht unsere Stimmen nach, er kann auch singen, lachen und macht viele Geräusche nach, wie das Quietschen einer Tür, das Gluckern der Kaffeemaschine oder den Akkuschrauber von Konny.

Mittlerweile lebt Ellie schon einige Jahre bei uns. Sie teilt sich mit Erwin eine Wohngemeinschaft und die beiden respektieren und mögen sich.

ERNST

Es dauerte nicht lange, da wollten wir natürlich wieder Hühner haben. Der schöne Garten konnte neben der Pflanzenvielfalt durchaus noch ein wenig Leben gebrauchen. Also baute ich ein kleines Hühnerparadies.

Jetzt sind wir natürlich nicht immer vor Ort und auch beruflich oft auf Reisen. In dieser Zeit passen dann Bekannte auf unser Grundstück und die Tiere auf. Als wir gerade in Neuseeland waren und Manus Yoga-Lehrerin im Haus nach dem Rechten sah, bemerkte sie frisch geschlüpfte Küken. Eines stach besonders hervor, weil es von der Mutter immer wieder gepickt und weggeschubst wurde. Kurzerhand rettete sie das kleine Tier und päppelte es nach und nach wieder auf. Als wir zurück waren, übernahmen wir die Pflege und nannten das Küken Klein-Erna. Manu packte Klein-Erna sogar wie ein Baby im Tragetuch vorn in ihren Ausschnitt, um es warm zu halten und um nebenbei arbeiten zu können. Und jeden Abend hatten die beiden ein kleines Ritual. Manu wickelte das Tierchen wie einen Burrito in alte Geschirrhandtücher, legte es in eine mit weichen Tüchern ausgelegte Kiste und hielt die Hand auf ihren kleinen Körper, bis es eingeschlafen war. Danach legte sie ein Tuch über die Kiste, sodass es dunkel genug war. Somit konnte Klein-Erna bis sieben Uhr morgens durchschlafen.

Natürlich wuchs die kleine Erna heran, wurde immer größer und entpuppte sich eines Tages als Ernst. Die Kiste reichte ihm irgendwann nicht mehr und Ernst lebte jetzt auf der Terrasse und auf dem Terrassensofa. Als wir aber sowohl auf dem Sofa als auch auf der Terrasse immer öfter Unmengen seiner Hinterlassenschaften fanden, wurde es uns zu bunt. Ich gab ihm ein striktes Terrassenverbot.

Jetzt gehörte er leider nirgendwo mehr dazu. Die großen Hühner schlossen ihn nämlich aus, aber er fand bald Anschluss bei einem wilden, aber nun gezähmten Huhn, das wir passenderweise Wilde Hilde getauft hatten. Hilde und ihre Küken adoptierten Ernst und Ernst fühlte sich endlich unter seinesgleichen aufgenommen. Leider verschwand Hilde eines Abends bei einem Freigang spurlos. Jetzt passierte etwas Wundervolles. Wie damals wir, nahm sich Ernst jetzt dieser Küken an. Wie ein liebender Vater war er nun stets an ihrer Seite. Selten hat man so einen fürsorglichen Hahn erlebt. Das sollte aber noch nicht alles für ihn gewesen sein, denn Ernst war wohl doch noch auf Abenteuer aus. Irgendwann büxte er mit zwei der mittlerweile erwachsenen Küken aus in den Dschungel und heute noch können wir ihn manchmal in der Ferne krähen hören.

POOL

Wenn man die Geschichte von unserem Pool in Hawaii erzählen will, muss man einige Jahre zurückgehen, zu Konnys 60. Geburtstag. Wir feierten in seiner Heimat Hamburg, schipperten mit einer Barkasse durch den Hamburger Hafen, aßen Konnys Lieblingskuchen, eine Schwarzwälder Kirschtorte, und hatten im Kreise der Familie eine tolle Zeit. Dort bereitete ich Konny dann auch auf meine Überraschung vor, zumindest so halb. Ich erzählte ihm, dass wir jetzt gleich anlegen würden, weil ich einen Doppeldeckerbus gemietet hätte, der uns durch Hamburg zu all seinen Lieblingsplätzen fährt. Außerdem würden wir vielleicht abends noch in das Musical „König der Löwen" gehen. Mit dem Bus womöglich stundenlang im Stau stehen und danach in ein Musical! Ihr könnt euch vorstellen: Konny schnappte fast über vor Freude. Ich aber behielt mein Pokerface bei. Denn in Wirklichkeit hatte ich etwas völlig anderes geplant.

Ich hatte ein ganzes Schiff für seinen Geburtstag gebucht, die Cap San Diego! Jetzt muss man wissen, dass Konny früher mal auf genau diesem Schiff, einem Stückgutfrachter von 1961, gearbeitet hatte, es gab also auch eine persönliche Geschichte dazu.

Mit der Barkasse fuhren wir dann um die 200 Meter lange Cap San Diego herum, oben stand ein Security und wartete schon auf mein Kommando. Zeitgleich klärte ich Konny auf, dass ich eine völlig andere Überraschung geplant hatte, und zwar ein Fest mit seinen Freunden und seiner Familie auf der Cap San Diego. In diesem Moment gab ich dem Security ein Zeichen und es entrollte sich ein riesiges Banner an der Seite des Schiffes mit der Aufschrift „Happy Birthday Konny" und zeitgleich sprangen seine ganzen Freunde auf und jubelten. Das waren mehr als 100 Leute, die ich in minutiö-

Konnys Freunde und Verwandte warten hinter der Reling der Cap San Diego, um ihm einen Überraschungsempfang zu bereiten.

ser Arbeit über die Monate gesucht und kontaktiert hatte. Konny war so perplex, er wäre mir fast ins Wasser gesprungen. Denn das war wirklich ein riesiges Schiff und es sollte uns jetzt für einen Nachmittag und Abend ganz alleine gehören.

Aber ich hatte noch einen Joker in petto. Ich kündigte ihm an, dass wir mit der Cap San Diego später ablegen und damit die Elbe runterfahren würden. Davon glaubte mir Konny aber kein Wort, denn die Cap San Diego ist ein Museumsschiff, es ist seit Jahren fest verankert im Hamburger Hafen. Also sagte ich zu ihm: „Wollen wir wetten?" Schmunzelnd ließ er sich auf die Wette ein und fragte nur: „Um was?" Ich hatte zum Glück einen Geistesblitz und antwortete: „Um einen Swimmingpool."

Die Feier ging los, wir hatten ein Barbecue an Deck und irgendwann legte die Cap San Diego tatsächlich ab und wir fuhren die Elbe hinunter. Die Überraschung war mir ganz und gar gelungen und ich hatte die Option auf einen Pool, bei den tropischen Temperaturen in Hawaii ein absoluter Traum.

Ich hatte damals eine unglaubliche Geburtstagsfeier und würde dafür in der Zukunft einen Pool bauen. Das war für mich an sich kein Problem, ich scheue mich bekanntlich nicht vor Bauprojekten, selbst wenn sie groß sind. Direkt danach zogen wir aber erst einmal um und waren mit anderen Dingen beschäftigt. Das neue Grundstück und das Haus brauchten meine ganze Aufmerksamkeit. Die Jahre vergingen und sowohl Manu als auch das Filmteam neckten mich immer wieder mit dem Poolbau. Vor allem, als ich überlegte, mir auf dem Grundstück ein Dojo zu bauen, also ein Trainingsareal für Karate. Nach jedem anstrengenden Drehtag gab es jetzt den Running Gag: „So ein langer Tag, es wär so schön, wenn wir jetzt noch im Dojo zwei Stunden trainieren könnten." Um mir zu zeigen, was mehr Priorität hatte: ein Dojo oder ein Swimmingpool.

Kurz überlegte ich, ein Stahlbetonbecken zu gießen, aber das wäre richtig aufwendig geworden, wir hätten Pumpen gebraucht, die den Beton bis zur Baustelle befördern. Irgendwann kam Manu dann auf die Idee, man könnte doch vielleicht erst mal ein kleineres Aufstellbecken für den Garten kaufen. Also guckten wir online bei Walmart und klickten uns durch die Angebote. Da sahen wir, dass es nicht nur kleine Aufstellpools gab, sondern auch größere. Denn wenn ich auch einen großen Pool haben kann, dann nehme ich doch natürlich auch einen großen Pool. Die angeklickten Schwimmbecken wurden immer größer, wir waren wie im Rausch. Letztlich haben wir den größten Aufstellpool gekauft, den man dort haben konnte. Da er vom Festland geliefert wurde, wäre der Transport beinahe so teuer geworden wie der Pool selbst. Manu fand dann zum Glück eine günstigere Spedition. Der Pool kam in zwei riesigen mörderschweren Paketen und wartete auf seinen Einsatz.

Jetzt musste ich aber erst einmal den richtigen Platz finden. Wir haben ja ein Grundstück, das in mehreren Ebenen angelegt ist, aber es ging natürlich auch darum zu gucken, wo die Sonne herkommt. Wir entschieden uns, den Pool direkt vors Haus zu bauen, und ich begann mit der Arbeit.

Das war alles gar nicht so einfach. Erst mal wurden wir von der Baggerfirma ordentlich über den Tisch gezogen, was mich heute noch ärgert, dann fiel ich bei den Bauarbeiten mit dem Traktor ins Baggerloch und natürlich musste ich mich auch technisch mit allerlei Dingen auseinandersetzen.

Der pH-Wert des Wassers muss stimmen, man braucht eine Filteranlage, eine Umwälzpumpe, dafür baute ich wiederum ein Poolhaus und so weiter. Ich wollte auch keine Chlortabletten verwenden. In unserem Pool in Gainesville hatten wir Chlortabletten und das störte mich damals schon sehr, aber ich wusste einfach von keiner Alternative. Dieses Mal habe ich ein wenig recherchiert und mich am Schluss für eine Salzwasserelektrolyse entschieden. Das ist schonend und der Pool bleibt trotzdem keimfrei. Es ist wie immer, wenn man etwas richtig gut macht. Man kann sich viele Stunden damit befassen, bevor man die geeignete Lösung hat.

Aber die größte Arbeit war definitiv die Holzterrasse um den Pool herum. Ich habe sie auf 150 Pfeilern angelegt und unzählige Bretter zurechtgesägt. Dann musste ich die Bretter aber erst mal streichen. Hier in Hawaii haben wir ein tropisches Klima, also hohe Luftfeuchtigkeit, viel Sonne und regelmäßige Regenschauer. Wenn man da das Holz nicht schützt, kann man beim Verfaulen direkt zusehen. Weil hierfür eine Öko-Farbe einfach zu schwach ist, kaufte ich eine Holzschutz-Imprägnierung im Baumarkt und probierte sie gleich an einer Stelle aus. Jetzt war das Holz zu diesem Zeitpunkt aber schon so trocken, dass es die Farbe regelrecht aufsaugte. Das Ende vom Lied, ich kaufte nicht nur die kompletten Bestände dieser Farbe in meinem örtlichen Baumarkt, sondern in allen Baumärkten auf der kompletten Insel. Nicht nur große Gebinde, auch kleine. Die Farbe war danach überall ausverkauft. Am Ende fehlten genau vier Bretter. Manu und ich versuchten es noch mal im Baumarkt, sie kletterte ganz tief ins Regal und wir fanden noch drei kleine Dosen, die reichten exakt bis zum letzten Pinselstrich.

Nachdem ich die Baumarkte leer gekauft hatte, kam die Farbe in Hawaii nie mehr auf den Markt. Vielleicht war sie so giftig, dass sie nicht mehr eingeführt werden darf. Wahrscheinlicher aber ist, dass Firmen einfach lieber Farben verkaufen, die man schon nach zwei Jahren nachstreichen muss. Ein riesiger Aufwand! Um die Terrasse zu streichen, habe ich sechs Wochen gemalt. In der Zeit hat Picasso wahrscheinlich vier Meisterwerke vollendet.

Der Pool mit Poolhaus und großer Holzterrasse war der Einsatz für eine verlorene Wette.

CHRISTIAN
FLO
FELIX

FERNSEHSACHEN

Wenn man sich auf Neues einlässt, und das naturgemäß mit einer gewissen Unsicherheit, muss man ertragen können, wenn immer eine Kamera draufhält. Aber es gibt Grenzen. Schöne und weniger schöne Erlebnisse, wenn einen eine Filmcrew begleitet.

FERNSEH-BUSINESS

Wir waren am Anfang der Sendung ja kleine Fischlein in einer völlig neuen und für uns unübersichtlichen Branche. Wir haben erst nach und nach erfahren, wie das alles so läuft. Das Kamerateam war beispielsweise gar nicht von RTL, das war eine externe Produktionsfirma, die vom Sender für verschiedene Projekte eingekauft wurde. Das ist aber ganz normal. Nur die Redakteurin oder der Redakteur waren von RTL-Extra. Die wenigsten

Produktionen werden von den Fernsehsendern noch selbst produziert, das passiert fast immer mit Firmen von außerhalb.

Während das Ganze am Anfang für uns noch ein großes Abenteuer war, so änderte sich das natürlich mit der Zeit und mit unserer Beliebtheit, plötzlich hatten wir einen großen Fanclub in Deutschland und die Sendung hatte gute Einschaltquoten. Und es wurde mehr Arbeit.

Jetzt war es aber so, dass die wagemutige Redakteurin, die sich 2004 auf unsere Geschichte einließ, über die Jahre eine gute Freundin von uns geworden war. Sie war definitiv wichtig für uns, sie hat uns auch in so mancher Situation in die richtige Richtung gestupst. Wir hatten viele Jahre eine sehr gute Zeit miteinander. Aber wie das bei Entdeckern oder Lehrern eben so ist, manchmal wird es schwer, wenn der Schützling einem plötzlich entwächst und immer selbstständiger wird.

Zu Anfang hat das Filmteam immer nur die Kamera aufgestellt und einfach laufen lassen. Es gab ja viel Neues in unserem Leben, sodass man da nichts scripten musste. Aber irgendwann wurde der Ton dann etwas rauer, wenn wir Sachen hinterfragt haben oder uns gegen so manche Geschichte auch mal wehrten. Wir wollten zum Beispiel einfach nicht im Schlafzimmer gefilmt werden, das ist doch auch normal, dass man das nicht will. Und natürlich gibt man in so einem Format gern etwas von sich preis, das ist ja auch völlig in Ordnung. Aber es war uns dann auch wichtig, gewisse Grenzen zu ziehen. Und auch wenn wir nicht gescriptet wurden, wurde schon versucht, gewisse Situationen auch mal künstlich herbeizuführen. Nach einigen Jahren durchaus auch mit dem Druckmittel: „Dann gibt es die Reimanns eben nicht mehr …"

Manche Sachen gingen aber auch ganz klar gegen unsere Überzeugungen. Manu und ich sind beide große Tierliebhaber und für uns ist es ein Unding, dass Delfine und Wale in Gefangenschaft leben. Sie vegetieren eingesperrt in kleinen Schwimmbecken und sollen dann in diesen Wassershows für Belustigung beim Publikum sorgen. Da hat der Sender von uns verlangt, dass wir in einer Bucht Richtung Key West auf einem Roadtrip zu Delfinen ins Wasser gehen und sie anfassen sollen. Da habe ich damals Manu gefragt, ob wir dieses ganze Theater wirklich mitmachen müssen. Das war einfach gegen unsere Überzeugung, das haben wir auch klar gesagt, aber unsere Anliegen wurden damals einfach weggewischt.

Das Team hat uns aber natürlich viele Jahre begleitet, wir kannten uns gut, hatten viel Zeit miteinander verbracht und auch wenn wir durchaus nicht immer einer Meinung waren: Es gab eine Vertrauensbasis.

Diese hat dann allerdings bei dem Dreh in Florida sehr gelitten. Wir waren gemeinsam mit Janina und Jason zum Filmen auf diesem Roadtrip unterwegs. Auf halber Strecke war vereinbart, dass die Kinder zurückfliegen und wir gemeinsam mit dem Filmteam weiter nach Key West reisen sollten. Janina war damals schon fast erwachsen, Jason war ein Teenager. Aber anstatt die Kinder zum Flughafen nach Miami zu bringen oder ein Taxi zu organisieren, hat unser damaliges Filmteam die beiden einfach irgendwo an einer Bushaltestelle rausgelassen mit der Anweisung: „So, da geht jetzt dann ein Bus nach Miami, der bringt euch zum Flughafen, damit ihr nach Hause fliegen könnt." So geht man doch nicht miteinander um. Selbst so mancher Erwachsener wäre in so einer Situation überfordert gewesen. Manu war über diese Aktion verständlicherweise sehr wütend.

Auch wollten wir uns mehr einbringen. Wir hatten ja von Anfang an unsere E-Mail-Adressen auf unserer Webseite veröffentlicht und konnten anhand der Zuschauerreaktionen genau sehen, was die Leute interessierte und was nicht. Aber alle Versuche, das an die Redaktion weiterzugeben, wurden nicht ernst genommen. Irgendwie war das kein Verhältnis auf Augenhöhe und wir fühlten uns irgendwann nicht mehr wohl. Wir wurden viele Jahre von diesem Team begleitet und es war mitnichten so, dass wir da ein Vermögen dafür bekommen hätten. Wir bekamen eine kleine Aufwandsentschädigung und natürlich auch indirekte Werbung für unsere Gästehäuser. Aber wir hatten auch in so manchem Bereich keine Rechte.

Dazu muss man wissen: Beim Fernsehen entsteht so eine Sendung erst richtig im Schnitt. Für gewöhnlich wird sehr viel mehr Material gefilmt, als dann tatsächlich in die Sendung kommt. Und im Schnitt kann man so vieles beeinflussen. Man kann aus einem Rohmaterial zwei völlig unterschiedliche Sendungen schneiden. Das bedeutet, man kann einen Menschen in einem vorteilhaften und in einem weniger vorteilhaften Licht erscheinen lassen. Jetzt war das ja eine Sendung von und über uns und dennoch hatten wir keinen wirklichen Einfluss darauf. Wir durften die Folgen auch nie vorher sehen oder gar absegnen. Irgendwann kam dann der Punkt, dass wir innerhalb der Familie diskutierten, ob wir das wirklich weitermachen wollten.

Der Tenor war: vielleicht ja, aber wenn, dann nur zu ganz anderen Bedingungen. Wir streckten ein wenig unsere Fühler aus und schon war ein anderer Sender an uns interessiert. Als der neue Sender uns dann ein Angebot machte, wurde mir ganz schwindelig, denn wir wussten überhaupt nicht, dass wir all die Jahre so viel wert gewesen waren. Der neue Sender war anfangs recht vielversprechend, aber leider wollten die uns völlig verbiegen. Ganz absurde Ideen standen da im Raum: Ich sollte beispielsweise nach Dubai fliegen und oben auf einem Wolkenkratzer einem einheimischen Handwerker seine Arbeit erklären. Und das stand für mich außer Frage. Der wird schon wissen, was er tut, und was täte ich bitte schön in Dubai? Ich bin doch nicht nach Amerika ausgewandert, um mich jetzt nach Dubai fliegen zu lassen. Zwar wurden wir jetzt ordentlich bezahlt, aber zugehört wurde uns wieder nicht. Einmal wollte der Sender, dass mich die Kamera in Deutschland beim Zahnarzt begleitet. Ich sagte von vornherein, dass ich das auf keinen Fall will. Was sollte denn das? Und wer will das sehen? Voilà, hier der Rachen von Konny Reimann. Ob ihr das jetzt glaubt oder nicht, die schickten am nächsten Tag tatsächlich einen Kameramann zum Zahnarzt! Den hab ich natürlich direkt wieder weggeschickt.

Jetzt war es so: Wir hatten einen Jahresvertrag abgeschlossen. Wahrscheinlich lag es daran, dass wir klar sagten, was wir wollten und was nicht, auf jeden Fall kam zwar das Geld, aber keine Kamera. Der Sender wollte uns einfach aushungern lassen. Die dachten, wir haben die jetzt unter Vertrag, die können also zu keinem anderen Sender und wir filmen nichts mit ihnen. Nach einem Jahr weiß keiner mehr, wer das ist. Und ja, das hätte natürlich so kommen können. Zum Glück aber hatten Manu und ich zu diesem Zeitpunkt bereits eine treue Fanbase und außerdem wurden wir innerhalb dieses Jahres immer wieder zu diversen Fernsehshows in Deutschland eingeladen. Wir waren also präsent, ob das unsere Arbeitgeber wollten oder nicht. Hier fühlten wir uns also auch nicht gut aufgehoben. Es blieb uns nichts anderes übrig, wir wechselten erneut.

Bei dem neuen Sender hatten wir sofort ein gutes Gefühl. Jedes Unternehmen steht und fällt ja mit den Menschen, die dort arbeiten. Und die Chefs und Redakteure, mit denen wir es zu tun hatten, waren richtig gute Leute. Das fühlte sich einfach gut an. Von Anfang an vereinbarten wir auch, dass wir künftig unsere Folgen vor der Ausstrahlung sehen und notfalls ein Veto einlegen könnten. Es sollte eine lange Beziehung werden.

Viele Jahre konnte man uns jetzt bei diesem neuen Sender sehen. Das Kamerateam kam alle paar Wochen nach Texas und später nach Hawaii und wir wuchsen richtig zusammen. Aber leider zogen die Jahre ins Land und irgendwann war keiner der Ansprechpartner mehr im Unternehmen, wegen denen wir überhaupt gekommen waren. Die Verantwortlichen gaben sich die Klinke in die Hand, ein Redakteur benahm sich bei uns in Hawaii dermaßen daneben, dass ich ihn an Ort und Stelle aus der Produktion warf, und ich hatte irgendwann kein gutes Bauchgefühl mehr. Leider ist es so, dass mich solche Themen wirklich belasten. Ich nehme diese Dinge mit in den Schlaf. Wenn etwas nicht ausgesprochen wird und die Dinge so vor sich hin schwelen, wenn ich klar spüren kann, dass es einfach nicht mehr passt, dann nehme ich mir das sehr zu Herzen. Das ist nicht schön und natürlich musste irgendwann eine Lösung her. Wir waren erneut zu einer Veränderung gezwungen und landeten bei Kabel Eins.

Da uns das norddeutsche Filmteam aber ans Herz gewachsen war, nahmen wir es einfach kurzerhand mit zu unserem neuen Arbeitgeber. Da ist es dann wieder gut, dass es Produktionsfirmen gibt, die für verschiedene Sender arbeiten können. Bei Kabel Eins stimmte einfach alles. Den Senderchef lernte ich persönlich kennen und wir waren sofort auf einer Wellenlänge. Hier werden wir ernst genommen, hier können wir uns einbringen. Hier arbeiten wir alle auf Augenhöhe. Wir sind angekommen und ich kann endlich wieder ruhig schlafen. Mit dem Filmteam verbrachten wir über die Jahre so eine gute Zeit. Es war immer ein Miteinander, nie ein Gegeneinander und mittlerweile sind Christian, Felix und Florian echte Freunde geworden.

Ich spule jetzt mal zurück zum Jahr 2004 nach Schenefeld, zum Tag vor unserer Auswanderung. Ein kleines Team hielt damals unsere letzten aufregenden Stunden fest. Der Chef dieses Teams war genau der Christian, der jetzt alle paar Wochen an unsere Tür klopft. Er ist unser Redakteur und wichtigster Ansprechpartner für die Sendung, wir verstehen uns blind und wir haben schon die lustigsten Abende miteinander erlebt. Ohne es damals zu ahnen, haben wir uns vor 20 Jahren bereits durch Zufall kennengelernt. Und jetzt schließt sich wieder der Kreis.

Unser Filmteam: Christian, Felix und Flo.

DU BRAUCHST:

1 Handvoll frisches Basilikum
3 cl Zitronensaft
2 cl Agavensirup
6 cl Gin
Eiswürfel
Mineralwasser

GIN BASIL SMASH

Die Ideen unseres Filmteams haben uns natürlich auch das ein oder andere Mal beeinflusst. Unser Redakteur Christian brachte zum Beispiel eines Tages einen neuen Drink auf, den wir jetzt nach Feierabend gern mal gemeinsam in der Dschungelbar genießen.

1. Das Basilikum inklusive Stängel mit Zitronensaft und Agavensirup in den Shaker geben und mit einem Stößel andrücken.
2. Nun Gin daraufgießen, Eiswürfel zugeben und kräftig schütteln.
3. Etwas Mineralwasser dazugeben.
4. Durch das Sieb vom Shaker in ein Glas mit Eiswürfeln gießen.
5. Am Ende mit einem Basilikumblatt garnieren.

UNTERWEGS MIT DEM FILMTEAM

Wie bereits erwähnt, begleiten uns Christian, Florian und Felix schon seit vielen Jahren auf unserem Weg. Aus unserer beruflichen Zusammenarbeit ist mittlerweile eine wirklich gute Freundschaft geworden. Gemeinsam haben wir schon so viele skurrile, schöne, lustige und ärgerliche Sachen erlebt. Es ist an der Zeit, endlich mal zu erzählen.

Ich hatte ja immer schon ein großes Faible für Fahrzeuge jeder Art und jeder Größe. Unter anderem widmete ich mich da mal längere Zeit einem Greyhound-Bus. Zum Glück nicht alleine, denn zu zweit arbeitet es sich natürlich bedeutend schöner. Ein gewisser Bernd aus Deutschland hatte damals im Fernsehen gesehen, dass ich beabsichtigte, einen Greyhound-Bus auszubauen, und mich daraufhin prompt kontaktiert. Wie es manchmal im Leben so läuft, wir waren uns sofort sympathisch. Bernd hat eine Firma für Solaranlagen und Technik für Wohnmobile. Besser konnte es für mich in dieser Situation wirklich nicht laufen!

Tatsächlich kam Bernd zu uns nach Texas und wir bauten den Greyhound-Bus über den Zeitraum von sechs Monaten gemeinsam aus. Da haben wir uns natürlich auch mal gekabbelt. Bernd ist ein richtiger Techniker und ich bin eher der Praktiker. So manches Mal standen ihm die Haare zu Berge, wenn ich etwas auf eine gewisse Weise lösen wollte. Im Nachhinein muss ich aber zugeben, er hatte meistens recht.

Und doch verbindet uns auch viel: Bernd ist wie ich ein absoluter Perfektionist. Zum Beispiel wollten wir einen Stromgenerator in den Bus einbauen. Das Ding war leider extrem laut. Was haben wir da getüftelt! Ich baute eine Kiste, wir setzten den Generator auf Gummipolster, wir isolierten ihn. Es dauerte Tage, aber irgendwann waren wir zufrieden. Wir hatten es tatsächlich geschafft, einen ohrenbetäubend lärmenden Generator auf eine leise Zimmerlautstärke zu bringen.

Später haben wir dann die komplette Ausstattung von diesem Greyhound-Bus in einen anderen gebrauchten Greyhound-Bus eingebaut, als der alte Bus kaputtging. Wir stellten beide Busse nebeneinander und bauten alles von Bus eins in Bus zwei. Da wir schon Erfahrung hatten, waren wir dieses Mal bedeutend schneller. Nach nur zwei Monaten war das Ding fertig!

Das Schöne an unserer Freundschaft ist, dass ich mit Bernd nicht nur unglaublich gut an einer Sache arbeiten kann, sondern dass er mich mittlerweile auch sehr gut kennt. Viele Entscheidungen, die ich später getroffen habe, hat Bernd damals bereits vorausgesehen. Wir beide werden wohl gemeinsam noch so einige Projekte in Angriff nehmen. Ideen dazu haben wir an langen Abenden genügend entwickelt.

Den neu ausgebauten Greyhound-Bus Nummer zwei verschifften Bernd und ich 2015 nach Deutschland und wir machten dann noch kurz vor unserem Umzug nach Hawaii damit eine große Europareise, um ihn im Anschluss in Deutschland zu verkaufen. Die Reise führte uns an unsere Lieblingsstellen. Orte, an denen wir früher oft Urlaub gemacht hatten. So waren wir unter anderem in Südfrankreich unterwegs.

Jetzt ist Frankreich an vielen Ecken nicht unbedingt auf einen zwölf Meter langen Bus eingestellt. Bei so manchem engen Kreisverkehr habe ich da aus Versehen die Blumenbeete mitgenommen. Das Filmteam war dabei immer im Auto vor uns unterwegs.

Jetzt verschließe ich mich wirklich nicht der modernen Technik, aber ich bin eben doch ein Mann vom alten Schlag und auch ein großer Fan von Landkarten. Die Jungs vom Filmteam hielten davon nicht allzu viel und ließen einfach vom Navi die beste Strecke ausrechnen. Dabei fragten sie mich auch einmal beiläufig, wie hoch denn unser Bus sei. Durch diese Information berechnet dann das Navi die perfekte Route und vermeidet zum Beispiel niedrige Tunnel. Ich nannte ihnen eine Zahl und wir fuhren los.

Bevor wir in Marseille in einen Tunnel einfahren wollten, hörte ich plötzlich einen lauten Schlag und der Bus erwischte oben eine Höhen-Begrenzungsstange, die polternd hochflog, hinten noch das Dachfenster erwischte und dann an zwei Ketten herunterhing. Die Stange lag lediglich auf und war dadurch bei Berührung durchaus beweglich. Sie diente als „Vorwarnung" wenn die Gesamthöhe des Fahrzeugs zu hoch für den Tunnel war.

Wir stiegen erst mal etwas perplex aus, da kam auch schon die französische Polizei, die das Ganze wohl auf ihren Kameras beobachtet hatte. Zum Glück grinsten sie uns an, vielleicht auch, weil wir ein amerikanisches Nummernschild hatten. Es stellte sich auch heraus, dass ich nicht der Erste war, dem das passierte, und die meisten Stangen sahen deshalb auch schon ganz schön ramponiert aus.

Gott sei Dank war der Schaden am Bus nicht besonders groß, lediglich eine Dachklappe war weggeflogen. Alle Solarpaneele waren noch intakt. Aber wie kamen wir jetzt hier wieder raus? Die Polizisten hatten mittlerweile den Tunnel gesperrt und deuteten mir an, vor der Einfahrt zum Tunnel umzudrehen. Auf dem Weg zurück sahen wir dann das durch die Sperrung entstandene Verkehrschaos. Vor dem Tunnel gab es einen Kreisverkehr. Die Autos standen dort kreuz und quer. Die Polizisten lotsten uns

Merke: Die Höhe eines Fahrzeugs bei niedrigen Tunnels nicht einfach abschätzen.

da durch und schalteten für mich die ganzen Ampeln auf Rot, denn ich durfte ja nicht mehr zum Tunnel hinunterfahren. An einer Stelle auf dem Weg zurück war dann tatsächlich noch so eine Begrenzungsstange. Diesmal waren wir aber wachsamer, die Polizisten und das Filmteam kletterten hoch und hoben die Stange nach oben und ich fuhr vorsichtig unten durch. Was für ein Abenteuer.

Natürlich fragten wir uns dann, wie das passieren konnte. Aber es war ganz einfach, ich hatte die Höhe des Busses nur geschätzt und mich dabei um einen Meter vertan. Kann passieren.

Gemeinsam mit dem Sender kamen wir 2018 auf die Idee, neben unserer normalen Sendung ein anderes Format auszuprobieren. In diesem Format ging ich mit einem Promi für mehrere Tage in die Wildnis. Immer nach dem Motto: einer gegen mich. Das war eine wirklich schöne Sendung, nicht nur, weil ich ganz interessante Menschen kennenlernte und sah, wie diese in ungewöhnlichen Situationen reagierten, sondern auch, weil es für mich eine gute Erfahrung war, dieses Survival-Training zu absolvieren. Man muss genau planen und auch seine Kraftreserven einteilen.

Auf ins Abenteuer in Südafrika mit TV-Koch Mike Süsser.

Die Promis waren alle ganz patente Leute, wir hatten wirklich eine gute Zeit, auch wenn ich die meisten vorher nicht kannte. Es gab nur einen einzigen sogenannten Promi, der sich so danebenbenahm, dass er mich wirklich zur Weißglut brachte. Respektlos, arrogant, hintertrieben, mir würden wohl noch zehn weitere unschöne Adjektive für ihn einfallen. Es handelt sich dabei um einen deutschen, ich nenne ihn mal den Hafensänger, der in jüngerer Vergangenheit aber vor allem mit anderen Themen von sich reden machte. Ich möchte das erzählen, weil ich noch nie in meinem Leben von jemandem so sehr abgestoßen war wie von ihm. Und glaubt mir, wenn man mal mit jemandem tagelang in der Wüste unterwegs war, dann lernt man sich ganz gut kennen. Die Erfahrung hätte ich mir im Nachhinein wirklich gerne erspart. Ich kann das auch erzählen, denn die Folge mit ihm gibt es längst nicht mehr. Auch andere hatten offensichtlich Interesse daran, ihn nicht mehr für die Menschheit verfügbar zu machen.

Wir haben mit ihm in der schroffen Landschaft von Utah gedreht. Die Hälfte des vereinbarten Gepäcks hatte er am Anfang schon nicht dabei. Die Regeln waren, dass wir kein Essen dabeihatten und man nur essen durfte, was man unterwegs fand. Jeden Abend gab es für alle Teilnehmer, also auch für das Filmteam, eine Gallone Wasser, das sind etwa 3,8 Liter. Nicht nur hatte er jeden Tag ein frisches Hemd an, nein, er wusch sich mit unserem wertvollen Trinkwasser auch noch die Haare.

Außerdem wollte er mit uns und dem Filmteam nicht besonders viel zu tun haben, er schlug sein Nachtlager gleich mal hundert Meter entfernt auf. Kein Wunder, denn auch von Teamplay hatte der werte Herr noch nichts gehört. Einmal kamen wir an eine Stelle, an der wir mit dem Auto nicht weiterkonnten. In Utah kann es gerne mal passieren, dass es zu einer Springflut kommt. Dann schießt plötzlich meterhohes Regenwasser durch ein Tal. Für gewöhnlich kann man das aber ganz gut abwarten. Und tatsächlich, nach zehn Minuten wurde es schon bedeutend weniger und am Ende war die Straße zwar voller Schlamm und Geröll, aber die Wassermassen waren wieder weg. Während wir warteten, kamen auch noch zwei Mädels mit ihrem Auto dazu, die ebenso vom Wasser ausgebremst wurden. Als der Spuk dann vorbei war, packten wir alle mit an, um die Straße wieder freizubekommen. Der Einzige, der nicht mal ein Kieselsteinchen zur Seite rollte, war unser Herr Hafensänger.

Am letzten Tag mussten wir uns an einer Stelle zu einem Plateau abseilen. Um alle gut runterzubekommen, bildeten wir eine Kette, in der wir die verschiedenen Rucksäcke weitergaben. Alle Rucksäcke hatten natürlich Gewicht, nur einer nicht. Der war anscheinend vollkommen leer und das war der Rucksack von unserem Hafensänger. Wenn ich da nur darüber nachdenke, werde ich schon wütend. Wir waren in einem Naturschutzgebiet! Und dieser Typ glaubt, sich an keine Regeln halten zu müssen. Der hat seine Wäsche, seinen Müll, seine ganzen Sachen einfach unterwegs vergraben. Der Kerl raubte mir wirklich den letzten Nerv.

Aber wir hatten es schon beinahe geschafft, mein besonderer Freund und ich gingen gerade nebeneinander her, denn das Filmteam wollte drehen, wie wir endlich am Ziel ankommen. Das Team war da bereits 50 Meter vor uns. Plötzlich hören wir lautes Gejohle und Menschen, die klatschen. Der Grund war der: Auf uns hatten auch mehrere Tourguides gewartet, die diese abenteuerliche Mission begleiteten, und sie hatten jetzt das Filmteam entdeckt und ihm zugejubelt. Da sagt der Hafensänger neben mir nicht ernsthaft: „Was soll das? Wir sind die Promis, bei uns müsst ihr klatschen." Und wie soll ich das jetzt vornehm sagen: Ich bin explodiert! Das Filmteam hat tagelang die schweren Kameras, das Equipment und das Wasser geschleppt. Es gab jeden Grund, es zu beklatschen!

Dass der werte Herr nicht nur betrügerisch und unverschämt, sondern auch unfassbar dumm ist, bestätigte er mit einer wunderbaren Schlusspointe. Die ersten beiden Tage, bevor es in die Wildnis ging, verbrachten wir als Team bereits miteinander. Am letzten Abend aber tauchte der Hafensänger nicht auf. Später wusste ich dann, wo er war. Er hatte sich in einem Laden verbotenerweise Unmengen an Müsliriegeln für die Wüste gekauft und am Ende die Rechnung als Spesen beim Sender eingereicht. Das alles zusammen und noch einiges mehr sind also die Gründe, warum er der einzige Mensch ist, dem ich niemals eine zweite Chance geben würde.

Manchmal greift man eben einfach ins Klo. Zum Glück haben wir so viele schöne Geschichten erlebt, die die mit dem Hafensänger sehr gut aufwiegen können. Einmal waren wir mit dem Filmteam in einem Hotel in Salt Lake City, Utah. Diesmal war das Filmteam größer, insgesamt waren wir acht Leute. Nach getaner Arbeit haben wir uns abends in einem Hotelzimmer getroffen, haben Musik gehört, gelacht, getrunken und gefeiert, bis irgendwann jemand an die Tür klopfte.

Ich wurde vorgeschickt, öffnete die Tür und stand einem Hotelangestellten gegenüber, der mich aufklärte, es gebe Beschwerden wegen unserer Lautstärke. Ich entschuldigte mich, versprach, dass wir natürlich leiser sein würden, und verabschiedete mich. Da wir jetzt schon einmal negativ aufgefallen waren, entschieden wir einfach, in eins der anderen Zimmer umzuziehen. Wir nahmen also die Getränke und zogen zwei Stockwerke höher in ein anderes unserer sieben Hotelzimmer. Wieder haben wir Musik gehört, gelacht und getrunken, da klopfte es auch hier an die Tür. Wieder sollte ich die Tür öffnen, die anderen setzten mir nur noch schnell ein Käppi auf, um flugs mein Aussehen zu verändern. Und was passierte? Ich öffnete die Tür und dort steht derselbe Angestellte wie vorhin und guckt mich entgeistert an. Sichtlich irritiert wiederholte er, wir sollten bitte leiser sein, da sich Gäste beschwert hätten. Schuldbeflissen nickte ich freundlich und schloss wieder die Tür. Hinter mir brach natürlich die Hölle los, alle lachten sich erst einmal kringelig. Wir hätten noch in fünf weitere Hotelzimmer wechseln können, aber wollten es auch nicht zu sehr ausreizen. Die acht Partymäuse gingen dann auch wirklich brav und zeitnah ins Bett.

Als wir für die Wildnis-Sendung „Konny Goes Wild" drehten, besuchten wir in Afrika auch ein riesiges Terrain mit zwei Löwen. Das waren Vater und Sohn. Wir fuhren mit zwei offenen Safari-Pick-ups rein, der Pick-up des Filmteams hatte eine tote Antilope auf der Ladefläche. Die Löwen sprangen auf den Pick-up und zerfleischten dieses Tier. Löwen haben ein so starkes Gebiss, man konnte das Zersplittern der Knochen sehen und hören. Die Jungs vom Filmteam waren nur einen Meter entfernt und das Fahrzeug war offen. Die dachten wirklich, ihr letztes Stündlein hätte geschlagen. Das war natürlich alles für den Dreh so ähnlich geplant gewesen, aber es war unheimlich aufregend und man konnte ihnen das Blut in den Adern gefrieren sehen.

Bei einer Safari für das Format „Konny Goes Wild" hatten wir alle eine unheimliche Begegnung mit zwei Löwen.

Immer wenn Konny in der Wildnis mit den Promis drehte, gab es für mich zeitgleich ein Programm mit der jeweiligen Begleitung des Promis. Vier Prominente hatten ihre Partnerinnen mitgebracht, der Koch Mike Süßer seine Küchenperle Dora Teich. (Ironie des Schicksals und kurze Randnotiz: Von den vier verheirateten Paaren sind mittlerweile drei schon wieder geschieden.)

Dora schlug ich vor, dass wir hier in Südafrika doch auch eine Safari machen könnten. Also fuhren wir gemeinsam mit einem Guide in ein Löwengehege. Wir bewegten uns direkt an den Tieren vorbei, die Löwen waren aber müde und schliefen. Plötzlich hatten wir mitten in diesem riesigen Gehege einen Platten. Was macht man da? Der Tourguide stieg aus und begann tatsächlich, den Reifen zu wechseln. Dabei kniete er mit dem Rücken zu den Raubtieren. Also standen Dora und ich Schmiere, um dem Guide jede Veränderung bei den Löwen mitzuteilen. An sich lagen sie nur faul herum, aber das Reifenwechseln machte für sie jetzt wohl ungewöhnliche Laute. Immer wenn sie ein solches Geräusch hörten, hoben sie plötzlich interessiert den Kopf. Es war wirklich abenteuerlich. Vor allem nachdem ich einmal gesehen habe, wie schnell diese Tiere sein können, hätte das auch weniger gut laufen können. Zum Glück war das Interesse der Löwen an uns doch nicht so groß und wir fuhren nach dem Reifenwechsel erleichtert von dannen.

Auf Safari in Südafrika: Dora Teich und ich brauchen nach unserem Erlebnis mit den Löwen Nervennahrung. A hui hou liebe Dora!

NORTH
SHORE
PACIFIC CLUB
PIPELINE

EIN TYPISCHER MORGEN IM HAUSE REIMANN

Frühstücken wie die (Südsee-)Könige. Das ist uns heilig. In Hawaii wollten wir etwas zur Ruhe kommen – es scheint, dies ist der richtige Ort dafür.

Ich bin immer der Erste, der morgens aufsteht. Ich war schon mein Leben lang ein Frühaufsteher und nutze einfach gerne die frühen Morgenstunden. Obwohl ich theoretisch auch ausschlafen könnte, bin ich immer gegen sechs Uhr aus dem Bett. Nach dem Aufstehen gucke ich meistens nach unseren Papageien und wir klönen ein wenig. Anschließend mache ich Kaffee und kümmere mich erst mal um die wichtigsten E-Mails und schaue, was für den Tag so ansteht.

Einblicke in unser paradiesisches Leben in Hawaii.

Wenn ich aufwache, duftet das ganze Haus bereits nach Kaffee, den Konny gerade frisch gekocht hat. Gegen kurz nach sieben Uhr stehe ich dann wirklich auf. Mein erster Punkt des Tages ist immer mein Gang auf die Veranda. Dort schau ich in diesen traumhaften Dschungel vor unserem Haus, auf die Palmen, auf die Vögel. Das ist mein „Guten Morgen, Hawaii"-Moment. Den genieße ich wirklich besonders.

Sobald ich am Computer fertig bin, steht Manu meist schon da und wir gehen erst mal im Pool schwimmen. Danach gibt es eine heiße Dusche, Kaffee, Tee, vielleicht ein paar Eier. Ich setze mich dazu gern mit Miss Ellie auf die Terrasse, schmuse mit ihr und trinke meine erste Tasse Kaffee. Sobald Manu dazukommt, nehmen wir Erwin dazu, der gern auf ihrer Schulter sitzt.

Zwar war ich es, die Miss Ellie entdeckte, aber ich habe immer wieder den Eindruck, sie mag mich nicht. Bei jeder Gelegenheit möchte sie mich zwicken und schickt mir furchtbare Blicke rüber. Ich glaube, sie ist eifersüchtig. Ich nenne sie mittlerweile meistens Miss Pit Bull.

Unser Frühstück dauert meistens ein bis zwei Stunden. Manu und ich haben uns nach all den Jahren immer noch viel zu erzählen. Das liegt bestimmt auch daran, dass wir ein Leben haben, in dem immer wieder etwas passiert. Aber vermutlich auch, weil ich einfach die richtige Frau gefunden habe.

ÜBER BEZIEHUNGEN

Wie wir beide es zusammen aushalten? Gegenseiter Respekt und Offenheit. Den anderen auch einfach mal sein lassen können, sich selbst nicht so ernst nehmen und eine gehörige Portion Humor – mehr steckt nicht dahinter.

Wir werden immer wieder nach dem Geheimnis unserer guten Beziehung gefragt und ich glaube, es liegt an unterschiedlichen Dingen. Es schadet schon mal nicht, wenn man ähnlich auf die Welt schaut. Manu und mir ist gegenseitiger Respekt sehr wichtig. In all den Jahren unserer Beziehung gab es nie ein böses Wort oder gar Fäkalsprache zwischen uns. Vielleicht habe ich auch einfach zu viele Auseinandersetzungen in meiner Kindheit erlebt, so ein Gegeneinander ist mir ein Grauen. Das Leben verlangt einem manchmal durchaus was ab, da möchte ich mich doch nicht in meinem sicheren Zuhause auch noch anschreien müssen. Natürlich haben auch wir einmal Meinungsverschiedenheiten, das ist völlig klar. Aber wir gehen dann nicht gleich aufeinander los, sondern diskutieren.

Ich habe schon oft beobachtet, dass Beziehungsprobleme eigentlich Machtprobleme sind. Dass es viel zu häufig um ein „Wer ist der Stärkere?" geht. Das halte ich für völlig falsch. In einer Beziehung treffen sich zwei Individuen, die viele Schnittmengen haben, aber trotzdem haben sie individuelle Überzeugungen, Wünsche oder Sehnsüchte im Gepäck. Bei uns ist jeder frei. Wenn Manu mit ihrer Freundin nach New York fliegen möchte, wenn sie sich irgendetwas kauft, in dem ich keinen Sinn sehe, oder an Dinge glaubt, die ich nicht nachvollziehen kann: So what?

Das ist doch ganz allein ihre Sache. Das ändert doch nichts an meiner Liebe zu ihr. Wir müssen manchmal den Partner auch so sein lassen, wie er ist. Wo sonst darf er es sein? Manu ist großartig, wie sie ist, und nimmt mich auch mit all meinen Schrullen und Verrücktheiten. Ich bin bestimmt ein lustiger, talentierter und lieber Kerl. Aber aushalten muss man mich trotzdem.

Wer ist nun Topf und wer Deckel? Egal, bei uns beiden passt es einfach.

Ich bin ein ungemein harmoniebedürftiger Mensch und halte Streit nur sehr schlecht aus. Kommt es zwischen uns wirklich mal zu einer Meinungsverschiedenheit, schmolle ich vielleicht ein paar Stunden und dann komme ich meistens bald wieder bei ihm an, weil ich so eine Situation nur schlecht aushalten kann. Aber es braucht eben nicht nur einen, der auf den anderen wieder zugeht, sondern auch den anderen, der einen dann wieder in seine Arme schließt.

Ein großes Plus in unserer Beziehung ist auch der Humor. Konny und ich haben die gleiche Humorebene und können unfassbar gut über uns selbst lachen. Ja, wir beömmeln uns geradezu, wenn dem anderen mal ein Missgeschick passiert. Der Humor bricht jede Form von Ärger immer so wunderbar auf und relativiert ihn.

Das ist wohl eines unserer Geheimnisse, dass wir uns selbst nicht so ernst nehmen und immer wieder aufeinander zugehen. So kann man so manches Abenteuer miteinander erleben. Wer hätte denn damals gedacht, dass wir eines Tages miteinander um die Welt ziehen. Wir sagen immer scherzhaft: „Jeder Topf findet seinen Deckel", wobei wir jetzt nicht wirklich wissen, wer von uns der Topf und wer der Deckel ist.

Aber das ist auch egal. Wichtig ist, dass wir uns haben. Wir sind Manu und Konny Reimann und gemeinsam erobern wir die Welt.

WAS ICH NOCH SAGEN WOLLTE

Ob sich das Auswandern gelohnt hat? Ob Hawaii die letzte Station ist und wir uns hier zur Ruhe setzen werden? Ein Resümee aus der Dschungelbar.

Als ich mich damals in Schenefeld von meinen Freunden in Hamburg verabschiedete, sagte einer tatsächlich zu mir: „Konny, wenn du jetzt auswanderst, wirst du bestimmt noch Millionär!" Damals hatte ich darüber geschmunzelt und heute? Heute bin ich vielleicht wirklich ein Millionär. Aber vor allem bin ich reich an Erfahrungen.

Ist Amerika jetzt das gelobte Land, wie wir uns es damals ausgemalt hatten? Ja und nein. Ja, weil ich hier die Möglichkeiten hatte, mein Leben so zu gestalten, wie es mir in Deutschland nicht möglich gewesen wäre. Und nein, weil Amerika auch ein Land mit vielen Problemen ist.

Versteht mich jetzt nicht falsch. Amerika bietet viele Fleckchen Erde von unglaublicher landschaftlicher Schönheit, aber wenn man hier kein Geld hat, hat man ein hartes Brot. Ich bin heute einfach ein anderer Konny Reimann als der, der damals ausgewandert ist. Ich bin unzweifelhaft älter und in manchen Dingen vielleicht auch weiser geworden. Kein Wunder, ich bin mittlerweile auch schon mehrfacher Großvater!

Was ich aber wirklich meine, ist: War ich ein Leben lang auf eine gewisse Weise rastlos und auf der Suche, so kann ich heute besser die Ruhe genießen. Heute sitze ich oft nach einem anstrengenden Tag alleine mit einem Feierabendbier in der Dschungelbar und sinniere über das Leben nach. In solchen Momenten denke ich dann an die Menschen und Situationen, die mich berührt haben. Ich denke an meinen leiblichen Vater, der uns sogar noch damals in Texas besucht hat. Da werde ich dann vielleicht auch ein bisschen wehmütig. Er ist leider vor ein paar Jahren gestorben und ich hätte gerne noch länger etwas von ihm gehabt.

Ihm zu Ehren lege ich dann in der Bar seine geliebten Hans-Albers-Platten auf, trinke mein Bier und gucke in die Stille des Dschungels. Manchmal spiele ich auch unser Hochzeitslied „Forever and for Always". Dann drehe ich besonders laut auf, damit es Manu oben auf der Terrasse auch hören kann.

Dann und wann kommt mir auch noch unser Grundstück am Moss Lake in den Sinn. Der Blick auf den See in der Abendsonne war einfach unbezahlbar. Ein wenig schwer war mir mein Herz doch, als wir das alles verlassen mussten. Aber es war gut und es war richtig. Irgendwann ist eine Geschichte einfach auserzählt und es ist wichtig zu spüren, wann dieser Zeitpunkt gekommen ist.

Hawaii ist für uns wahrlich das Paradies, aber ob wir hier zusammen alt werden möchten? Ich kann es nicht sicher sagen. Denn wie sagt Manu immer: Die Welt ist einfach zu groß, um immer am selben Ort zu bleiben.

Die nächste Generation wartet schon. In Konny Island III in Hawaii ist Platz für die ganze Familie.

DANKE!

Danke an Janina und Jason, unsere Lieblingskinder, die das Abenteuer Auswanderung mitgemacht und uns inzwischen zu Oma und Opa gemacht haben … Kealan (2014), Oliver (2016), Charlie (2019) und Isla (2022) sind unsere kleinen Sonnenscheine.

Wir bedanken uns bei Franziska, die unsere Gedanken für dieses Buch sortiert und in Worte gefasst hat. Mit ihr saßen wir eine ganze Woche lang auf unserer Terrasse in Hawaii und erzählten kreuz und quer.

Danke auch an das gesamte Verlagsteam, das uns seit der ersten Sekunde dieses Buchprojektes mit viel Begeisterung begleitet hat.

Danke an all die „Fernsehfuzzis", die in all den Jahren mit uns gearbeitet haben, angefangen bei RTL-Extra, weiter mit RTL2 und jetzt Kabel Eins. Besonderen Dank an Marc, der uns viel Vertrauen entgegengebracht hat.

Ein ganz großes Dankeschön geht an unser Filmteam, Christian, Felix und Flo, die mit uns über die ganzen Jahre immer durch dick und dünn gegangen sind.

Danke an Bianca und Patrick aus Kiel, die für jede Frage eine Antwort parat haben und uns immer zur Seite stehen.

Danke an alle, die unser Leben bisher begleitet haben …

Manu und Konny

Wir beide sind ein unschlagbares Team, aber für manche Projekte braucht man eben doch Unterstützung. Danke an alle!

Die Auswanderung nach Hawaii haben wir nie bereut, ob es die letzte sein wird, werden wir sehen.

8 DINGE, DIE IHR NOCH NICHT VON UNS WUSSTET:

MANU:

1. liebt Wäsche waschen ☺
2. mag gerne Haie und Manatees (Seekühe)
3. braucht mindestens sieben Stunden Schlaf
4. Lieblingsfarbe: Blau
5. wird auch Duracell-Häschen und Tanzmaus genannt
6. ekelt sich vor fremdem Plastikgeschirr
7. ist absoluter Koffer-Pack-Profi
8. liebt Ordnung - schafft es aber nicht

KONNY:

1. trinkt gerne Gurkenwasser aus dem Glas
2. wäscht seine Wäsche selbst (hat eine eigene Waschmaschine)
3. isst nur Eier von eigenen Hühnern und Früchte aus dem eigenen Garten
4. Lieblingsfarbe: Grün
5. schenkt Manu immer die erste Rose, die im Garten blüht
6. kann 50 Liegestütze auf jeder Faust machen
7. hat erst seit zwei Monaten ein Smartphone
8. hat das größte Werkzeug- und Schraubenlager in Hawaii

Manu Reimann begleitet ihren Konny durch jedes Abenteuer. Die gelernte Damenschneiderin ist Unternehmerin, Inhaberin ihrer eigenen Marke Just Kiddies und legt großen Wert auf einen umweltbewussten und bodenständigen Lebensstil.

Akkuschrauber, Schnauzer und Cowboyhut: Das kann nur **Konny Reimann** sein! Mit seiner Familie hat er 2004 seine Heimatstadt Hamburg verlassen und ist erst nach Texas und anschließend nach Hawaii ausgewandert.

Über die Autorin: **Franziska Wanninger**, geboren 1982 in Niederbayern, hat selbst einige Jahre in den USA gelebt und als Autorin und Lektorin bereits einige Bücher auf den Weg gebracht. Wenn sie nicht gerade selbst schreibt, steht sie als Kabarettistin auf unzähligen deutschsprachigen Bühnen oder verwirklicht ein anderes kreatives Projekt. Eine ihrer engsten Freundinnen kommt aus Norddeutschland und auch bei der Zusammenarbeit mit Manu und Konny Reimann war zu sehen: Die Bayern und die Nordlichter passen richtig gut zusammen.

DIE WERDEN SIE AUCH LIEBEN.

ISBN 978-3-8338-7123-8

ISBN 978-3-8464-0954-1

ISBN 978-3-8464-0901-5

ISBN 978-3-8338-1863-9

ISBN 978-3-8338-8808-3

ISBN 978-3-8338-8668-3

Alle hier vorgestellten Bücher sind auch als eBook erhältlich.

GU POLYGLOTT

Mehr von GU auf **gu.de** | **gu.verlag** | **gu.verlag**

QUALITÄTS G|U GARANTIE

LIEBE LESERINNEN UND LESER,

wir wollen Ihnen mit diesem Buch Informationen und Anregungen geben, um Ihnen das Leben zu erleichtern oder Sie zu inspirieren, Neues auszuprobieren. Wir achten bei der Erstellung unserer Bücher auf Aktualität und stellen höchste Ansprüche an Inhalt und Gestaltung. Alle Anleitungen und Rezepte werden von unseren Autoren, jeweils Experten auf ihren Gebieten, gewissenhaft erstellt und von unseren Redakteur*innen mit größter Sorgfalt ausgewählt und geprüft.

Haben wir Ihre Erwartungen erfüllt? Sind Sie mit diesem Buch und seinen Inhalten zufrieden? Wir freuen uns auf Ihre Rückmeldung. Und wir freuen uns, wenn Sie diesen Titel weiterempfehlen, in Ihrem Freundeskreis oder bei Ihrem Online-Kauf.

Sollten wir Ihre Erwartungen so gar nicht erfüllt haben, tauschen wir Ihnen Ihr Buch jederzeit gegen ein gleichwertiges zum gleichen oder ähnlichen Thema um.

KONTAKT ZUM LESERSERVICE

GRÄFE UND UNZER VERLAG
Grillparzerstraße 12
81675 München
www.gu.de

IMPRESSUM

GRÄFE UND UNZER

GU ist eine eingetragene Marke der GRÄFE UND UNZER VERLAG GmbH, www.gu.de

ISBN 978-3-8338-9036-9
2. Auflage 2023

Projektleitung: Fabian Barthel
Lektorat: Sebastian Hofmann für booklab GmbH, München
Korrektorat: Andrea Lazarovici
Bildredaktion: Petra Ender, Natascha Klebl (Cover)
Umschlaggestaltung und Layout: ki 36 Editorial Design, Bettina Stickel
Herstellung: Felix Robitsch
Satz: Christopher Hammond
Reproduktion: Longo AG, Bozen
Druck & Bindung: aprinta GmbH, Wemding

GRÄFE UND UNZER

Ein Unternehmen der
GANSKE VERLAGSGRUPPE

Umwelthinweis:
Nachhaltigkeit ist uns sehr wichtig. Der Rohstoff Papier ist in der Buchproduktion hierfür von entscheidender Bedeutung. Daher ist dieses Buch auf PEFC-zertifiziertem Papier gedruckt. PEFC garantiert, dass ökologische, soziale und ökonomische Aspekte in der Verarbeitungskette unabhängig überwacht werden und lückenlos nachvollziehbar sind.

Bildnachweis:
Alle Bilder stammen aus dem Familienarchiv von Manu und Konny Reimann, mit Ausnahme von: Adobe Stock: 088, 090, 127, 190; Alamy: 026, 030; Franziska Wanninger: 268; Getty Image: 002-003, 036, 122, 124; Kabel 1: 062, 258-2, 258-3, 258-4, 258-5; Kabel 1/LucyXYZ, Hawaii: U1, 002, 006, 008, 012, 188-189, 220-221, 222, 228, 245, 260, 262, 264, 270-1, 270-2; Shutterstock: 102, 118.

Alle Illustrationen von Bella Illenberger. Layoutelemente: Getty Images, Shutterstock.

Wichtiger Hinweis
Die Gedanken, Methoden und Anregungen in diesem Buch stellen die Meinung bzw. Erfahrung des Verfassers dar. Sie wurden vom Autor nach bestem Wissen erstellt und mit größtmöglicher Sorgfalt geprüft. Jede Leserin, jeder Leser ist jedoch für das eigene Tun und Lassen auch weiterhin selbst verantwortlich. Weder Autor noch Verlag können für eventuelle Nachteile oder Schäden, die aus den im Buch gegebenen praktischen Hinweisen resultieren, eine Haftung übernehmen.